U0459614

教育部人文社会科学研究项目

经管
文库

# 国家级新区
# 带动区域经济增长动能转换的
# 效应与机理研究：
## 基于区位导向性政策视角

曹清峰 ◎ 著

中国财经出版传媒集团

经济科学出版社
Economic Science Press

图书在版编目（CIP）数据

国家级新区带动区域经济增长动能转换的效应与机理研究：基于区位导向性政策视角/曹清峰著．

—北京：经济科学出版社，2021.5

（教育部人文社会科学研究项目经管文库）

ISBN 978 – 7 – 5218 – 2554 – 1

Ⅰ.①国…　Ⅱ.①曹…　Ⅲ.①区域经济发展 – 研究 – 中国
Ⅳ.①F127

中国版本图书馆 CIP 数据核字（2021）第 091389 号

责任编辑：崔新艳
责任校对：刘　昕
责任印制：范　艳　张佳裕

国家级新区带动区域经济增长动能转换的效应与机理研究：
基于区位导向性政策视角
曹清峰　著
经济科学出版社出版、发行　新华书店经销
社址：北京市海淀区阜成路甲 28 号　邮编：100142
经管中心电话：010 – 88191335　发行部电话：010 – 88191522
网址：www. esp. com. cn
电子邮箱：expcxy@ 126. com
天猫网店：经济科学出版社旗舰店
网址：http://jjkxcbs. tmall. com
北京季蜂印刷有限公司印装
710×1000　开　14.5 印张　220000 字
2021 年 6 月第 1 版　2021 年 6 月第 1 次印刷
ISBN 978 – 7 – 5218 – 2554 – 1　定价：65.00 元
（图书出现印装问题，本社负责调换。电话：010 – 88191510）
（版权所有　侵权必究　打击盗版　举报热线：010 – 88191661
QQ：2242791300　营销中心电话：010 – 88191537
电子邮箱：dbts@ esp. com. cn）

# 教育部人文社会科学研究项目经管文库

# 出版说明

教育部人文社会科学研究项目已开展多年，一向坚持加强基础研究，强化应用研究，鼓励对策研究，支持传统学科、新兴学科和交叉学科，注重成果转化。其秉持科学、公正、高效的原则，注重扶持青年社科研究工作者和边远、民族地区高等学校有特色的社科研究，为国家经济建设和社会发展及高等教育发展贡献了一批有价值的研究成果。

经济科学出版社科致力于经济管理类专业图书出版多年，于2018年改革开放40周年之际推出"国家社科基金项目成果经管文库"，于2019年中华人民共和国成立70周年之际推出"国家自然科学基金项目成果·管理科学文库"。今年是中国共产党建党100周年，我们将近期关注的教育部人文社会科学经济管理类研究项目整理为文库出版，既为了庆祝中国共产党建党100周年，又希望为我国教育科研领域经济管理研究的进步做好注脚，同时，努力实现我们尽可能全面展示我国经济、管理相关学科前沿成果的夙愿。

本文库中的图书将陆续与读者见面，欢迎教育部人文社会科学研究项目在此文库中呈现，也敬请专家学者给予支持与建议，帮助我们办好这套文库。

经济科学出版社经管编辑中心

2021 年 4 月

本书受到教育部人文社会科学研究青年基金项目"区位导向性政策视角下国家级新区带动区域经济增长动能转换的效应与机理研究"（批准号：19YJC790005）资助

# 前言

从 1992 年设立上海浦东新区，到 2006 年设立天津滨海新区，再到 2017 年设立河北雄安新区，中国目前已经设立了 19 个国家级新区。国家级新区的发展历程正是中国特色社会主义经济体制建设的一个缩影，在中国特色社会主义经济体制从建立到完善的不同阶段发挥了重要作用。本书从区位导向性政策的视角出发，对国家级新区带动区域经济增长动能转换的效应与机理进行了理论分析与实证检验，全书的研究内容主要由三大部分组成。

第一部分包括第一章与第二章，其中第一章对国家级新区、区位导向性政策以及区域经济增长动能转换等研究对象的内涵进行了界定，并进一步总结了全书的研究框架。第二章为文献综述，对区位导向性政策、国家级新区以及集聚经济的相关研究进行了综述。第二部分为本书的核心内容，包括第三章到第十一章。其中，第三章通过构建一个以市场化改革为核心的特殊经济区政策体系分析框架，对国家级新区这一区位导向性政策所包含的具体政策内容进行了剖析。第四章到第十一章为国家级新区带动区域经济增长动能转换的深入研究，研究了国家级新区通过影响区域要素集聚、弱势区域经济起飞、筛选效应、人力资本结构、人口密度、居民收入、出口国内附加值率、区域协同创新的途径，导致区域经济增速提高、区域差距缩小、产业集聚上升、人力资本质量提高、空间集约增长、居民福利提高、高水平开放以及创新驱动增长，从而实现区域经济增长动能转换的效应与机理。第三部分为第十二章，主要总结了全书的研究结论与启示。

本书在研究方法上主要有两个特点：一是在理论分析中始终坚持使用新经济地理学、新新经济地理学等集聚经济理论构建数理模型，对国家级新区带动区域经济增长动能转换的效应与机理进行严格的数理分析。本书在理论分析中从多方面对新经济地理学、新新经济地理学的基础理论模型进行了拓展。因此，本书除了可作为研究国家级新区这一专门问题的参考书外，也可作为学习集聚经济理论的参考书。二是在实证研究中采用了近年来流行的拟自然实验方法，将国家级新区的设立视为一项拟自然实验，构建双重差分模型来检验国家级新区带动区域经济增长动能转换的效应与机理。本书研究成果为中国在"双循环"新发展格局下如何利用国家级新区这一大规模的区位导向性政策来推动区域经济增长动能转换提供了理论依据。

本书得到了教育部人文社会科学研究青年基金项目"区位导向性政策视角下国家级新区带动区域经济增长动能转换的效应与机理研究"（批准号：19YJC790005）资助。由于个人水平所限，本书难免会存在纰漏，恳请国内外同行给予指正。

曹清峰

2021 年 5 月

# 目　　录

# 第一章

# 研究对象与研究框架

本章第一节对国家级新区、区位导向性政策以及区域经济增长动能转换等研究对象的内涵进行了探讨,第二节则对全书研究框架进行了总结。

## 第一节
## 研 究 对 象

### 一、国家级新区

目前中国已经设立了 19 个国家级新区,表 1 - 1 报告了每个国家级新区的获批时间、所在城市以及规划面积。可以发现,中国的主要经济板块与重要节点城市都设立了国家级新区。对于设立国家级新区的目的,2015 年国家发展和改革委员会发布的《关于促进国家级新区健康发展的指导意见》指出,国家级新区是由国务院批准设立,承担国家重大发展和改革开放战略任务的国家级综合功能区,是全方位扩大对外开放的重要窗口、创新体制机制的重要平台、辐射带动区域发展的重要增长极、产城融合发展的重要示范区。

从理论上看,国家级新区本质上属于集聚经济。郝寿义和曹清峰(2016)将国家级新区定义为"经济增长极与制度创新增长极"。因此,国家级新区对经济增长动能转换的影响主要通过集聚经济效应来发挥作用。

表 1 - 1　　　　　　　　　　　　国家级新区名单

| 国家级新区名称 | 获批时间 | 所在城市 | 规划面积（平方千米） |
|---|---|---|---|
| 浦东新区 | 1992 年 10 月 | 上海市 | 1210 |
| 滨海新区 | 2006 年 5 月 | 天津市 | 2270 |
| 两江新区 | 2010 年 5 月 | 重庆市 | 1200 |
| 舟山群岛新区 | 2011 年 6 月 | 舟山市 | 陆地 1440，海域 20800，总面积 22240 |
| 兰州新区 | 2012 年 8 月 | 兰州市 | 1700 |
| 南沙新区 | 2012 年 9 月 | 广州市 | 803 |
| 西咸新区 | 2014 年 1 月 | 西安市、咸阳市 | 882 |
| 贵安新区 | 2014 年 1 月 | 贵阳市、安顺市 | 1795 |
| 西海岸新区 | 2014 年 6 月 | 青岛市 | 陆地 2096，海域 5000，总面积 7096 |
| 金普新区 | 2014 年 6 月 | 大连市 | 2299 |
| 天府新区 | 2014 年 10 月 | 成都市、眉山市 | 1578 |
| 湘江新区 | 2015 年 4 月 | 长沙市 | 490 |
| 江北新区 | 2015 年 6 月 | 南京市 | 2451 |
| 福州新区 | 2015 年 8 月 | 福州市 | 1892 |
| 滇中新区 | 2015 年 9 月 | 昆明市 | 482 |
| 哈尔滨新区 | 2015 年 12 月 | 哈尔滨市 | 493 |
| 长春新区 | 2016 年 2 月 | 长春市 | 499 |
| 赣江新区 | 2016 年 6 月 | 南昌市、九江市 | 465 |
| 雄安新区 | 2017 年 4 月 | 保定市 | 起步约 100，远期 2000 |

资料来源：笔者整理。

## 二、区位导向性政策

区位导向性政策中"区位"的最基本含义就是位置，"区位即为某一主体或事物所占据的场所，具体可标识为一定的空间坐标"（郝寿义和安虎森，2004）。由于区位是经济活动的空间载体，区位还与区位因素（因子）联系在一起。因此，在区位理论研究中，大多直接探讨区位因素，而不是直接对区位进行定义。

在代表性区位理论中，工业区位论将区位因子分为区域性因素、集聚与分散因素、自然技术因素与社会文化因素等。其中，运输费用、劳动力成本与集聚因素在工业区位选择中起决定作用。现代区位理论则将区位因素总结为四类：地区性投入、地区性需求、输入的投入和外部需求。郝寿义（2007）以及高进田（2007）将区位的内涵界定为"区位既是空间的位置，也是各种经济性要素的有机结合体"。

总体来看，区位除了具有空间中位置的属性外，在经济空间中区位还与要素禀赋联系在一起。因此，结合现有研究，本书将区位定义为：区位是空间中的位置，同时也是要素禀赋的空间载体。在这里，区位有两个最基本的性质。

（1）区位的几何属性。区位是空间中的位置，这属于区位自身的几何属性。注意到，区位的位置属性即使在抽象掉要素禀赋差异时也是有意义的，此时区位的几何性质（大小、距离、形状等）是唯一起作用的变量。例如，在空间竞争模型中，由于空间中没有任何要素禀赋差异，区位的含义只是体现为厂商的具体位置（可以表示为距离的函数）。此外，区位的几何大小也可以作为一个变量来起作用。例如，在中心地理论中，尽管抽象掉了要素禀赋差异，但由于不同等级城市的空间大小是不同的，此时也存在区位间的异质性。

（2）区位的经济属性。特定的区位都承载着相应的要素禀赋，这决定了区位的经济属性。尽管在理论分析中可以将区位中的要素禀赋抽象掉，但现实中某一区位总是承载着相应的要素禀赋。因此，区位所承载的要素禀赋性质决定了区位的经济属性，由于区位的要素禀赋是动态变化的，区位的经济属性也是动态变化的。

区位的几何属性与经济属性共同决定了区位的性质，并且区位的几何属性与经济属性是可以独立起作用的。

在对区位的含义进行界定的基础上，本书将区位导向性政策的内涵界定为针对特定空间区位内的所有或者部分经济主体实施的经济干预政策。

区位导向性政策最明显的特征是其政策实施范围具有明确的空间界限。现实中与区位导向性政策相对应的是经济主体导向性政策。该政策的实施对象是针对符合特定条件的经济主体，例如扶贫政策中的低收入人口、针对小微企业实施的税收减免政策等。当然，如果某一政策的实施对象是特定区位内的部分经济主体，那么此时区位导向性政策与经济主体导向性政策也有重合的地方。

另一个与区位导向性政策内涵密切相关的概念是区域经济政策。区位导向性政策本质上属于区域经济政策，但区位导向性政策更加强调政策实施范围的精确空间属性。在分析一些实施范围很大的政策时，例如中国实施的西部大开发、中部崛起战略时，区域经济政策与区位导向性政策的概念实际上是可以通用的。但在分析一些实施范围相对较小而且政策空间边界非常明确的政策时，例如在研究开发区政策或者精准扶贫中针对贫困地区特定贫困人口实施的扶贫政策时，使用区位导向性政策的概念要更为精准。对特定区域企业与人口实施的直接补贴或者税收激励、补贴贷款、工业园区、技术转移系统、出口扶持与融资、基础设施建设、劳动力培训、对接受更高教育与区域营销的补贴等都可以视为区位导向性政策（曹清峰，2019）。

因此，区位导向性政策是在特定空间范围内实施的区域经济政策，是政府通过政策干预来实现不同区位间资源的再配置（Kline and Moretti，2013）。尽管区位导向性政策的内涵可以被常用的区域经济政策概念所涵盖，但与传统观念中区域经济政策目标区域的空间面积往往非常大的情况不同，实践中区位导向性政策的目标区域要更为精确，可以具体到街区、甚至可以打破行政区划的限制。总体而言，区位导向性政策的分析框架非常适合用来分析包括开发区、国家级新区在内的特殊经济区（曹清峰，2019）。

区位导向性政策按照不同标准可分为不同类型。曹清峰（2019）按照政策实施主体不同将区位导向性政策分为国际组织主导的区位导向性政策、中央政府主导的区位导向性政策以及地方政府主导的区位导向性政策三类。按照政策实施的空间尺度不同，区位导向性政策可分为全国范围内的交通政策、针对国内特定大范围区域的政策以及小范围的企业园区政策三类（Glaeser and Gottlieb，2008）。在此基础上，本节按照区位导向性政策的目的不同，将区位导向性政策分为以下两类：

第一类是以落后区域振兴为目标的区位导向性政策。该类政策的目标区域属于落后区域，其政策目标在于提高目标区域的就业与收入水平（Kline，2010）。该类政策在发达与发展中国家都很常见。例如，美国联邦政府在1933年实施的田纳西河流域开发计划、1963年实施的阿巴拉契亚区域发展计划、在贫困社区实施的"授权区"（empowerment zone）与"企业区"（enterprise community）项目，英国20世纪70年代对人均国内生产总值（Gross Domestic Product，GDP）较低、失业率较高的落后区域内企业实施的区域选择性援助（Regional Selective Assistance）计划，法国1997年开始针对城市内落后街区实施的城市自由区（Zones Franches Urbaines）项目，中国政府实施的精准扶贫政策等，都是针对落后区域实施的政策。

第二类是以强化优势区域地位为目标的区位导向性政策。该类政策主要立足于整体利益，以进一步强化优势区域的带动作用为主要目的。最具代表性的是中国中央政府实施的各类特殊经济区政策，在特殊经济区的选址上往往选择产业发展基础好、示范效应强的城市。例如，中国的自由贸易区在选址上都属于全国或者区域的中心城市。

## 三、区域经济增长动能转换

区域经济增长动能转换的含义可以从根源与表现两个方面来理解。从根源上讲，区域经济增长动能转换的根源是区域要素禀赋变化。要素禀赋是指一个区域拥有的所有资源，它既包括先天性因素（第一自然），也包括后天性因素（第二自然）。区域经济增长动能转换最终是由区域要素禀赋的数量、结构、质量等因素决定的。从表现上看，区域经济增长动能转换的含义要更加多样化，具体可体现为区域由封闭转向开放、由粗放转向集约、由低效率转向高效率增长等内涵。

由于一个区域的要素禀赋状况对经济主体决策形成了直接约束，从而导致不同的均衡结果。因此，要素禀赋在区域经济增长动能转换中起到了基础性作用。但不同学派对要素禀赋内涵的界定存在一定差异，下面进行具体介绍。

## （一）古典经济学的研究

对要素禀赋的研究最早可以追溯到古典经济学。古典经济学中的绝对优势理论关注了自然资源、地理条件以及各种后天条件对分工的影响。根据绝对优势理论，由于不同国家要素禀赋差异，每个国家会在不同的产品生产上具有优势（生产成本较低），如果每个国家都通过专门化生产自身具有绝对优势的产品，并通过贸易与其他国家互通有无，此时所有国家的福利达到最大。但绝对优势理论不能回答在生产成本上都处于绝对劣势的国家参与国际贸易的问题。在绝对优势理论的基础上，比较优势理论强调无论每个国家相对于其他国家生产产品的绝对成本如何，所有国家都可以通过选择在其生产的所有产品中具有比较优势的产品进行专门化生产，并参与国际贸易，此时所有国家都可以获利，社会总福利也是最大的。一个国家按照自身比较优势所生产的产品也是由其要素禀赋条件所决定的。

古典经济学中的绝对优势与比较优势理论都关注要素禀赋在专业化分工和贸易中的作用。在对要素禀赋内涵的界定上，早期古典经济学的研究将要素禀赋概括为土地、劳动和资本三种要素，同时也注意自然资源和地理条件等因素的影响。因此，要素禀赋在早期古典经济学理论中具有丰富的含义。但在古典经济学的后续研究中进一步将要素禀赋抽象为土地、劳动和资本三类，此时地理因素以及与之相关的空间因素在要素禀赋内涵中已经被抽象掉了。

## （二）新古典经济学的研究

在新古典经济学框架下，要素禀赋理论对要素禀赋在分工与贸易中的作用进行了系统论述。根据这一理论，国家间在不同要素禀赋丰裕程度上的不同会导致其要素价格存在差异，进而引起产品价格的相对差异；按照比较优势原理，一个国家会出口密集使用其丰裕要素的产品，进口密集使用其稀缺要素的产品。此时，一个国家的贸易模式可以由其要素禀赋来完全决定。在此基础上，要素价格均等化定理表明国际贸易的发展会使不同国家的生产要素价格存在均等化趋势，雷布津斯基定理则表明在产品相对价格不变的情况下，要素禀赋数量的变化对生产的影响。经过不同学者的努力，逐渐形成了相对完善的要素禀赋理论。新古典经济学对要素禀赋内涵的界定最具有代表性，其将生产要素分为土地、劳动、资本和组织四类，此时空间因素已经被完全抽象出去了。这是因为新古典经济学认为时间上的变化比空间因素要更重要。因此，新古典经济学的要素禀赋观点普遍忽视了空间因素的影响。

此外，随着新古典经济学的发展，要素禀赋也被赋予了新的内涵。新古典增长理论强调了技术进步在经济增长中的作用，内生增长理论则强调了人力资本和知识在经济增长中的作用。因此，技术、知识和人力资本等在后续研究中也被纳入要素禀赋的内涵。

**（三）区位论的研究**

区别于古典经济学和新古典经济学对要素禀赋的研究，区位论则始终重视地理条件、自然资源等不可流动因素的影响。因此，在区位论中，要素禀赋的内涵也更加丰富。古典区位论中的农业区位论和市场区理论实际上都是均质空间假设，即要素禀赋的在空间上的分布是无差异的，而工业区位论则考虑了要素禀赋空间分布的差异问题，其对要素禀赋的分类也更具有参考性。在国内区域经济学研究中，郝寿义（2007）按照是否直接影响经济行为将要素禀赋分为经济要素与非经济要素两类。其中，经济要素是指直接影响经济行为的要素，非经济要素是指不直接影响经济行为的要素，经济要素和非经济要素统称为经济性要素。同时，按照要素禀赋是否可流动将要素禀赋分为区域性要素与非区域性要素两类。区域性要素为某些区域固有的、其他区域无法获得的要素；相反，如果有些要素是普遍存在的，通过要素的空间流动其他区域也可以拥有，那么该类要素便属于非区域性要素。

## 第二节
# 研 究 框 架

本节首先从集聚经济角度提炼了国家级新区带动区域经济增长动能转换的内涵，其次总结了全书的研究框架。

## 一、集聚经济是区域经济增长动能转换的核心

在空间经济中，由于规模报酬递增的存在，集聚经济的规模是决定一个

区域能否实现经济增长动能转换的最重要决定性因素。微观经济主体在经济活动中会与特定区位的要素集聚发生能量与信息的交换。例如，企业在生产过程中会输入劳动、资本、土地、技术等要素，而某一区域上述要素的属性会决定企业生产效率的高低、竞争力的强弱等经济性质；居民在偏好上的差异受所在区域地理条件、文化等要素特性的影响；政府行为也可以由所在区域制度要素的性质来解释。作为一个空间集聚体，国家级新区在带动区域经济增长动能转换上的作用主要体现在三个方面。

（1）新要素培育。一是通过对劳动力、土地、资本等传统要素的改造与重组，利用要素重新组合来发挥其新功能；二是要积极推动创新战略，培育新要素，促进新技术、新经济、新业态的发展；三是积极推动新旧要素的融合，例如利用互联网技术改造传统要素等。

（2）新结构塑造。国家级新区塑造区域经济新结构的关键是要形成区域间合理的分工格局，一是要按照区域协调发展的要求来优化空间结构；二是要按照创新、协调、绿色、开放、共享新发展理念的要求来进一步优化产业结构；特别是要按照新时代构建现代化经济体系的要求，积极调整国家级新区的产业结构。

（3）新动力激发。一是通过强化国家级新区的集聚水平来提升其内生增长优势，强化国家级新区作为区域经济增长极的地位；二是要积极促进国家级新区扩散效应的发挥，提高区域带动能力；三是培育国家级新区的空间网络节点优势，通过加强交通基础设施建设、产业关联等方式加强国家级新区与其他区域的联系度，并嵌入区域经济网络体系中。

## 二、研究框架

为了研究国家级新区如何带动区域经济增长转换，本书在理论分析上始终围绕"集聚经济"这一核心概念进行数理建模，基于新经济地理与新新经济地理相关理论构建数理模型，探讨国家级新区在带动区域经济增长动能转换中的效应与机理。同时，本书在实证研究中始终将国家级新区的设立视为一项拟自然实验，通过构建双重差分（difference in difference，DID）模型，对国家级带动区域经济增长动能转换的效应与机理进行检验。全书研究框架见图 1 –1。

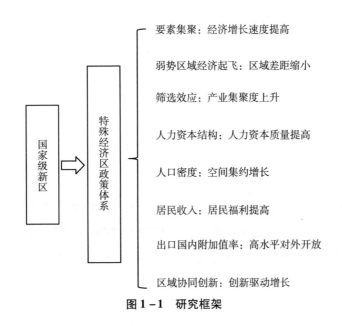

图 1 –1 研究框架

　　具体而言，本书共分为十二章，除了第一章和第二章分别为研究对象界定与文献综述、第十二章为结论与启示以外，第三章到第十一章为本书的核心内容。其中，第三章通过构建一个以市场化改革为核心的特殊经济区政策体系分析框架，对国家级新区政策体系的具体内容进行了分析；第四章到第十一章，分别研究了国家级新区通过影响区域要素集聚、弱势区域经济起飞、筛选效应、人力资本结构、人口密度、居民收入、出口国内附加值率、区域协同创新的途径，导致区域经济增速提高、区域差距缩小、产业集聚上升、人力资本质量提高、空间集约增长、居民福利提高、高水平开放以及创新驱动增长，从而实现区域经济增长动能转换的效应与机理。

# 第二章

# 文 献 综 述

　　本章主要对区位导向性政策、国家级新区以及集聚经济的相关研究进行了综述。第一节对区位导向性政策以及国家级新区的相关研究进行了综述，第二节则对新古典经济学框架下的新经济地理、新新经济地理以及非新古典经济学框架下的新兴古典经济学与演化经济地理学的理论研究进行了述评，并进一步总结了产业集聚的测度与相关实证研究。

## 第一节
## 区位导向性政策与国家级新区研究综述

### 一、区位导向性政策的相关研究

　　国外区位导向性政策的实证研究中广泛应用地理信息系统技术来构建微观空间数据集，使用拟自然实验方法来评估政策效应来减弱政策评估中的内生性问题，具体包括双重差分方法（Ham et al. , 2011; Kline and Moretti, 2013）、倾向得分匹配方法（O'Keefe, 2004; Givord et al. , 2013）以及空间断点回归方法（Shenoy, 2018; Ehrlich and Seidel, 2018）等。同时，现有理论分析表明劳动力市场的摩擦、居民偏好、要素流动性、住房供给弹性以及地理区位等都会对区位导向性政策的净福利产生影响（Busso et al.，2013；Briant et al.，2015）。

在国内区位导向性政策的研究中，李力行和申广军（2015）的研究表明，设立开发区可以有效地推动城市制造业内部的产业结构变动，特别是当设立开发区的目标行业与当地比较优势相符时，其积极作用要更为显著。王永进和张国峰（2016）研究发现，开发区企业的生产率优势主要来源于"集聚效应"，但其持续时间只有3年左右，由制度和政策优惠所形成的"选择效应"则是开发区长期生产率优势的主要源泉。盛丹和张国峰（2018）研究发现，相对于"集聚效应"，开发区的选择效应对企业成本加成率分布有重要影响，导致开发区内企业的成本加成率水平较低、垄断势力较弱。周茂等（2018）利用双重差分法评估2006年中国大规模设立省级开发区对制造业升级的影响，研究发现，开发区设立通过产业集聚、资本深化和出口学习三个渠道促进了地区制造业升级。李贲和吴利华（2018）利用倾向得分匹配与双重差分方法研究发现，"政策效应"和"集聚效应"是开发区影响企业规模成长的主要渠道。孙伟增等（2018）使用双重差分模型的研究表明，省级开发区升级对于城市居民总消费、生活性消费、住房消费和子女受教育支出都具有显著的促进作用。杨本建和黄海珊（2018）研究发现，厚劳动力市场效应导致城区人口密度与开发区企业生产率呈现"U"型关系。马恩和王有强（2019）利用双重差分方法研究发现，开发区促进了企业创新。

## 二、国家级新区的相关研究

尽管中国第一个国家级新区——上海浦东新区成立于1992年，但此后直到2006年才成立第二个国家级新区——天津滨海新区，国家级新区直到2010年之后才进入大量扩容阶段，这也使得国家级新区的研究开展得要相对较晚。现有研究从定性角度对国家级新区的战略定位（郝寿义和曹清峰，2018）、发展模式（王佳宁和罗重谱，2012）、转型方向（汪东等，2017）、管理体制（吴晓林，2017）、功能定位（叶姮等，2015）、区位选择（彭建等，2015）、空间格局（曹云，2016）、辐射带动力（范巧和郭爱君，2018）等方面进行了广泛的探讨。

同时，现有实证研究表明，国家级新区会对区域经济增长产生显著的影响。王志锋等（2019）基于2008～2016年区县层面的数据对中国9个国家级新区的实证研究发现，国家级新区能显著带动区域经济发展、提高区域创新能力以及促进产业结构调整。范巧和吴丽娜（2018）利用双重差分空间计量模型评估了16个国家级新区对属地省份经济增长的影响，发现国家级新区从总体上对属地省份经济增长具有正向影响。曹清峰（2020）利用双重差分的实证研究表明，国家级新区通过改变区域经济增长的不利初始条件、制度创新与要素数量扩张带动了区域经济增长，具体导致所在城市经济增长率显著提高了约1.5个百分点，且其带动效应可以持续7年。范巧（2018）的研究表明，国家级新区的成立还会引起劳动力在省际层面的转移，从而提高国家级新区所在区域劳动力的边际产出。

但是，国家级新区对区域经济增长的带动作用存在较强的异质性。张平淡和袁浩铭（2018）利用地级市数据研究发现，总体上国家级新区设立能促进所在城市以及同一省内城市的"五化"协同发展水平提升，但东北地区国家级新区的带动效应不显著。晁恒等（2018）研究发现，中西部地区的国家级新区对经济增长和外商直接投资（Foreign Direct Investment，FDI）增长的贡献度明显高于东部地区。柳天恩等（2019）的研究也发现，中西部地区、低行政等级城市以及跨行政区划的国家级新区对经济发展的促进作用更强。

## 第二节
## 集聚经济研究综述

集聚经济的研究最早可以追溯到古典区位论的研究，集聚经济是区域经济学、城市经济学、空间经济学研究的核心概念。本节主要对新古典经济学框架下的新经济地理、新新经济地理以及非新古典经济学框架下新兴古典经济学与演化经济地理学的理论研究进行了述评，并进一步总结了产业集聚的测度指标与相关实证研究。

## 一、新经济地理学的突破

新经济地理学在新古典经济学框架下对集聚经济的理论研究取得了突破性进展。新经济地理的核心方法是垄断竞争模型（Dixit and Stiglitz，1977）、不变替代弹性效用函数以及冰山形式的贸易成本。新经济地理核心观点认为报酬递增、非完全竞争比规模收益不变、完全竞争和比较优势在导致产业集聚方面更重要。其中产业集聚是各种集聚力量与分散力量综合作用的结果，集聚力量主要包括各种类型的资金外部性（即本地市场效应），分散力量主要包括地租和工资成本。贸易成本、劳动力的流动性是决定产业集聚的重要力量。

新经济地理模型特别强调路径依赖的作用，历史上的偶然事件会产生长期累积作用。由于新经济地理模型中经常出现多重均衡，因此一些暂时性冲击可能会对经济集聚模式产生巨大影响。经过多年发展，新经济地理已经衍生出了众多的理论模型，具体可分为基础新经济地理模型及其拓展模型两大类。

### （一）基础新经济地理模型

早期的基础新经济地理学研究一般都假定企业是同质的，不存在生产率差异，主要基于垄断竞争模型（Dixit and Stiglitz，1977）、不变替代弹性效用函数、冰山贸易成本与两区域假定来构建集聚经济模型。自经典的核心—边缘模型发表以来（Krugman，1991），目前已经由此衍生出了众多新经济地理模型，代表性理论模型主要有资本要素在区域间可以自由流动的自由资本模型（Martin and Rogers，1995），企业家可以跨区域流动的自由企业家模型（Forslid and Ottaviano，2003），考虑资本部门内生增长的资本创造模型（Baldwin，1999），同时考虑资本部门内生增长与技术溢出效应的全域溢出模型（Martin and Ottaviano，1999）与局部溢出模型（Baldwin，2001），考虑产业间垂直联系作为集聚力的核心—边缘垂直联系模型（Krugman and Venables，1995）、自由资本垂直联系模型（Robert - Nicoud，2006）与自由企业家垂直联系模型（Ottaviano，2007）等。从更一般的角度来看，新经济地理中贸易成本与产业集聚的关系可总结为"钟形曲线"，即随着贸易成本下降，产业集聚度会先上升、后下降，呈现出非线性的变化趋势。

**（二）基础新经济地理模型的拓展研究**

围绕着基础新经济地理理论的关键假定，现有研究主要进行了以下拓展。

使用不同于不变替代弹性效用函数的其他形式效用函数。代表性研究有拟线性二次效用函数（Ottaviano et al.，2002）、拟线性效用函数（Pflüger，2004）。这些效用函数的特点是都没有收入效应，因此大大简化了模型的求解过程。

对冰山贸易成本的拓展。有的研究者使用线性贸易成本代替了冰山贸易成本（Ottaviano et al.，2002），也有的研究者改变了贸易成本完全外生的假设，通过引入独立的运输部门或者用企业中运输部门的工人数量代替冰山贸易成本等方式实现运输成本的内生化（Duranton and Storper，2008；Ishikawa and Tarui，2018；Puente et al.，2018）。

将两区域模型拓展到多国多区域模型。基础新经济地理模型中的两区域指的是两个国家或者国内两个区域，现有研究也对此进行了拓展，建立了多国多区域模型。在拓展到多国多区域的情况下会出现国家间的贸易成本与国内贸易成本两种贸易成本，为了便于区分，下文将国家间贸易成本称为国际贸易成本，而将国内贸易成本称为国内运输成本。有的研究者构建了一个两国三区域模型，分别为国内 2 个区域与国外 1 个区域，发现国际贸易成本的降低会导致国内产业集聚度下降，使得国内产业在国内区域间平均分布；这是因为国际贸易成本的降低使得国内市场对企业而言变得不重要，因此企业倾向于在空间上分散以避免产业集聚带来的市场拥挤效应（Krugman and Livas Elizondo，1996）。

但是，邓慧慧（2009）建立了一个两国三区域模型，发现贸易成本的下降会提高国内产业集聚度。此外，现有研究基于两国四区域模型的研究也得出了相反的结论，即国际贸易成本下降会提高国内产业集聚度（Monfort and Nicolini，2000；Monfort and Van Ypersele，2003）。在两国四区域模型框架下，假定每个国家内部都存在两个区域，现有研究发现，国际贸易成本的下降会倾向于提高国内产业的集聚度（Behrens et al.，2007）。

此外，现有研究也发现，国际贸易成本与国内产业集聚并不存单调关系（Commendatore et al.，2014；Forslid et al.，2002）。在非对称的两国三区域模型框架下，现有研究发现，出口贸易成本的下降会使得国内企业集聚到更加邻近国际市场的边境地区，而进口贸易成本的下降会使得国内企业集聚到内陆地区（Brulhart et al.，2004）。在相同的两国三区域模型框架下，现有研究进一步发现，如果国内两区域的海外市场可达度与规模存在差异，当国内运输成本较高时，国际贸易成本下降会使得产业集聚到国内海外市场可达度更高的区域（Wang and Zheng，2013）。钱学锋和熊平（2009）建立了一个考虑比较优势的三国模型，考察了特惠贸易安排对产业集聚的影响，发现贸易成本的下降会强化大国的本地市场效应，但具有比较优势的小国仍可以存在一定产业份额。

## 二、新新经济地理学的拓展研究

新新经济地理对新经济地理学的拓展主要体现在引入了企业生产率异质性。关于企业生产率异质性的研究首先在"新新贸易理论"框架下得到探讨（Melitz，2003），其主要贡献在于将企业异质性归结为企业生产率差异，并提供了一个可解析的理论框架。新新贸易理论的核心结论是对外贸易会使得低生产率企业退出市场，只有高生产率企业才参与对外贸易。在此之后，出现了大量基于异质性企业的研究成果。与此同时，新经济地理也试图将企业生产率异质性纳入原有的同质企业框架，从而形成了"新新经济地理学"的一系列研究（Ottaviano，2011）。

新新经济地理在新经济地理同质企业两区域模型的基础上引入企业生产率异质性，对生产率异质性下的集聚经济形成理论进行了深入研究。现有研究表明，贸易成本降低会导致高生产率企业率先打破对称均衡状态并集聚到同一区域（Baldwin and Okubo，2006）。当贸易成本下降时，高生产率企业会首先迁移到市场规模较大的区域，随着贸易成本进一步降低，低生产率企业也会迁移到市场规模较大的区域（Okubo et al.，2010）。

但是，上述研究显示的贸易成本下降导致高生产率企业率先集聚到同一区域的结论并不总是成立的。贸易成本的下降会导致高生产率企业与低生产率企业集聚到不同区域（Saito et al.，2011）。在考虑运输成本的规模报酬递增后，现有研究发现，只有中等生产率水平的企业才会转移到核心区域，而生产率最高与最低的企业仍然留在边缘区域（Forslid and Okubo，2015）。

进一步的研究表明，当企业可以选择进行多工厂生产时，贸易成本的下降会对企业产生基于生产率的筛选效应，引起低生产率企业迁出小区域以及具有多个工厂的高生产率企业关闭位于小区域的工厂，从而扩大小区域与大区域之间的生产率差距（Saito，2015）。在同时考虑企业生产率异质性与产业间的纵向联系后，现有研究发现，非出口企业的存在削弱了产业间前向和后向联系产生的集聚力，强化了市场拥挤效应，从而阻碍了企业完全集聚在同一区域。此时，贸易成本的逐渐降低会引起渐进的产业集聚过程，而不是同质企业新经济地理模型中的突发性集聚过程（Okubo et al.，2010）。同时，在非对称两国模型的情形下，现有研究发现，贸易成本下降会引起不同国家企业规模分布的变化。其中，小国低生产率企业在退出市场的同时，高生产率企业会转移到大国，小国企业生产率分布的两端都出现了截尾，因此小国产业集聚度下降要更大（Baldwin and Okubo，2014）。陈强远等（2016）基于两城市模型同时考察了选择效应、筛选效应、集聚效应与竞争效应对城市间异质性企业生产率分布差异的影响。已有研究发现，生产率异质性是一种分散力，贸易成本下降不利于产业集聚（Zhou，2020）。其原因在于企业间的生产率异质性越小，其出口倾向越小，从而损害了作为集聚力的本地市场效应（Ehrlich and Seidel，2013）。

总体而言，在不同条件下企业生产率异质性在产业集聚中既可以表现为集聚力，也可以表现为分散力（Okubo et al.，2010）。因此，异质企业情形下贸易成本变化对产业集聚的影响方向要取决于具体条件。

## 三、非新古典经济学框架下的理论探索

以上理论都是在新古典经济学框架下对集聚经济形成理论进行的探讨，但是，新古典经济学框架存在自身的缺点。因此，也有理论从非新古典经济

学框架下对集聚经济的形成进行了探讨，其中最具代表性的是新兴古典经济学和演化经济地理学，下面分别对其进行述评。

**（一）新兴古典经济学**

20世纪80年代以来，杨小凯、黄有光等经济学家利用超边际分析，复兴了古典经济学中关于分工和专业化的思想，形成了一个以专业化经济、分工和经济组织等为主要研究对象的分析框架，并被称为新兴古典经济学。

新兴古典经济学的核心是关于消费—生产者的假设，即居民既是生产者也是消费者（因而企业是内生的，比如在自给自足状态下就不存在企业）。同时，利用角点解将古典经济学关于分工专业化的思想形式化，对经济组织的问题进行了深刻的探讨，其理论框架的内生化水平明显高于新古典经济学框架。新兴古典经济学框架是解释集聚经济形成的另一个重要学派，但新兴古典经济学在解释集聚经济形成时在以下几方面仍然有待完善。

（1）按照新兴古典经济学的理论框架，区域本身可以被抽象为一种经济组织，但空间的内涵（除了可以用交易成本表示的部分）该如何界定呢？（比如空间竞争理论的研究成果）。因此，单纯将区域抽象为一种经济组织可能过于简化。

（2）框架的可解析性问题。由于新兴古典经济学独特分析框架中特有的角点解问题，"我们的分析框架在可处理程度方面要比其他现存框架低得多"（杨小凯和黄有光，1999）。模型解析程度的降低限制了理论的现实应用价值。

（3）框架的一般性问题。为得到解析解，新兴古典经济学必须利用特殊的函数形式来求解，其特殊性并不亚于新经济地理学，因此其结论也存在是否具有普适性的问题。

**（二）演化经济地理学**

演化经济地理学也从新古典经济学框架之外对集聚经济的形成进行了探讨（Boschma and Lambooy，1999）。演化经济地理学的研究方法有以下特征。

（1）理性预测的无效性。演化经济地理学认为，新古典经济学强调的理性预期与决策的观点是站不住脚的（Nelson，2009）。一般而言，封闭系统中行为的预测性是很高的，但经济系统大多属于开放的复杂系统，由于存在与系统外部的能量与信息交换，系统中的行为处于完全可预测与完全随机状态之间。此时，系统呈现出明显的非线性特征，从而导致预测的准确性很低，这也意味着新古典经济学基于理性预期与决策得出的结论不可靠。

（2）动态非均衡的观点。新古典经济学认为经济存在达成均衡的内生趋势，在经济系统中均衡是存在的。但演化经济地理学认为均衡状态只是短暂和瞬间变化的，非均衡则是常态。同时，新古典经济学认为当系统实现均衡后，除非受外部因素的冲击，否则系统将始终保持在稳定状态。但演化经济地理学则强调非均衡的动态性，即经济主体在不确定性条件下的策略与行为会导致系统状态发生内生变化，新古典经济学强调的确定性均衡状态是难以存在的。

（3）均衡的多重性。演化经济地理学认为，现实中均衡是多重的，这主要是由于经济系统的非线性特征决定的，而这往往与经济活动中的收益递增、外部性等特点联系在一起。多重均衡意味着结果的不确定性，因此产业集聚的空间区位是不稳定的，这与新古典经济学强调的唯一均衡结果存在明显区别。此外，在多重均衡情况下，往往存在协调失灵的问题（例如"囚徒困境"），从而导致系统处于非均衡状态。

（4）演化的非最优性。在新古典经济学中，消费者、生产者等经济主体都是按个体利益最优的原则进行决策的，结果是有效率的。但演化经济地理学强调在不确定性条件下，经济主体的决策往往不是最优的。经济主体在决策时往往经过各种尝试来得到相对最优的结果，而且结果往往也是非效率的。例如，企业行为未必会导致利润最大化的结果。因此，演化经济地理往往将经济系统视为一个复杂系统（Martin and Sunley，2006）。

（5）路径依赖与锁定效应。演化经济地理学认为，现实中经济活动的沉没成本、正反馈机制以及文化、消费习惯等因素都可能产生锁定效应，此时经济活动会在某一区位保持较长的一段时间，即经济活动表现出明显的路径依赖（Arthur，1994）。这意味着一些随机因素的作用会不断自我放大、自我强化，并最终影响系统的均衡结果，而且这个过程是不可逆的。因此，演化经济地理学非常注重历史因素在决定产业区位过程中所发挥的重要作用，并试图建立一个更加符合现实的路径依赖理论（Boschma and Martin，2007；Essletzbichler and Rigby，2007）。

总体来看，演化经济地理学基于复杂系统的方法，对影响集聚经济形成的众多因素进行了考察。特别是对一些在新古典经济学框架下难以得到解释的集聚经济现象提供了新视角（例如为什么集聚经济会在一些位置偏远、资源并不丰富的地区形成），而且演化经济地理学并不苛求框架的数理化，框架的适应性更强。

但是，演化经济地理学也存在一些缺陷。一方面，研究方法论上的不统一。目前演化经济学可以利用演化博弈、模拟等数理方法来进行研究，也存在大量案例分析等定性方法的应用，在研究方法上尚未形成统一范式。从这个角度讲，目前演化经济地理学理论框架的自洽性程度是低于新古典分析框架的（Mac Kinnon et al.，2009；Barnes and Sheppard，2010；Coe，2011）。另一方面，演化经济地理学强调经济系统的动态、多重非均衡特征，强调准确预测的不可能性，从而使其难以对一些现实经济问题给出清晰明确的政策建议，这也是其实践应用中面临的主要问题。

## 四、产业集聚的测度指标研究

现有研究也从理论上设计了不同的指标来测度产业集聚。现有研究认为一个理想的产业集聚测度指标需要满足以下条件：行业间具有可比性；在不同空间尺度上具有可比性以及可加性；相对于产业随机分布状态，对产业集聚的测度有一个唯一值；在适当情况下可以给出产业集聚的统计显著程度；在不同空间尺度下具有无偏性；在不同行业分类尺度下具有无偏性；在指标选取上应同时考虑产业随机分布的零假设与理论揭示的集聚模式（Combes et al.，2008）。目前尚没有指标同时满足上述所有条件，但按满足上述理想指标程度由低到高排序，可将现有产业集聚的测算方法分为三代。

第一代方法：赫芬达尔指数、区位商、空间基尼系数。其中，赫芬达尔指数仅考虑了单个行业的因素，在行业间不具有可比性；区位熵指数与空间基尼系数具有行业间可比性，但没有考虑企业规模因素的影响。

第二代方法：EG 指数（Ellison and Glaeser，1997）、MS 指数（Maurel and Sedillot，1999）。该类指标的特点是考虑了企业规模、产业市场集中度与区域规模因素对产业集聚度的影响，在时间、行业与区域间可比性更强；但缺陷是测算结果与所选取的空间尺度有关，且不能给出产业集聚程度的统计显著性。

第三代方法：基于微观企业地理距离的 L 函数（Besag and Diggle，1977）、D 函数（Diggle and Chetwynd，1991）与 M 函数（Marcon and Puech，2003）方法等。该类指标以企业在空间上的完全随机分布作为基准，测算最为准确，但需要使用企业层面微观数据，对数据质量要求比较高。

## 五、产业集聚的实证研究

贸易成本是新经济地理、新新经济地理中影响产业集聚的关键变量，本部分主要从贸易成本变化对产业集聚的影响对相关实证研究进行综述。下文综述中贸易成本下降与贸易开放度提高是在相同含义上使用的。按照实证研究结论差异，可将现有研究分为三类。

### （一）贸易成本下降显著降低了产业集聚度

从城市层面来看，现有研究发现较高的关税壁垒导致了更高的城市首位度，这意味着贸易成本的下降会降低产业集聚度（Ades and Glaeser，1995）。在一项利用 1960 年、1970 年与 1980 年共 90 个国家城市数据的研究中发现，当用城市人口首位度来反映产业集聚程度时，贸易开放度的上升不利于产业集聚的提高（Moomaw and Shatter，1996）。在利用全球 85 个国家样本数据的研究中也发现，贸易开放度提高降低了城市首位度，显著降低了产业集聚水平（Henderson，2003）。同时，来自阿根廷 24 个区域 125 个行业面板数据的经验证据表明，关税税率越低的行业倾向于集聚在远离首都的区域，从而降低了产业集聚度（Sanguinetti and Volpe Martincus，2009）。此外，现有基于奥地利以及全球城市的研究也发现，贸易开放度提高会降低产业集聚度（Brulhart et al.，2012；Tabuchi，2013）。

### （二）贸易成本下降显著提高了产业集聚度

现有利用印度尼西亚 106 个区域 6 个大类制造业行业微观企业数据的研究发现，该国 1983 年后实施的贸易开放政策使得企业向大城市集聚，提高了产业集聚度（Henderson and Kuncoro，1996）。在对印度尼西亚制造业的研究中也发现，贸易开放度提高使得参与国际贸易行业的集聚度上升（Sjöberg and Sjöholm，2004）。在利用菲律宾 14 个区域面板数据的研究中发现，贸易开放度更高的区域，其产业集聚度也更高（Pernia and Quising，2003）。同时，在利用墨西哥 32 个区域 57 个行业面板数据样本的研究中发现，1985 年墨西哥贸易自由化改革后带来的贸易成本下降提高了国内产业集聚度（Hanson，1998）。类似地，在利用墨西哥 30 个区域样本的研究中也发现，该国 1985 年贸易自由化改革与 1994 年加入北美自由贸易协定后关税壁垒的下降提高了国内产业集聚度（Chiquiar，2005）。在利用哥伦比亚数据的进一步研究发现，贸易开放度的提高提升了市场规模大以及具有比较优势区域的产业集聚度（Guevara‑Rosero，2017）。姚鹏（2016）利用中国 2006~2012 年 279 个城市面板数据的研究表明，贸易开放使人力资本丰富、人口密集以及更靠近海外市场的区域产业集聚度上升更快。此外，在一项利用奥地利的区域层面数据、基于东欧剧变拟自然实验的研究中发现，贸易成本下降提升了产业集聚度（Brülhart et al.，2018）。

**（三）贸易成本对产业集聚度无显著影响**

也有部分研究发现，贸易成本变化对产业集聚度没有影响。在一项利用 33 个亚洲和美洲城市数据的研究中发现，贸易开放度提高对产业集聚没有显著影响（Moomaw and Alwosabi，2004）。同时，现有利用全球 128 个国家的数据以及印度 1980~1999 年制造业微观企业数据的研究都表明贸易开放度提高对制造业集聚没有显著影响（Ramcharan，2009；Fernandes and Sharma，2012）。

## 第三节
# 本 章 小 结

本章主要对区位导向性政策、国家级新区以及集聚经济的相关研究进行了综述。第一节对区位导向性政策与国家级新区的相关研究进行了综述。研究表明，基于区位导向性政策这一更微观的视角来研究国家级新区要更恰当。

同时，目前关于国家级新区带动区域经济增长动能转换的效应和机理有待进一步深入研究。

　　本章第二节主要对新古典经济学框架下的新经济地理、新新经济地理以及非新古典经济学框架下新兴古典经济学与演化经济地理学的理论研究进行了述评。需要进一步强调的是，集聚经济的形成本质上是由规模报酬递增导致的，按规模报酬递增的来源不同可以将产业集聚的理论研究分为两类：一类是基于企业外部规模经济的研究，例如行业外部性、行业间的多样化外部性等。另一类是基于企业内部规模经济的研究，其特征是在企业层面引入规模报酬递增的生产技术，本章第二节介绍的新经济地理与新新经济地理的研究就属于这一类。

# 第三章

# 特殊经济区的政策体系

作为一项区位导向性政策，国家级新区是中国特殊经济区政策发展的最高阶段（郝寿义和曹清峰，2018）。尽管国家级新区政策体系具有自身特殊性，但由于国家级新区基本上都包括了经济技术开发区、高新技术产业开发区（下文简称高新区）等其他类型特殊经济区，因此国家级新区实际上也具备了其他类型特殊经济区的政策体系。简而言之，国家级新区可以视为所有类型特殊经济区政策体系的一个综合体。本章从特殊经济区政策体系演化的总体视角出发，第一节构建了一个以市场化改革为核心的特殊经济区政策体系分析框架；在此基础上，从第二节开始到第六节结束，依次分析了经济特区、经济技术开发区、高新区、各类海关特殊监管区以及国家级新区政策体系的基本内容，以期全面揭示国家级新区政策体系的内涵。

## 第一节
## 特殊经济区政策体系的基本框架

在中国渐进式改革的进程中，特殊经济区是重要的空间载体，其政策体系的核心便是市场化改革。本节从市场主体培育、改革主体培育、改革目标顶层设计、改革收益优先索取以及改革风险补偿政策五方面提炼了特殊经济区政策体系的基本框架，为从理论上解析不同类型特殊经济区的政策体系提供依据。

## 一、特殊经济区政策体系的核心内容是市场化改革

特殊经济区政策体系的演变与中国渐进式的市场化改革进程密切相关。自改革开放以来，中国在改革中采用了体制外改革、增量改革、特许改革、计划权利的交易、补贴改革、局部改革等多种不同的改革方式（盛洪，1996）。从较大的空间尺度来看，中国的改革进程主要体现为由沿海向内陆的渐进式改革过程（苗壮，1992；林毅夫等，1993）。因此，作为一个非均质大国，中国的市场化改革进程在空间上同样不是一蹴而就的。针对中国改革中的具体制度变迁过程，有学者提出了"制度变迁方式转换的三阶段论"，认为中国的制度变迁首先会由改革之初的供给主导型制度变迁逐步向中间扩散型制度变迁转变，并最终过渡到需求诱致型制度变迁，这三个阶段相应的制度变迁第一行动集团分别为中央政府、地方政府和微观经济主体（个人、企业等）（杨瑞龙，1998）。但也有学者认为在中间扩散型制度变迁阶段，将地方政府视为第一行动集团是不恰当的，主要原因在于地方政府与中央政府没有本质区别（黄少安，1999）。

中国的市场化改革进程始于中央政府自上而下推动的强制性制度变迁，经济特区、经济技术开发区、高新区等特殊经济区的中国市场化改革的空间扩散中发挥了重要作用。盛洪（1991）、林毅夫等（1993）认为特殊经济区的目的是在较小的范围内进行改革的试点，试点成功后可以在更大范围内产生示范效应，并为新制度安排的学习提供时间。此外，特殊经济区也可视为集聚经济战略的体现，其目的在于通过一定的政策供给使特殊经济区成为增长极，再进一步扩散到其他区域（Catin et al.，2005）。

总体而言，中国市场化改革进程可分为三个阶段：第一阶段是 1978 ~ 1984 年，即市场经济的初步发展阶段，此时市场化制度是随着经济体制改革的展开在传统体制的内部和边缘逐渐萌发的；第二阶段是 1984 ~ 1992 年，即市场经济的成长阶段，主要伴随着"双轨制"而成长；第三阶段是 1992 年至今，1992 年中国确立了建立社会主义市场经济体制的改革目标，在中国市场

化改革的目标确定以后，市场经济开始形成并逐渐走向成熟。因此，中国的市场化进程在时间与空间上都是一个"渐进式"的过程。

一方面，从市场化改革在时间上的"渐进式"过程来看。中国市场化改革的相关政策往往首先针对某一领域在特殊经济区进行试点，或者由特殊经济区首先创造，然后推广到全国的。例如，在中国市场化初步发展阶段，经济特区在价格改革、国企改革、政府职能转变、产品与要素市场建设等方面进行了大量探索，经济技术开发区在"精简、统一、高效"的管理体制建设、扩大对外开放、工业化、城市化等方面进行了探索，高新技术开发区在培育自主创新能力以及与之相配套的投融资体制、高新技术企业孵化等方面进行了探索，包括保税区、保税物流园区、出口加工区、保税港区、综合保税区和自由贸易区在内的海关特殊监管区在扩大开放、建立与国际市场接轨的市场制度方面也做了大量探索，这使得特殊经济区的市场化改革相对于全国在时间上处于领先地位。因此，特殊经济区是中国市场化改革的初始启动点与制高点，是中国市场化改革的重要空间载体，其政策体系的核心内容便是市场化改革。

另一方面，从市场化改革在空间上的"渐进式"过程来看。由于特殊经济区具有的相对完善的市场化改革体系使其市场化进程要快于非特殊经济区，特殊经济区的市场化改革成果会逐渐扩散到非特殊经济区域。根据是否具有空间连续性，中国特殊经济区市场化进程的空间扩散可以分为两种基本机制：

（1）政府主导下的特殊经济区之间的扩散。政府通过设立新的特殊经济区，使原有特殊经济区市场化成果在空间上得到扩散，其在形式上属于位移扩散与等级扩散，因此在空间上是不连续的。例如，政府主导下的特殊经济区位移扩散主要为了完成特殊经济区在全国范围内的点状布局，较少考虑特殊经济区之间的经济联系，从而使得该阶段特殊经济区空间扩散的跳跃性很大。在市场化改革起步阶段，政府主导下的特殊经济区跳跃式位移扩散为不同区域的市场化改革提供了初始条件，这种模式主要适用于全国市场化水平普遍较低的情形。此时无论市场制度还是市场经济发展都不完善，因此需要政策的外生干预来打破原有的低水平均衡状态，并通过特殊的政策激励为市场经济发展提供初始的制度以及资本、技术、劳动力等要素禀赋。

（2）市场主导下的特殊经济区向非特殊经济区的扩散。通过市场形成的关联效应，特殊经济区市场化改革的成果会逐步扩散到非特殊经济区域。市场化改革在空间上的扩散是连续的，因此在形式上属于扩展扩散，此时特殊经济区的设立速度加快。

根据曹清峰（2018）的总结，中国市场化改革在空间上的"渐进式"过程表现为市场化由特殊经济区向非特殊经济区的扩散过程，这一空间扩散过程具体包括起步阶段的跳跃位移扩散、快速发展阶段的邻近等级扩散以及稳定发展阶段的扩展扩散，在不同阶段，特殊经济区整体空间分布的跳跃性逐渐减弱。其次，在进入扩展扩散阶段后，由于不同特殊经济区形成了制度创新—扩散系统，此时特殊经济区进一步推动了整体更大区域的市场一体化进程。

## 二、特殊经济区政策体系的基本框架

在市场化改革之前，地方政府的改革动力是不足的。同时，中国幅员辽阔，区域间差异明显，决定了各地改革具体实施方案必然是不同的。受信息不对称与信息搜寻成本的影响，仅依靠中央政府是难以完成全国范围内的改革。在这一背景下，中国依靠不同类型的特殊经济区，创造性地形成了一套在全国范围内相对完善的以市场化改革为核心的政策供给体系。在该体系下，中央政府可以利用较低的成本来获取更高的改革收益与更快的改革进程。一般而言，一个完善的改革体系需要具备两个基本要素：一是改革主体，即培育除中央政府外其他的改革主体；二是改革动力，即激励不同主体参与市场化改革的主动性与创造性。一个完善的市场化改革体系需要满足两个约束条件。

（1）激励相容约束。中央政府与地方政府在市场化改革中的利益可能存在不一致的情况。具体来看，中央政府更关注市场化改革对全国整体利益的影响，而特殊经济区改革则不可避免地受当地利益的影响。因此，在特殊经济区市场化改革成功的情况下，两者利益是一致的；但在特殊经济区市场化改革出现失败的情况下，则主要由特殊经济区来承担相应损失，但对中央政府而言，这种"试错"行为带来的改革经验仍然对整体改革具有正效应。因此，中央政府需要通过合理的制度设计来实现中央政府与地方政府在改革中的"激励相容"。

（2）自选择约束。中央政府设立特殊经济区的重要目的在于提供"可复制、可借鉴"的市场化改革经验。因此，特殊经济区的制度创新成果具有一定的公共品属性。在某个特殊经济区率先验证成功的经验往往会被中央政府推广或被其他地区迅速学习，而其他地区则不需要承担改革带来的成本。因此，这种潜在"搭便车"行为的存在，使得即使改革能够带来净收益，特殊经济区也缺乏主动参与改革的动力，这就需要特殊经济区的市场化改革政策体系在制度设计上必须满足自选择约束，从而形成特殊经济区主动进行改革的内生激励。当然，这里并不是说非特殊经济区不能学习特殊经济区制度创新的成果，现实中有很多机制（例如中央政府对特殊经济区经验在全国的推广、非特殊经济区对特殊经济区制度创新成果的逐步模仿）都可以促进非特殊经济区对特殊经济区制度创新成果的学习。这里强调非特殊经济区相对于特殊经济区在市场化改革上存在一定"滞后性"，从而使得特殊经济区可以优先获取改革收益。中央政府通过限制特殊经济区之间以及非特殊经济区对特殊经济区制度创新成果的"搭便车"行为，使特殊经济区可以优先获取改革收益，形成市场化改革中特殊经济区的"自选择"机制。

同时，受原有计划经济体制的影响，市场主体匮乏使得中国市场进程缺乏初始条件。因此，除了改革主体与改革动力培育的相关政策外，特殊经济区以市场化改革为核心的政策体系还包括了市场主体培育的相关政策，以期为市场化改革提供初始条件。

在此基础上，表3-1从市场化改革的角度将中国特殊经济区的政策体系归纳为五部分，分别为：（1）市场主体培育政策，体现为以各种优惠政策促进企业等市场经济主体的发展；（2）改革主体培育政策，体现为从行政、立法和管理体制上对特殊经济区进行充分授权，赋予其改革权限；（3）改革目标顶层设计政策，超前确立不同特殊经济区的发展目标，有利于特殊经济区首先获取改革带来的发展红利；（4）改革收益优先索取政策，通过限制特殊经济区数量与政策适用范围形成比较优势，保障特殊经济区优先获得改革红利，从而提高其改革动力；（5）改革风险补偿政策，通过财政分成、税收返还的形式降低特殊经济区的改革成本。

以下将按照表 3-1 的基本框架，依次对经济特区、经济技术开发区、高新区、各类海关特殊监管区以及国家级新区的政策体系进行分析。

表 3-1　　　　　　　　　特殊经济区政策体系的基本框架

| 政策类型 | 政策供给具体内容 | 政策供给目的 |
| --- | --- | --- |
| 市场主体培育政策 | 税收、土地、贸易等优惠政策 | 培育市场主体 |
| 改革主体培育政策 | 对特殊经济区在行政、立法、管理上实行特殊的规定 | 培育改革主体 |
| 改革目标顶层设计政策 | 按照适度超前原则，对每一类型特殊经济区在某一时期的改革目标进行了规定，保障潜在的改革红利 | 提供改革动力，实现改革主体的"激励相容" |
| 改革收益优先索取政策 | （1）特殊经济区审批权，限制特殊经济区数量，保持特殊经济区的"制度租"<br>（2）直接规定某些制度创新成果只能在特定的特殊经济区内使用 | 提供改革动力，实现改革主体的"自选择" |
| 改革风险补偿政策 | 在财政、税收方面对特殊经济区地方政府实施的补偿政策 | 降低改革成本 |

资料来源：笔者整理。

第二节

## 经济特区的政策体系

经济特区是中国设立时间最长、目前数量最少、市场化改革最早的一类特殊经济区，本节表 3-2 归纳并总结了经济特区在改革与市场主体培育、改革收益优先索取、风险补偿与目标顶层设计上的相关政策。

### 一、改革与市场主体培育政策

在改革主体培育上，1979 年 7 月 15 日，《中共中央、国务院批转广东省委、福建省委关于对外经济活动实行特殊政策和灵活措施的两个报告》决定在广东省的深圳市、珠海市、汕头市和福建省的厦门市划出部分地区试办"出口特区";同时,出口特区可先在深圳市、珠海市试办,待取得经验后,再考虑在汕头市、厦门市设置的问题。该文件实际上正式赋予了经济特区的改革自主权。早期深圳市、珠海市、汕头市、厦门市与海南省经济特区是由全国人民代表大会批准成立的,并在实践中给予了经济特区在引进项目、外贸、外汇管理等众多方面超出其行政级别的经济管理权限。特别是在 20 世纪 80 年代改革初期,中央政府对经济特区在制度创新方面的鼓励程度很高,使得经济特区在制度创新方面非常活跃。例如,深圳市在全国尚无相关法律规定情形下,于 1987 年试行了第一次土地拍卖,率先设立外汇调剂中心等措施。为了增强特殊经济区在法律等正式制度创新方面的能力,全国人民代表大会相继授予了经济特区地方立法权。此外,2000 年之后,国家则是以设立综合配套改革试验区的形式加强深圳经济特区的改革自主权。

在市场主体培育上,中央政府针对经济特区内所有符合要求的企业在外汇、所得税、关税、出口、信贷、投资等方面提供了九项优惠政策。

## 二、改革收益优先索取、风险补偿与目标顶层设计政策

在改革收益优先索取政策上,自 1988 年在最初四个经济特区的基础上设立海南经济特区以来,中国仅在 2010 后新设立了喀什与霍尔果斯两个经济特区,经济特区数量的有限性使其在长期内享受到了优先改革带来的制度红利。同时,经济特区的空间范围都是有严格限制的。首批四个经济特区在建立初期仅限于所在城市的一小部分,经过多次扩容才逐步扩大到全市范围内,这种空间上的限制也在一定程度保障了经济特区对改革收益的优先索取权。

在改革风险补偿上,在开办特区的前五年,新增财政收入全部留于特区建设,从财政收入上对经济特区进行了补偿。

改革目标顶层设计方面,经济特区一直承担着经济转轨的试验场、对外开放的窗口、改革的示范地和辐射源以及促进港澳的繁荣和稳定四方面的任务,这种内在的目标要求使得经济特区长期处于中国市场化改革的最前沿(参见表 3 - 2)。

表 3 – 2                  经济特区的政策体系

| 政策类型 | 具体内容 |
|---|---|
| 市场主体培育政策 | 发展初期针对特区内企业在外汇、所得税、关税、出口、信贷、投资等方面实施了九项优惠政策 |
| 改革主体培育政策 | （1）1979 年 7 月 15 日，《中共中央、国务院批转广东省委、福建省委关于对外经济活动实行特殊政策和灵活措施的两个报告》<br>（2）1980 年 8 月 26 日第五届全国人民代表大会常务委员会第十五次会议审议批准建立深圳市、珠海市、汕头市、厦门市四个经济特区；1988 年 4 月 13 日，第七届全国人民代表大会第一次会议设立海南特区；2010 年 5 月中央新疆工作座谈会议批准设立喀什特区与霍尔果斯经济特区<br>（3）赋予特区在引进项目审批权、外贸出口权、外汇管理权及许多其他经济管理权限<br>（4）赋予地方立法权：全国人民代表大会在 1992 年 2 月授予深圳特区地方立法权，于 1994 年 3 月授予厦门特区地方立法权，1996 年 3 月授予珠海和汕头特区地方立法权（海南经济特区行使省级经济管理权限，在设立之初便享有地方立法权）<br>（5）深圳市和厦门市被列为计划单列市，享有省级管理权限<br>（6）深圳市设立"综合配套改革试验区"，赋予改革"先行先试"权 |
| 改革收益优先索取政策 | （1）经济特区数量很少，除 1980~1981 年设立首批四个特区，1988 年设立海南特区，仅在 2010 年与 2014 年新设立喀什与霍尔果斯经济特区<br>（2）经济特区政策适用范围有严格的限制 |
| 改革风险补偿政策 | 开办特区的前五年，新增财政收入全部留于特区建设 |
| 改革目标顶层设计政策 | 经济特区的改革目标主要包括四方面内容：经济转轨的试验场、对外开放的窗口、改革的示范地和辐射源以及促进港澳的繁荣和稳定四方面 |

资料来源：笔者整理。

# 第三节
# 经济技术开发区的政策体系

中国经济技术开发区的建设始于 1984 年，是为了推广经济特区的发展经验，按照"小特区"的模式建立的。因此，中央政府对经济技术开发区市场化改革的政策供给体系与经济特区存在很大相似之处，表 3 – 3 对经济技术开发的政策体系进行了总结。

表 3 - 3                                                                          经济技术开发区的政策体系

| 政策类型 | 具体内容 |
|---|---|
| 市场主体培育政策 | 发展初期对经济技术开发区内的外资与认定的出口企业给予了十项所得税与关税优惠政策。 |
| 改革主体培育政策 | (1) 设立了在规划建设与经济管理权限上相对独立的管理机构。<br>(2) 在国家统一政策指导下自主经营区内的进出口贸易。<br>(3) 具有省级商务部门外商投资企业审批权限。 |
| 改革目标顶层设计政策 | (1) 1984 年，四个窗口，即"技术、管理、知识与对外开放的窗口"。<br>(2) 1991 年 12 月国务院特区办提出了"企业结构以外商投资为主；产业结构以现代工业为主；产品结构以出口为主；要致力于发展高新技术"的"三为主一致力"的办区原则。<br>(3) 1997～2004 年，经济技术开发区的"二次创业"。<br>(4) 2004 年，经济技术开发区的发展方针由"三为主，一致力"转变为"三为主、二致力、一促进"，即"以提高吸引外资质量为主，以发展现代制造业为主，以优化出口结构为主，致力于发展高新技术产业，致力于发展高附加值产业，促进国家级开发区向多功能综合性产业区发展"。<br>(5) 2014 年，《国务院办公厅关于促进国家级经济技术开发区转型升级创新发展的若干意见》，提出新时期经济技术开发区的发展定位要实现"三个成为"，即成为带动地区经济发展和实施区域发展战略的重要载体，成为构建开放型经济新体制和培育吸引外资新优势的"排头兵"，成为科技创新驱动和绿色集约发展的示范区。 |
| 改革风险补偿政策 | (1) 1984 年设立的首批 14 个经济技术开发区在财政收入上享受了两个五年期的"全额返还"和一个三年期的"递减返还"，1999 年开始统一上缴。<br>(2) 1992 年后设立的经济技术开发区则享受了一个五年期的"全额返还"和一个三年期的"递减返还"。<br>(3) 2000 年以后国家新批准设立的经济技术开发区，中央财政没有再出台新增收入返还的政策，但对于西部经济技术开发区基础设施建设所需资金，中央财政决定从 2001 年开始给予了 10 年的贴息支持。 |
| 改革收益优先索取政策 | (1) 数量有限。根据《中国开发区审核公告目录 2018》，截止到 2018 年，中国共设立 219 个国家级经济技术开发区。<br>(2) 国家级经济技术开发区的审批、考核与其政策适用范围都有严格规定。 |

资料来源：笔者整理。

# 一、改革与市场主体培育政策

在市场主体培育上，与经济特区的优惠政策针对区内所有符合要求的（内资或外资）企业不同，发展初期经济技术开发区的优惠政策主要面向外资或者被认定的出口企业，而且主要以所得税和关税等税收形式出现。因此，中央政府给予经济技术开发区的相关政策优惠范围比经济特区要小，但更具有针对性。当然，需要说明的是，这种优惠政策随着中国市场经济的进一步完善，有的已经被取消（例如内外资企业在所得税率上的差异）。

在改革主体培育上，经济技术开发区都设立了在规划建设与经济管理权限上相对独立的管理机构，大部分经济技术开发区采取了管委会的形式并具有独立的财政地位。此外，经济技术开发区在进出口、引进外资方面都拥有自己一定的自主权。

## 二、改革目标顶层设计政策

经济技术开发区的发展目标在不同发展阶段经历了不断调整。在经济技术开发区发展初期，国家对经济技术开发区的发展目标是四个窗口，即"技术、管理、知识与对外开放的窗口"，但针对改革初期市场主体发展薄弱的现实问题，国家将其调整为"三为主一致力"的发展目标，强调工业化、高新技术产业以及外向型经济的发展方向。

针对中国对外开放水平提高面临的市场竞争加剧问题，国家在 1997 ~ 2004 年对经济技术开发区的发展提出了"二次创业"的要求。在 2004 年之后，针对转变市场经济增长方式的要求，经济技术开发区的发展方针由"三为主，一致力"转变为"三为主、二致力、一促进"，即"以提高吸引外资质量为主，以发展现代制造业为主，以优化出口结构为主，致力于发展高新技术产业，致力于发展高附加值产业，促进国家级开发区向多功能综合性产业区发展"。2014 年，《国务院办公厅关于促进国家级经济技术开发区转型升级创新发展的若干意见》提出新时期经济技术开发区的发展定位要实现"三个成为"，即成为带动地区经济发展和实施区域发展战略的重要载体，成为构建开放型经济新体制和培育吸引外资新优势的"排头兵"，成为科技创新驱动和绿色集约发展的示范区。

从经济技术开发区发展目标的变化可以发现，经济技术开发区总是对不同阶段中国在市场化进程中面临的问题首先做出反应，并探索相应解决办法。

### 三、改革风险补偿政策

在设立初期，经济技术开发区在财政收入上都享受了国家在一定期限内的财政补贴政策。首先，1984 年设立的首批 14 个经济技术开发区在财政收入上享受了两个五年期的"全额返还"和一个三年期的"递减返还"，1999 年开始统一上缴。其次，1992 年后设立的经济技术开发区则享受了一个五年期的"全额返还"和一个三年期的"递减返还"。另外，2000 年以后国家新批准设立的经济技术开发区，中央财政没有再出台新增收入返还的政策。但对于西部经济技术开发区基础设施建设所需资金，中央财政决定从 2001 年开始给予了 10 年的贴息支持。财政补贴力度下降的主要原因在于后期设立的经济技术开发区都是在原有地方政府开发区基础上升级而成的，成立时间都较长。

### 四、改革收益优先索取政策

经济技术开发区经过一系列扩容，由最初的 14 个增加到 2018 年的 219 家。尽管从总量上看经济技术开发区的数量已经得到了很大增长，但由于每个城市拥有的经济技术开发区还是很有限的，因此相对于其所在城市，经济技术开发区仍然享有较大的改革收益优先权。除了发展初期经济技术开发区是在国家批准设立后开工建设的，后期设立的经济技术开发区都在原有地方政府省级开发区的基础上申报而来的，而中央政府对此则有严格的申报要求与限制。例如，2008 年《国务院对省级开发区升级为国家级经济技术开发区的意见》中明确规定"同一城市原则上只允许申报一家，对在已有国家级经济技术开发区的城市申报省级开发区升级的申请一般不予审核办理。"

## 第四节
# 高新区的政策体系

高新区是在经济特区与经济技术开发区发展经验基础上，基于发展高新技术产业、增强自主创新能力的目的设立和发展起来的。表 3 - 4 基于特殊经济区政策体系的一般框架梳理了高新区政策体系的发展历程。

表 3 - 4                         高新区的政策体系

| 政策类型 | 具体内容 |
| --- | --- |
| 市场主体培育政策 | （1）财税等优惠政策。1991 年《国务院关于批准国家高新技术产业开发区和有关政策规定的通知》规定了高新区相关的税收、财政、出口、信贷优惠政策。<br>（2）高新区创新政策体系的构建。主要包括促进产业化政策体系与营造创新环境政策体系两方面。 |
| 改革主体培育政策 | （1）高新区管理主体。1991 年《关于深化高技术产业开发区改革，推进高技术产业发展的决定》建立了高新区"领导小组 + 管委会 + 总公司"的管理体制。2002 年《关于国家高新技术产业开发区管理体制改革与创新的若干意见》提出建立适应社会主义市场经济要求和高新技术产业发展规律、符合世界贸易组织规则的管理体制和运行机制的"精简、统一、高效"的管理体系和市场化服务体系。<br>（2）2010 年起开始设立"自主创新示范区"，赋予高新区自主创新和高技术产业发展方面的先行先试权。 |
| 改革目标顶层设计政策 | 1988 ~ 2000 年"一次创业"阶段。紧跟世界以信息技术为代表的新技术革命步伐，以引进外资为主。<br>2000 年以后"二次创业"阶段。强调自主创新、"五个转变"的发展方向、"四位一体"的战略定位与"三类园区"的建设定位。 |
| 改革风险补偿政策 | 首批高新区在不影响上缴中央部分，经当地人民政府批准，区内高新技术企业所缴的各项税款，以 1990 年为基数，新增部分五年内全部返还，用于高新区建设。 |
| 改革优先索取政策 | （1）数量有限。根据《中国开发区审核公告目录 2018》，截至 2018 年，中国共设立 156 个高新区。<br>（2）高新区的审批与其政策适用范围都有严格规定。 |

资料来源：笔者整理。

## 一、市场主体培育政策

与经济技术开发区类似，国家同样对高新区内被认定的高新技术企业在企业所得税、技术收入所得、关税、信贷等方面实施优惠政策。2008 年新的《高新区认定管理办法》开始不分区内外统一认定高新技术企业，同享国家优惠税收政策。除了优惠政策外，不同于经济特区和经济技术开发区的做法，国家在高新区发展初期便结合高新技术产业的发展特点构建了相应的创新政策体系。具体包括促进产业化政策体系与营造创新环境政策体系两方面（王胜光和程郁，2013）。

促进产业化的相关政策包括 1995 年国家科委印发的《关于进一步实施火炬计划，加速高新技术产业化的若干意见》，1999 年中共中央、国务院下发的《关于加强技术创新，发展高科技，实现产业化的决定》，2007 年科技部印发的《国家高新技术产业化及其环境建设（火炬）"十一五"发展纲要》，2009 年科技部《关于进一步实施火炬计划加快高新技术产业化及其环境建设的若干意见》，2011 年科技部《关于印发关于进一步加强火炬工作促进高新技术产业化的指导意见》。

高新区创新环境政策体系包括知识环境、资本环境、人才环境、服务环境建设与创新基础和条件建设等方面。在知识环境建设方面，国家发展改革委员会和科技部分别出台政策支持设立"国家工程研究中心"与"国家工程技术研究中心"；在资本环境建设方面，1992 年之前高新区企业的创新资金主要以财政专项资金和科技贷款为主，1992～1999 年间开始引入风险投资，主要以政府和国际资本为主，例如 1999 年颁布的《关于科技型中小企业技术创新基金的暂行规定》；1999～2006 年开始引入资本市场，例如 1998 年期限 3 年的"中国高新技术产业开发区企业债券"与 2003 年"国家高新技术产业开发区企业债券"的发行，2004 年深圳证券交易所创业板的设立；2006 年以后，形成了创业投资引导基金、中小企业创新基金、"新三板"、科技保险、政策性贷款、商业科技贷款、产业发展基金、集合债券等多种融资渠道。在服务环境建设方面，2011 年科技部火炬中心编订《科技服务体系火炬创新工程实施方案（试行）》对加强高新区服务环境建设做出了相关规定。

上述相对微观层面的政策措施从一开始都是由中央政府部门牵头、以正式制度的形式出现，中央政府对高新区这种相对细化的管理模式与对经济特区、经济技术开发区相对"粗线条"的管理模式存在明显不同。这主要是因为高新区中产业的共性较强，便于中央政府统一制定相关政策。

## 二、改革主体培育政策

在改革主体培育上，在高新区设立之初国家便对高新区的管理体制颁布了相关法规，建立精简、高效、服务的管理体制。具体来看，1991 年在高新区发展起步阶段，国家相关部委颁布《关于深化高技术产业开发区改革，推进高技术产业发展的决定》，确立了高新区"领导小组＋管委会＋总公司"的管理体制；进一步地，2002 年科技部发布了《关于国家高新技术产业开发区管理体制改革与创新的若干意见》，要求高新区建立适应社会主义市场经济要求和高新技术产业发展规律、符合世界贸易组织规则的管理体制和运行机制的"精简、统一、高效"的管理体系和市场化服务体系。此外，国家在 2010 年开始将高新区升级为国家自主创新示范区，赋予其在自主创新与高新技术产业发展上的先行先试权，进一步提高了高新区的改革权力。

## 三、改革目标顶层设计政策

在高新区改革目标的顶层设计上，国家在不同时期也颁布了对高新区发展的指导性政策。在 1988～2000 年高新区"一次创业"阶段，为了紧跟世界以信息技术为代表的新技术革命步伐，1988 年国务院《关于深化科技体制改革若干问题的决定》，鼓励在智力密集型地区兴办高新技术开发区，发展高新技术产业。该阶段国家的政策重点在于促进高新技术企业的形成，主要以引进外资为主。2001 年，在建设创新型国家的背景下，科技部提出高新区"二次创业"的口号，高新区的发展进入了营造创新环境和推动产业化、强调自主创新的"二次创业"阶段，具体包括"五个转变"的发展方向、"四位一体"的战略定位与"三类园区"的建设部署。其中，"五个转变"具体包括：一是高新区要加快实现从主要依靠土地、资金等要素驱动向主要依靠技术创新驱动的发展模式转变；二是要从主要依靠优惠政策、注重招商引资向更加注重优化创新创业环境、培育内生动力的发展模式转变；三是要推动产业发展由大而全、小而全向集中优势发展特色产业、主导产业转变；四是要从注重硬环境建设向注重优化配置科技资源和提供优质服务的软环境转变；五是要从注重引进来、面向国内市场为主向注重"引进来"与"走出去"相结合、大力开拓国际市场转变。2006 年全国科学技术大会提出了高新区"四位一体"的战略定位，即"促进技术进步和增强自主创新能力的重要载体、带动经济结构调整和经济增长方式转变的强大引擎、高新技术产业走出去参与国际竞争的服务平台、抢占世界高新技术产业制高点的前沿阵地"。"三类园区"的建设部署则是由科技部提出的，即建设"世界一流园区""创新型科技园区""创新型特色产业园区"三类园区。

## 四、改革风险补偿与收益优先索取政策

在改革风险补偿方面。1991 年《国务院关于批准国家高新技术产业开发区和有关政策规定的通知》规定，在不影响上缴中央部分，经当地人民政府批准，区内高新技术企业所缴的各项税款，以 1990 年为基数，新增部分五年内全部返还，用于高新区建设。

在改革收益优先索取政策方面。首先，高新区的设立需要严格审批，自 1988 年以来，经过多次扩容，截止到 2018 年中国共设立了 156 个高新区。同经济技术开发区类似，高新区仍然享有较大的改革收益优先索取权。其次，在高新区的审批与管理上，高新区实行"二级审批、二级管理"的制度。在审批上，由高新区所在的省级政府向国务院提出申请，国务院委托科技管理部门进行审核；在管理上，高新区所在政府负责开发建设活动，而高新区内高新技术企业的资格认定则由国务院授权的省级科技管理部门负责。

此外，尽管高新区内的相关优惠政策只有当区内企业被认定为高新技术企业后才能享受（2008 年后放宽到高新区之外的高新技术企业，但由于高新技术企业主要集聚在高新区，因此对高新区优势的影响不大），且该资格每年都会进行复查。在高新区考核上，原国家科委制定了《国家高新区考核标准及办法》，对管理不善、发展缓慢的开发区，将责令其限期整顿，经整顿无效的，将报请国务院取消其国家高新区的资格。

第五节

# 海关特殊监管区的政策体系

海关特殊监管区是在区内实施特殊海关监管政策的一类特殊经济区的统称，包括保税区、出口加工区、保税物流园区、跨境工业园区、保税港区、综合保税区以及自由贸易区等不同类型，表3-5基于特殊经济区政策体系的基本框架对海关特殊监管区的政策体系进行了梳理和总结。

表3-5 海关特殊监管区的政策体系

| 政策类型 | 具体内容 |
|---|---|
| 市场主体培育政策 | （1）第一阶段：自由贸易区建立前。税收优惠政策：退税，进入海关特殊监管区享受出口退税；保税，进入海关特殊监管区免征关税与增值税。<br>（2）第二阶段：自由贸易区建立后。除了税收优惠政策外，在管理体制、贸易、金融市场方面的开放度更高。 |
| 改革目标顶层设计政策 | （1）以贸易开放为主的第一阶段：保税区的功能包括保税加工与保税物流，但国内入区不退税；保税物流园区的功能以保税物流为主，"入区退税"；出口加工区的功能以保税加工为主，"入区退税"，2009年后增加保税物流功能；保税港区与综合保税区则综合了保税区、出口加工区以及保税物流园区的所有功能。<br>（2）以全面开放为特征的第二阶段：自由贸易区的设立综合了上述所有海关特殊监管区的功能，并拓展到管理体制、贸易、金融市场的全面开放。 |
| 改革主体培育政策 | （1）以开放促改革，促进政府转型。<br>（2）设立综合配套改革试验区。 |
| 改革风险补偿 | 海关特殊监管区都是在空间上严格的"封闭区域"，降低了改革风险。 |
| 改革收益优先索取政策 | （1）空间上严格的"封闭区域"。<br>（2）在全国的数量有限。 |

资料来源：笔者整理。

## 一、海关特殊监管区的发展与演变

中国海关特殊监管区始于保税区，在此基础上，按照不同的发展方向，又进一步建立了以出口加工为主要导向的出口加工区、以区港联动为导向的保税物流园区以及以跨境合作为主要导向的跨境工业园区。这些海关特殊监管区的功能相对单一。随着中国对外开放程度的进一步提高，中国又分别在沿海、沿江港口以及内陆两个方向上设立了保税港区与综合保税区，保税港区与综合保税区综合了保税区、出口加工区以及保税物流园区的所有功能，其功能的综合性更强；在此基础上，中国又设立了自由贸易区，自由贸易区综合了现存中国所有海关特殊监管区的职能，并在一定程度上综合了高新区等其他特殊经济区的功能，是目前中国海关特殊监管区发展的最高级形态。

## 二、海关特殊监管区政策体系内容

在市场主体培育上，中央政府对海关特殊监管区的政策供给包括两个阶段。第一阶段为自由贸易区设立之前，该阶段海关特殊监管区的政策优势主要以税收优惠政策为主，即区内在保税与退税上的优惠，手段相对单一。第二阶段为自由贸易区设立后，该阶段除了税收优惠政策外，自由贸易区还可以通过提高在管理体制、贸易、金融市场等方面的开放度来培育市场主体，市场化改革手段的综合性更强。

在改革目标顶层设计上，海关特殊监管区的政策体系也经历了两个发展阶段：第一阶段以贸易开放为主，随着海关特殊监管区的发展，其功能不断增强，贸易自由度也不断提高；第二阶段则是在进入全面开放时期后，自由贸易区设立标志着进入了经济、社会与政府的全面开放阶段。

在改革主体培育上，海关特殊监管区的政策体系主要经历了两个阶段的发展：在自由贸易区设立之前，主要通过以开放促改革的方式倒逼地方政府转型，提高自身市场化改革水平；而在自由贸易区设立之后的全面开放阶段后，大部分自由贸易区都依托了综合配套改革试验区，可以利用综合配套改革试验区的"先行先试权"进行制度创新；同时，国家也通过负面清单制度等直接赋予了自由贸易区相关自主权，从而增强了自由贸易区的改革自主权。

在改革风险补偿上，国家严格限定了每个海关特殊监管区的空间范围，形成了空间上严格的"封闭区域"，最大程度上规避其改革风险。

在改革收益优先索取政策上，海关特殊监管区在国内的数量很有限，而且海关特殊监管区的实体在空间上都有明确边界，具有很强封闭性，其改革收益优先索取权非常明显。

## 第六节
# 国家级新区的政策体系

国家级新区是中国目前特殊经济区中除经济特区以外级别最高的特殊经济区。相对于其他类型的特殊经济区，国家级新区的面积更大，经济增长与制度创新的内生动力更强。本节对国家级新区的政策体系进行了总结。

### 一、市场主体培育政策

在市场主体培育政策上，中央政府对国家级新区也提供了相应的市场主体培育政策，特别是相关税收方面的优惠。由于国家级新区的空间范围都比较大，其最显著的特点在于其内部包含了经济技术开发区、高新区以及海关特殊监管区等较低等级的特殊经济区，因此国家级新区可以叠加在其空间范围内所有其他类型特殊经济区的优惠政策，这也使得国家级新区市场主体培育政策的力度更大。例如浦东新区在发展初期叠加了经济特区与经济技术开发区的所有优惠政策，重庆两江新区叠加了西部大开发优惠政策、统筹城乡综合配套改革先行先试政策以及比照浦东新区和滨海新区的开发开放政策等三大优惠政策。

### 二、改革主体培育政策

在改革主体培育上，主要以扩大国家级新区的改革自主权为主。除了扩大国家级新区的经济管理权限外，中央政府以不同方式对所有国家级新区都赋予了改革的"先行先试权"。这里有的依托国家级新区所在区域的国家综合配套改革试验区来实现，例如上海浦东新区、天津滨海新区、重庆两江新区、四川天府新区、湖南湘江新区分别依托上海浦东、天津滨海新区、重庆与成都统筹城乡、长株潭两型社会综合配套改革试验区。有的则是中央直接赋予了某一方面的改革先行先试权。例如，甘肃兰州新区在行政管理体制、涉外经济体制、社会管理体制、技术创新和服务体系、促进民营经济发展等方面的先行先试权；西咸新区在创新城市发展方式上的先行先试权；广州南沙新区在建设粤港澳口岸通关合作示范区、土地管理改革综合试点、国家社会管理创新综合试点、开展国际教育合作试验上的先行先试权；大连金普新区在投资、货物与服务贸易便利化政策与城乡管理、金融管理、行政管理、社会管理、涉外经济、生态文明建设等方面体制改革创新上的先行先试权；青岛西海岸新区在陆海统筹综合配套改革上的先行先试权；舟山群岛新区在体制机制创新、统筹城乡综合配套改革上的先行先试权。

### 三、改革风险补偿、收益优先索取与目标顶层设计政策

在改革风险补偿上，大部分国家级新区享受到了中央政府不同形式的补偿政策。例如，上海浦东新区在"八五"期间新增财政收入全部用于新区建设，"九五"期间中央财政采取设立浦东发展基金的方式支持浦东建设；国家对天津滨海新区内的开发建设在一定时期内予以专项补助；重庆两江新区以2010 年为基数，"十二五"期间新区内新增地方财政及建设项目有关的行政事业性收费收入全额用于设立重庆两江新区发展专项资金；甘肃兰州新区享受国家实施西部大开发政策、国家级循环经济示范区政策、国家支持甘肃经济社会发展的政策；陕西西咸新区则享受中央财政加大一般性转移支付力度，国家有关专项资金更大支持力度等政策；贵州贵安新区在 2013～2020 年，新区内新增地方财政收入全额用于设立贵安新区发展专项资金；广州南沙新区则获得了财政部、税务总局会同有关部门专门研究制度的财税优惠政策；四川天府新区符合条件的基础设施、城乡社会事业和生态环境保护建设项目获得了国家通过中央基建投资等有关专项资金的支持。

在改革收益优先索取上，首先，国家级新区拥有区内所有类型特殊经济

区改革收益的优先索取权。其次，相对于区外，很多优惠政策与制度创新优势只能在新区内才能享受，这也增强了国家级新区的改革收益优先索取权。

在改革目标顶层设计上，中央政府对所有国家级新区的定位与发展目标都有明确的规定，表3-6报告了目前全部19个国家级新区的战略定位。可以发现，国家级新区对所在区域长期经济增长、国家重点发展战略的落实等方面都发挥了重要的引领和带动作用。

表3-6                          国家级新区战略定位

| 新区名称 | 战略定位 |
| --- | --- |
| 浦东新区 | 科学发展的先行区、"四个中心"（国际经济中心、国际金融中心、国际贸易中心、国际航运中心）的核心区、综合改革的试验区、开放和谐的生态区 |
| 滨海新区 | 统筹城乡综合配套改革试验区的先行区、内陆重要的先进制造业和现代服务业基地、长江上游地区的金融中心和创新中心、内陆地区对外开放的重要门户、科学发展的示范窗口 |
| 两江新区 | 统筹城乡综合配套改革试验区的先行区、内陆重要的先进制造业和现代服务业基地、长江上游地区的金融中心和创新中心、内陆地区对外开放的重要门户、科学发展的示范窗口 |
| 舟山群岛新区 | 我国大宗商品储运中转加工交易中心、东部地区重要的海上开放门户、海洋海岛综合保护开发示范区、重要的现代海洋产业基地、陆海统筹发展先行区 |
| 兰州新区 | 西北地区重要的经济增长极、国家重要的产业基地、向西开放的重要战略平台和承接产业转移示范区 |
| 南沙新区 | 粤港澳优质生活圈、新型城市化典范、以生产性服务业为主导的现代产业新高地、具有世界先进水平的综合服务枢纽和社会管理服务创新试验区 |
| 西咸新区 | 我国向西开放的重要枢纽、西部大开发的新引擎、中国特色新型城镇化的范例、丝绸之路经济带重要支点 |
| 贵安新区 | 西部地区重要的经济增长极、内陆开放型经济新高地、生态文明示范区 |
| 青岛西海岸新区 | 海洋科技自主创新领航区、深远海开发战略保障基地、军民融合创新示范区、海洋经济国际合作先导区、陆海统筹发展试验区 |
| 大连金普新区 | 我国面向东北亚区域开放合作的战略高地、引领东北地区全面振兴的重要增长极、老工业基地转变发展方式的先导区、体制机制创新与自主创新的示范区、新型城镇化和城乡统筹的先行区 |

续表

| 新区名称 | 战略定位 |
|---|---|
| 天府新区 | 西部地区重要的科技创新中心，以先进制造业为主、高端服务业集聚、宜业宜商宜居的现代化新城区，内陆开放型经济战略高地和全国统筹城乡发展示范区 |
| 湘江新区 | 高端制造研发转化基地和创新创意产业集聚区、产城融合城乡一体的新型城镇化示范区、全国"两型"社会建设引领区、长江经济带内陆开放高地 |
| 南京江北新区 | 自主创新先导区、新型城镇化示范区、长三角地区现代产业集聚区、长江经济带对外开放合作重要平台 |
| 福州新区 | 两岸交流合作重要承载区、扩大对外开放重要门户、东南沿海重要现代产业基地、改革创新示范区和生态文明先行区 |
| 滇中新区 | 我国面向南亚东南亚辐射中心的重要支点、云南桥头堡建设重要经济增长极、西部地区新型城镇化综合试验区和改革创新先行区 |
| 哈尔滨新区 | 中俄全面合作重要承载区、东北地区新的经济增长极、老工业基地转型发展示范区和特色国际文化旅游聚集区 |
| 长春新区 | 创新经济发展示范区、新一轮东北振兴的重要引擎、图们江区域合作开发的重要平台、体制机制改革先行区 |
| 赣江新区 | 长江中游新型城镇化示范区、中部地区先进制造业基地、内陆地区重要开放高地、美丽中国"江西样板"先行区 |
| 雄安新区 | 绿色生态宜居新城区、创新驱动发展引领区、协调发展示范区、开放发展先行区，努力打造贯彻落实新发展理念的创新发展示范区 |

资料来源：根据各国家级新区规划整理而得。

# 第七节

# 本 章 小 结

本章第一节从中国市场化改革入手，从市场主体培育、改革主体培育、改革目标顶层设计、改革收益优先索取以及改革风险补偿政策五方面构建了特殊经济区政策体系的基本框架，这为从理论上理清特殊经济区政策体系的演变以及国家级新区政策体系的渊源提供了一个基本分析框架。

　　基于特殊经济区政策体系的基本框架，本章第二节到第六节依次分析了经济特区、经济技术开发区、高新区、海关特殊监管区以及国家级新区政策体系的具体内容。作为综合型的经济功能区，国家级新区基本上都包括了其他类型的特殊经济区，因此国家级新区政策体系本身便是其他类型特殊经济的加总。

　　但是，要认识到国家级新区政策体系仍然具有较强的特殊性。相对于其他单一功能的特殊经济区，国家级新区的面积都比较大，在空间形态上具有面状特征，并具有较高的行政级别；同时，国家主要以赋予国家级新区"先行先试权"的方式来扩大其改革自主权。上述特殊优势使得国家级新区在带动区域经济增长动能转换上比其他功能相对单一的特殊经济区要更强。

# 第四章

# 国家级新区、要素集聚与
# 区域经济增长

要素集聚是区域经济增长动能转换的基础，本章聚焦于国家级新区设立后对区域间可以流动的非区域性要素集聚的影响，探讨了国家级新区对区域经济增长速度的影响。本章第一节通过构建一个两区域、三部门与四种要素的同质企业集聚经济模型，研究表明，国家级新区设立后引起的劳动力与资本要素集聚会促进区域经济增长。第二节则将国家级新区的设立视为一项拟自然实验，构建双重差分模型，实证研究发现，国家级新区在设立后 7 年内显著带动了所在区域经济增长；同时，国家级新区主要通过劳动力集聚而非资本集聚带动了区域经济增长。因此，在区域经济增长动能转换过程中要充分发挥国家级新区在"保增长"上的积极作用。

## 第一节
## 理 论 分 析

本节构建了一个两区域、三部门与四种要素的同质企业集聚经济模型，重点探讨了国家级新区设立后，劳动力与资本两类流动性最强的非区域性要素集聚对区域经济增长的影响。

## 一、国家级新区促进要素集聚的内涵

由于区域性要素无法流动，其数量在国家级新区成立前后都保持相对稳定，因此国家级新区影响区域要素集聚主要是通过引起非区域性要素集聚来发挥作用的。本章主要聚焦到两类流动性最强的非区域性要素：一是劳动力要素，国家级新区设立后的产业发展会吸引劳动力流入；同时，为了推动国家级新区建设，地方政府一般会在落户、人才引进等方面给予国家级新区一些优惠政策，这也有利于劳动力的集聚。二是资本要素，为了支持国家级新区建设，国家一般会给予国家级新区在信贷、投融资等方面的优惠政策，减轻国家级新区发展中面临的融资约束，从而吸引资本要素的集聚。例如，天津滨海新区在开发建设初期（2006 年左右）通过政府性投资公司以土地抵押、政府财政担保的方式向政策性银行贷款融资，用于新区开发建设。

## 二、模型基本假设

假设经济系统中包括两区域（区域 1 与区域 2）、三部门和四种要素。其中，为了反映中国城乡二元经济的特征，每个区域可进一步分为城市与农村；三部门分别为工业部门、房地产部门与农业部门，工业部门与房地产部门都位于城市，而农业部门位于农村；四种要素为农业劳动力、工业劳动力、资本和土地，由于中国土地出让的一级市场由地方政府垄断，因此模型将每个城市的土地总供给视为外生的，由城市政府来控制；同时，工业劳动力在区域间可以流动，农业劳动力不能在区域间流动（Krugman，1991）。工业部门生产的工业品在区域间贸易存在"冰山型"贸易成本（Samuelson，1954），农产品的运输在区域间无运输成本，而住房作为非贸易品只能供本地城市居民消费（农村不存在商品房市场）。同时，这两个区域的货币市场是统一的，资本在区域间可以自由流动。

## （一）居民部门

### 1. 城市居民消费

城市居民通过消费工业品、住房与农产品来最大化其效用。在现有研究基础上（Pflüger，2004），假设效用函数为两层效用函数，上层效用函数为工业品组合、住房与农产品的拟线性效用函数，下层效用函数为差异化工业品的不变替代弹性效用函数。此外，为了衡量不同城市间在设施数量上的差异，在城市居民效用函数中引入了 $a_r$ 来衡量区域 $r$ 城市中的设施数量（Roback，1982）。因此，设施数量越多的城市，其居民的效用水平越高，效用函数具体如下：

$$U_r^{urban} = \alpha \ln(C_{M,r}) + \gamma \ln(C_{H,r}) + C_{A,r} + a_r, \quad C_{M,r} = \left[\int_0^{n^w} c_{i,r}^{(\sigma-1)/\sigma} di\right]^{\sigma/(\sigma-1)}$$

$$(4-1)$$

其中，$r=1$，2 分别为区域 1 与区域 2，$\sigma$ 为不同工业品的替代弹性，在多样化偏好的情况下 $\sigma > 1$，$\alpha$ 与 $\gamma$ 分别衡量了城市居民对工业品与住房消费的偏好程度，$n^w$ 为两地区工业品的种类数。$U_r^{urban}$ 为区域 $r$ 城市居民的效用，$C_{M,r}$ 为区域 $r$ 城市居民对工业品组合的消费量，$C_{H,r}$ 与 $C_{A,r}$ 分别为区域 $r$ 城市居民对住房和农产品的消费量。假定劳动力的工资收入 $w_{M,r}$ 是城市居民的唯一收入，并且全部用于消费，设定区域 $r$ 工业品组合的价格指数为 $P_{M,r}$，单个工业品价格为 $p_{i,r}$，区域 $r$ 城市住房价格为 $p_{H,r}$，并将农产品价格标准化为 1，可得城市居民的预算约束为：

$$P_{M,r}C_{M,r} + p_{H,r}C_{H,r} + C_{A,r} = w_{M,r}, \quad P_{M,r} = \left[\int_0^{n^w} p_{i,r}^{\sigma/(\sigma-1)} di\right]^{(\sigma-1)/\sigma}$$

$$(4-2)$$

根据式（4-2）最优化城市居民的效用函数，得到每个城市居民对工业品组合、住房以及农产品的需求函数分别为：

$$C_{M,r} = \frac{\alpha}{P_{M,r}}, \quad C_{H,r} = \frac{\gamma}{p_{H,r}}, \quad C_{A,r} = w_r - \alpha - \beta \qquad (4-3)$$

根据式（4-1）和式（4-3），可得到城市居民的间接效用函数为：

$$V_r^{urban} = w_r - \alpha \ln P_{M,r} - \gamma \ln p_{H,r} + \ln \alpha + \ln \gamma - \alpha - \beta \qquad (4-4)$$

2. 农村居民消费

由于模型假定农村不存在商品房市场，这意味着农村居民不消费城市中的商品住房（农村居民在住房消费上是自给自足的），因此其效用函数可简化为只消费农产品与工业品来最大化其效用，效用函数具体如下：

$$U_r^{rural} = \alpha \ln(C_{M,r}) + C_{A,r} \qquad (4-5)$$

类似地，农村居民的预算约束函数可简化为：

$$P_{M,r}C_{M,r} + C_{A,r} = w_{A,r} \qquad (4-6)$$

式（4-6）中，$w_{A,r}$ 为区域 $r$ 农业部门的工资水平。

**（二）生产部门**

1. 农村农业部门

由于农业部门是完全竞争的，且没有贸易成本，因此两个区域农产品价格 $p_{A,r}=1$（将农产品的价格标准化为 1），农业劳动力工资 $w_{A,r}=p_{A,r}=1$。同时，假定农村农业劳动力在两个区域的数量 $L_{A,r}=1$，且在区域间不流动（Krugman，1991）。

2. 城市工业部门

根据现有研究（Martin and Rogers，1995），假定城市工业部门使用单位资本作为固定投入，使用 $a_M$ 单位的劳动力作为可变投入。因此，城市 $r$ 工业企业的成本函数为：

$$C_r = R_r + a_M w_{M,r} q_r \qquad (4-7)$$

在式（4-7）中，$w_{M,r}$ 为 $r$ 城市工业劳动力的工资，$q_r$ 为城市 $r$ 中工业企业的产出，$R_r$ 为区域 $r$ 的利率。根据企业利润最大化以及长期均衡中的零利润条件，并令 $a_M = \dfrac{\sigma-1}{\sigma}$ 可得：

$$p_r = w_{M,r}, \quad q_r = \frac{\sigma R_r}{w_{M,r}} \qquad (4-8)$$

根据式（4-8）的结果，可以进一步得到城市 $r$ 的工业部门对劳动力的总需求 $L_{M,r} = n_r(\sigma-1)R_r/w_{M,r}$。工业企业生产技术为规模报酬递增，每个企业只生产一种产品。此外，工业企业使用单位资本作为固定投入，因而一个区域的工业企业数与地区的资本总量相同。综合而言，用 $n_r$ 来表示城市 $r$ 的工业企业数量、产品种类数以及资本存量。同时，假定工业劳动力在区域间可以自由流动，这意味着两个区域间存在产业转移，每个区域的资本存量都是变化的。

3. 城市房地产部门

假设住房部门为完全竞争和规模报酬不变部门，使用土地、劳动力与资本作为投入要素；同时，考虑到住房生产中土地这一生产要素具有不可被替代的作用，为了刻画土地在房地产部门生产中的特殊性，将城市 $r$ 的住房生产函数设定如下：

$$H_r = \min\left\{ K_{H,r}^{\mu} \frac{L_{H,r}^{1-\mu}}{a_{KL}}, \frac{N_r}{a_N} \right\} \qquad (4-9)$$

式（4-9）利用了里昂惕夫生产函数来描述房地产部门的生产技术，这意味着在住房生产中，土地与资本、劳动力之间不能替代，但劳动力与资本之间可以替代。从现实来看，中国房地产部门使用的劳动力中，农民工占据了非常高的比重。例如，2015 年、2016 年中国农民工在建筑业总就业中占比接近 100%。[①] 因此，为了反映这一特征事实，假定城市房地产部门使用农业劳动力（农民工）作为劳动力投入，这意味着房地产部门的工资 $w_{H,r} = 1$。进一步地，假定农民工的工资收入都返回农村进行消费，这意味着农民工不消费城市的商品住房，但可以消费工业品与农产品。此外，$a_{KL}$ 和 $a_N$ 为固定的生产技术系数。在不失一般性的情况下，假设土地的生产技术系数 $a_N = 1$。由房地产企业利润最大化的一阶条件可得住房供给数量为 $H_r = N_r$，并且房地产部门对劳动力的总需求为：

$$L_{H,r} = a_{KL} \left( \frac{1-\mu}{\mu} \right)^{\mu} N_r R_r^{\mu} \qquad (4-10)$$

## 三、均衡分析

### （一）劳动力市场均衡

假设经济系统中劳动力的总供给量为 $L^w$，劳动力的需求包括两城市的工业部门、房地产部门与农业部门，劳动力供求均衡时有如下条件：

---

① 根据 2015 年与 2016 年国家统计局《农民工监测调查报告》与《中国统计年鉴》计算得到。

$$L^w = (\sigma - 1) \left( \frac{n_1 R_1}{w_{M,1}} + \frac{n_2 R_2}{w_{M,2}} \right) + L_{H,1} + L_{H,2} + L_A^w \qquad (4-11)$$

同时，工业劳动力跨区域流动的均衡条件为

$$V_1^{urban} = V_2^{urban} \qquad (4-12)$$

式（4-12）意味着当工业劳动力在不同区域的效用水平相等时，其流动实现均衡。

**（二）产品市场均衡**

1. 工业品市场供求均衡

区域 $r$ 工业品的需求来源于本区域的城市与农村居民以及其他区域的农村与城市居民，当工业品市场供求均衡时需要满足以下条件：

$$\begin{cases} \sigma R_1 = \dfrac{\alpha L_1 (w_{M,1})^{1-\sigma}}{n_1 (w_{M,1})^{1-\sigma} + \phi n_2 (w_{M,2})^{1-\sigma}} + \phi \dfrac{\alpha L_2 (w_{M,1})^{1-\sigma}}{\phi n_1 (w_{M,1})^{1-\sigma} + n_2 (w_{M,2})^{1-\sigma}} \\[3mm] \sigma R_2 = \dfrac{\alpha L_2 (w_{M,2})^{1-\sigma}}{\phi n_1 (w_{M,1})^{1-\sigma} + n_2 (w_{M,2})^{1-\sigma}} + \phi \dfrac{\alpha L_1 (w_{M,2})^{1-\sigma}}{n_1 (w_{M,1})^{1-\sigma} + \phi n_2 (w_{M,2})^{1-\sigma}} \end{cases}$$
$$(4-13)$$

式（4-13）中，$\phi = \tau^{1-\sigma}$，$L_1$ 与 $L_2$ 分别为区域 1 与区域 2 的劳动力总量，由城市工业部门的劳动力（$L_{M,r}$）、房地产部门劳动力（$L_{H,r}$）与农业部门劳动力（$L_{A,r}$）三部分组成，具体而言：

$$L_r = L_{M,r} + L_{H,r} + L_{A,r}$$

$$L_{M,r} = (\sigma - 1) \frac{n_r R_r}{w_{M,r}} \qquad (4-14)$$

2. 城市房地产市场供求均衡

当城市住房总供给等于总需求时，城市房地产市场实现均衡，均衡条件如下：

$$p_{H,r} = \frac{\gamma L_{M,r}}{N_r} \qquad (4-15)$$

3. 货币市场均衡

假定经济系统中名义货币总供给量为 $M$，物价水平 $P=1$，因此货币实际总供给量即为 $M$。从宏观调控的角度来看，货币的需求函数为 $kY - hR$。其中，$k$ 为交易性货币需求对收入变化的敏感度系数，$h$ 为投机性货币需求对利率变化的敏感度系数，$Y$ 为总产出，$R$ 为利率水平；当货币市场实现均衡时，两个区域的利率水平相等，即 $R = R_1 = R_2$。其中，经济体的总产出为：

$$Y = \sigma R(n_1 + n_2) + \gamma(\sigma - 1)(n_1 R_1/w_1 + n_2 R_2/w_2) + L_A^w \qquad (4-16)$$

式（4-16）中经济体的总产出由三部分组成，分别为用收入法衡量的城市工业部门的总产出 $[\sigma R(n_1 + n_2)]$、用生产法衡量的房地产部门的总产出 $[\gamma(\sigma - 1)(n_1 R_1/w_1 + n_2 R_2/w_2)]$ 以及用收入法衡量的农业部门的总产出 $(L_A^w)$。在此基础上，可以得到货币市场均衡条件为：

$$M = k[\sigma R(n_1 + n_2) + \gamma(\sigma - 1)(n_1 R_1/w_1 + n_2 R_2/w_2) + L_A^w] - hR$$

$$(4-17)$$

因此，联立由式（4-11）、式（4-12）、式（4-13）与式（4-17）四个方程组成的方程组，就可以求解得到均衡状态的 $w_{M,r}^*$、$n_r^*$ 与 $R^*$ 的值。

## 四、模拟结果分析

### （一）劳动力要素集聚与区域经济增长

国家级新区设立后的政策优势以及开发建设过程都会对交通、医疗、教育等民生基础设施进行大量公共投资，从而导致所在区域拥有的设施数量（$a_r$）发生变化。因此，在理论模型中用城市设施数量（$a_r$）这一外生参数来衡量国家级新区设立后对所在区域产生的外生政策冲击。

具体而言，以国家级新区设立在城市 1 为例，即城市 1 的设施数量高于城市 2 的情况，即 $a_1 > a_2$，其他参数在两个城市间都完全相同。此时，由于设施数量多的城市会吸引劳动力流入，因此长期均衡中城市 1 的劳动力规模会更大，在下面的模拟中会通过令 $a_1 - a_2$ 的值不断变大，从而刻画现实中国家级新区设立后不同城市劳动力规模的差异对城市 GDP 的影响，图 4-1 报告了模拟结果。①

---

① 模拟中参数的具体取值为 $\alpha = 0.6$，$\gamma = 0.3$，$\sigma = 4$，$a_{KL} = 1.5$，$k = 0.6$，$h = 10$，$m = 0.1$，$N_1 = N_2 = 0.25$，$L^w = 4$，$\phi = 0.6$，$\mu = 0.6$，$a_2 = 1$。

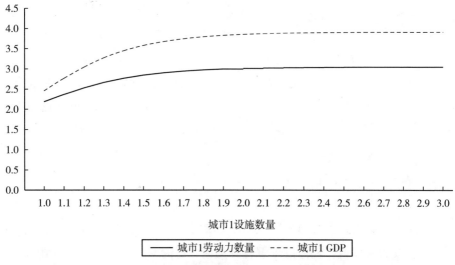

**图 4－1　城市 1 劳动力数量与 GDP 的模拟结果**

资料来源：笔者自绘。

从图 4－1 的模拟结果可以发现，国家级新区设立后，当城市 2 的设施数量（$a_2$）保持不变，城市 1 的设施数量（$a_1$）不断增加时，城市 1 所集聚的劳动力数量在不断增加。其原因在于，根据工业劳动力跨区域流动的均衡条件式（4－12），城市 1 的设施数量越多，其居民的效用水平就越高，会吸引更多工业劳动力由城市 2 流入城市 1，使得城市 1 的总劳动力规模扩大。因此，国家级新区的设立有利于所在区域劳动力要素的集聚。

同时，图 4－1 的模拟结果也显示，随着国家级设立后城市 1 设施数量的增多，城市 1 的 GDP 也不断增长。国家级新区设立后通过劳动力要素集聚导致 GDP 增长的途径有两个：一是工业部门产业集聚度的上升会提高工业部门的总产出；二是房地产部门的繁荣提高了房地产部门的总产出，根据房地产市场均衡条件式（4－15），工业劳动力流入会使得城市 1 的住房需求不断扩大，从而引起城市 1 房价的上升。图 4－2 进一步报告了相应模拟结果，可以发现城市 1 的工业规模与房价都随着其设施数量的增加而不断提高。在上述理论分析基础上，可以得到以下命题：

命题 4－1　国家级新区通过引起劳动力要素集聚促进了区域经济增长。

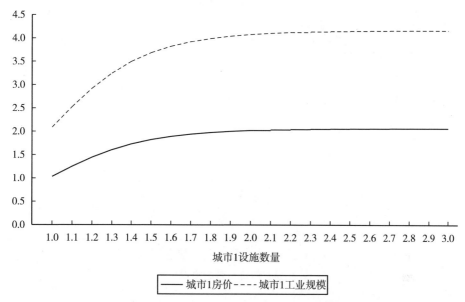

**图 4 - 2　城市 1 工业规模与房价的模拟结果**

资料来源：笔者自绘。

### （二）资本要素集聚对区域经济增长的影响

本部分进一步考察国家级新区成立后资本要素集聚对区域经济增长的影响。为了推动国家级新区建设，在国家级新区设立后国家往往出台相应的信贷扩张政策作为配套措施，这相当于增加了广义的货币供给。因此，假定两个区域完全对称，城市间的设施数量也相同（$a_1 = a_2$）。此时，在均衡状态下两个城市的房价相同、产业规模（工业企业数量）相等，$p_{H,1} = p_{H,2}$、$n_1 = n_2$。在这种特殊的情况下，图 4 - 3 的模拟结果显示，随着货币供给的增大，货币政策的扩张会导致城市 1 的 GDP 不断增加。从图 4 - 3 的模拟结果来看，货币政策扩张导致城市 1GDP 上升的机制也非常明确：首先，扩张性货币政策导致了利率水平（$R$）的下降，而利率水平的下降降低了工业部门的固定成本，刺激了城市 1 产业规模（$n_r$）的扩大，从而提高了工业部门的总产出。其次，城市产业部门的扩张会带动更多工业劳动力（$L_{M,r}$）的就业，在住房总供给不变情况下，工业劳动力增加带来的住房需求扩大会导致城市房价的上涨，这也会导致城市中房地产部门 GDP 的增长。

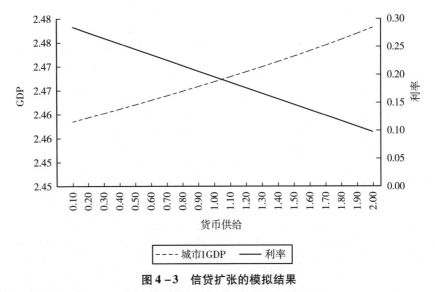

图 4 - 3　信贷扩张的模拟结果

资料来源：笔者自绘。

在理论模型中每个工业企业只使用一单位资本作为固定投入，因此均衡利率水平的下降会导致城市 1 使用更多的资本（$n_r$ 变大），从而提高了资本要素的集聚度。根据上述理论分析，可以得到以下命题：

命题 4 - 2　国家级新区通过引起资本要素集聚促进了区域经济增长。

## 第二节

# 实 证 研 究

本章第一节的理论分析表明，国家级新区的设立将有利于提高区域经济增长速度。为了检验上述结论，本节将国家级新区的设立视为一项拟自然实验，构建双重差分模型，检验国家级新区对区域经济增长的影响。

### 一、回归模型设定

在拟自然实验方法中，一般将受政策的影响样本视为处理组，将未受政策影响的样本视为控制组。经典的双重差分模型一般要求处理组受到政策影响的时间处于同一时点，但国家级新区属于分批次设立的，因此本节建立的是渐进双重差分模型：

$$gdpr_{it} = \beta_0 + \beta_1 did_{it} + \lambda Z_{it} + \nu_i + \mu_t + \varepsilon_{it} \qquad (4-18)$$

在式（4-18）中 $i$ 为城市，$t$ 为年份，本节使用的样本为 2003～2018 年我国 70 个大中城市的面板数据。在基础回归中剔除了上海市（浦东新区所在城市），这是因为上海浦东新区设立于改革开放早期这一特殊的历史阶段，与后来设立的国家级新区在政策供给上存在较强异质性。因此，回归中实际使用的样本为 69 个大中城市（稳健性检验中将报告包括上海市在内的 70 个大中城市样本的结果）。

被解释变量 $gdpr_{it}$ 为城市 $i$ 在 $t$ 年全市口径的 GDP 实际增长率（单位为%），数据来源于 2004～2019 年《中国城市统计年鉴》。$did_{it}$ 为双重差分估计量，如果城市 $i$ 在 $t$ 年设立了国家级新区，那么城市 $i$ 在 $t$ 年当年以及之后的年份中变量 $did_{it}=1$，否则 $did_{it}=0$。式（4-18）实际上检验的是国家级新区对区域经济增长速度的影响，如果国家级新区有利于提高区域经济增长速度，那么变量 $did_{it}$ 的系数 $\beta_1 > 0$ 应该是统计显著的。

需要说明的是，在计算变量 $did_{it}$ 中的年份 $t$ 时，本节按照国务院批复设立国家级新区的具体月份，将在上半年批复设立的国家级新区视为前一年设立，将在下半年批复设立的国家级新区视为当年成立。采用这种处理方式的目的主要是为了规避政策预期的影响。这是因为国家级新区的设立过程一般而言都经历了地方政府申请与国务院审批的过程，从筹备到批复要经历较长的时间，地方政府往往能够提前知道国家级新区能否批复，并提前开展相关工作。

向量 $Z_{it}$ 中包括了其他可能影响区域经济增长的因素，参考曹清峰（2020），具体选取了投资（$invest$）、国内消费（$consume$）、净出口（$export$）、政府财政支出（$gov$）、经济集聚度（$agg$）、二产比重（$second$）以及创新水平（$innov$）等变量，上述变量的数据根据历年《中国城市统计年鉴》、各省市统计年鉴以及国家知识产权局专利数据库整理得到。此外，为了控制城市层面不随时间变化的不可观测因素影响，式（4-18）引入了城市固定效应 $\nu_i$；同时，式（4-18）还引入了年份固定效应 $\mu_t$ 来控制时间可变因素的影响。变量的具体定义见表 4-1。

表 4 – 1                                                         变量定义

| 变量名 | 变量定义 |
|--------|----------|
| gdpr | 各城市 GDP 实际年增长率（%） |
| invest | 城市固定资产投资占 GDP 的比重（%） |
| consume | 城市全社会商品零售总额占 GDP 的比重（%） |
| export | 城市每年出口总额/进口总额 |
| gov | 城市财政总支出总额占 GDP 的比重（%） |
| second | 城市第二产值增加值占 GDP 的比重（%） |
| agg | 城市市辖区 GDP 占全市 GDP 的比重（%） |
| innov | 城市每万人拥有的专利授权总量（项/万人） |

资料来源：笔者整理。

表 4 – 2 进一步报告了所有变量的描述性统计结果，可以发现：（1）变量 *gdpr* 均值显示样本期间所有城市 GDP 的实际增长率平均为 11.73%，总体而言中国城市在样本期内呈现出了高速增长的态势。但是，70 个大中城市中仍然有极少数城市经济出现了负增长的现象，主要以进入"新常态"后的东北地区城市为主，例如丹东、锦州、沈阳在 2014 年后都出现过负增长的情况。其中，锦州市在 2016 年的 GDP 增速为 -6.55%，是样本期内最低的经济增长率。（2）变量 *did* 为虚拟变量，其取值只有 0 和 1 两种情况。（3）变量 *invest* 的均值表明样本内所有城市固定资产投资额占 GDP 的比重平均为 62.06%，这与中国长期以来的投资驱动经济增长模式是一致的（李扬和殷剑峰，2005）。可以发现 *invest* 的最大值已经超过 100%，也就是城市固定资产投资额超过了 GDP，这种现象并非个例，有 5.98% 的样本都出现了 *invest* 大于 100 的情况。导致这种现象的原因在于 GDP 核算的是固定资本形成总额，而固定资产投资总额往往要高于固定资本形成总额，从而导致 *invest* 大于100%。（4）变量 *consume* 的均值为 39.14%，低于变量 *invest* 的均值，这与中国长期依靠投资拉动经济增长的事实是一致的。（5）变量 *export* 均值显示出口与进口总额比值的均值为 2.32，这与中国长期以来贸易顺差的发展历程是一致的。（6）变量 *gov* 的均值为 13.20%，表明政府财政支出在中国城市经济发展中发挥了重要作用。（7）变量 *second* 的值显示样本期间所有城市的第二产业增加值占 GDP 平均比

重为46.03%，这与中国经济仍处于工业化的发展阶段是相符的。（8）变量 *agg* 结果显示市辖区 GDP 占全市 GDP 比重平均为61.79%，最高为100%，这是因为个别城市全市范围都已经是市辖区。（9）变量 *innov* 结果显示样本城市每万人平均拥有专利授权数量为8.34件，但不同城市人均专利授权数量存在较大差异。

表4－2　　　　　　　　　　　　变量描述性统计

| 变量名 | 样本量 | 均值 | 标准差 | 最小值 | 最大值 |
|---|---|---|---|---|---|
| *gdpr* | 1104 | 11.73 | 3.80 | −6.55 | 31.50 |
| *did* | 1104 | 0.09 | 0.28 | 0.00 | 1.00 |
| *invest* | 1104 | 62.06 | 24.21 | 10.91 | 164.15 |
| *consume* | 1104 | 39.14 | 8.75 | 3.26 | 73.60 |
| *export* | 1104 | 2.32 | 2.04 | 0.35 | 8.33 |
| *gov* | 1104 | 13.20 | 5.02 | 4.34 | 32.63 |
| *second* | 1104 | 46.03 | 8.64 | 18.28 | 66.33 |
| *agg* | 1104 | 61.79 | 22.68 | 16.62 | 100.00 |
| *innov* | 1104 | 8.34 | 13.24 | 0.10 | 164.14 |

资料来源：笔者自制。

## 二、实证结果分析

### （一）基础回归结果

表4－3报告了式（4－18）基础模型的回归结果，其中模型（1）没有控制其他控制变量，模型（2）则控制了所有控制变量。可以发现，变量 *did* 的系数在1%的统计水平上显著为正，根据模型（2）的结果，国家级新区的成立可以使得所在城市 GDP 年均增长率提高约1.42个百分点（下文平行趋势的检验结果表明国家级新区对区域经济增长的带动作用可以持续7年，因此这意味着国家级新区成立后使得所在城市 GDP 总共提高了 $1.42 \times 7 = 9.94$ 个百分点），这也表明本章第一节理论分析的结论是成立的。

表 4 - 3                                    基础回归结果

| 变量名 | 模型（1） | 模型（2） |
|---|---|---|
| did | 1.0783 ** <br> (0.5359) | 1.4153 *** <br> (0.4426) |
| invest | — | 0.0437 *** <br> (0.0080) |
| consume | — | - 0.1154 *** <br> (0.0307) |
| export | — | 0.1265 ** <br> (0.0554) |
| gov | — | 0.2599 *** <br> (0.0844) |
| second | — | 0.0574 * <br> (0.0313) |
| agg | — | 0.0505 ** <br> (0.0212) |
| innov | — | 0.0323 ** <br> (0.0153) |
| 常数项 | 13.6130 *** <br> (0.3853) | 7.5619 *** <br> (2.4017) |
| 城市固定效应 | 控制 | 控制 |
| 年份固定效应 | 控制 | 控制 |
| $R^2$ | 0.6203 | 0.7129 |
| 样本量 | 1104 | 1104 |

注：括号内是城市层面聚类稳健标准误，*** 、** 、* 分别表示在 1%、5%、10% 的统计水平上是显著的。

资料来源：笔者整理。

与针对其他类型特殊经济区的研究相比，现有基于 1988～2010 年地级市面板数据、同样使用双重差分方法的研究表明，国家级开发区的设立使得所在城市 GDP 年均提高了约 1.45 个百分点（Alder et al.，2016）。可以发现国家级开发区对区域经济增长的带动效应要略低于国家级新区，这主要是因为国家级新区规模比国家级开发区要更大，对所在城市经济增长的带动效应会更强。同时，晁恒等（2018）研究发现国家级新区成立后使得所在区县 GDP

增加了约13.5%，略高于本节估计得到的9.94%。总体而言，本节估计得到的国家级新区对所在城市经济增长的提升幅度是相对合理的。

表4-3中其他控制变量的结果也都是显著的。（1）变量 *invest* 的系数显著为正，这表明投资对区域经济增长有显著推动作用，这与中国经济发展中通过投资驱动来实现经济增长目标的重要特征是一致的（刘淑琳等，2019）。（2）变量 *consume* 的系数显著为负，即居民最终消费占 GDP 比重的提高会降低区域增长速度，该结果可以从两方面来解释：一方面，根据新古典经济增长理论，较高的消费水平不利于资本的积累，对经济增长有不利影响；另一方面，消费率较高的区域往往属于居民收入较高的经济发达区域，其经济增长速度一般会更慢一些。（3）变量 *export* 的系数显著为正，该指标越大表明城市贸易顺差越大。出口贸易一直是驱动中国经济增长的重要因素（张小宇等，2019），根据国民经济核算等式，较高的净出口有利于促进经济增长。（4）变量 *gov* 的系数显著为正。公共投资是政府财政支出的重要部分，公共投资对中国经济增长具有显著的推动作用（薛艳，2016）。因此，政府财政支出占 GDP 比重的提高可以促进经济增长。（5）变量 *agg* 的系数显著为正，即城市经济集聚度的提高可以促进经济增长。集聚对经济增长的促进作用在现有研究中已经得到了广泛证实（Duranton and Storper，2006）。（6）变量 *second* 的系数显著为正，这是因为经济增长速度与经济发展阶段密切相关。相对于一产比重较高的工业化前期阶段以及三产比重较高的后工业化阶段，二产比重较高的工业化阶段经济增长速度往往是最快的（郝寿义和曹清峰，2019）。（7）变量 *innov* 的系数显著为正，现有研究也表明创新对经济增长具有显著促进作用（Acemoglu et al.，2018）。

**（二）平行趋势检验结果**

双重差分方法成立的重要前提是政策实施前处理组与对照组的经济增长率不存在显著差异，为了对平行趋势假设进行检验，设定如下回归方程：

$$gdpr_{it} = \alpha_0 + \sum_{k \geqslant -8, k \neq -1}^{8} \alpha_k D_{it}^k + \lambda Z_{it} + \nu_i + \mu_t + \varepsilon_{it} \qquad (4-19)$$

在式（4-19）中，$D_{it}^k$ 为代表国家级新区成立这一事件的虚拟变量，由于样本主要位于国家级新区成立前后8年这一区间内，因此假定城市 $i$ 所拥有的国家级新区成立年份为 $y_i$，令 $k = t - y_i$；当 $k \leqslant -8$ 时，$D_{it}^{-8} = 1$，否则为0；依次类推，当 $k = -7$，$-6$，$\cdots$，$6$，$7$ 时，相应的 $D_{it}^k = 1$，否则为 $0$；当 $k \geqslant 8$ 时，$D_{it}^8 = 1$，否则为 $0$。需要说明的是，为了避免虚拟变量陷阱，虚拟变量 $D_{it}^k$ 需要选择一个基准期，本书选择国家级新区成立前一年，即 $D_{it}^{-1}$ 作为基准期，因此式（4-19）中没有包括这一变量。表 4-4 报告了针对式（4-19）的回归结果。

从表 4-4 的结果可以得到两点结论。（1）平行趋势检验是成立的。主要体现在国家级新区成立之前的变量 $D^{-2} \sim D^{-8}$ 的系数在 10% 的统计水平上都是统计不显著的，因此使用双重差分方法来评估国家级新区对区域经济增长的影响是恰当的。（2）国家级新区对区域经济增长的带动效应在 7 年左右。国家级新区对区域经济增长的带动效应在成立第 1 年开始（变量 $D^1$ 的系数）才变得显著，直到第 8 年（变量 $D^8$ 的系数）才变得不显著，总体上经历了一个逐渐变大又缩小的过程，这也意味着国家级新区对区域经济增长的影响在长期中会不断衰减。

表 4-4                              平行趋势检验结果

| 变量名 | 估计系数 | 变量名 | 估计系数 | 变量名 | 估计系数 |
|---|---|---|---|---|---|
| $D^{-8}$ | -0.8787<br>(0.7219) | $D^1$ | 1.1860 ***<br>(0.4430) | invest | 0.0431 ***<br>(0.0080) |
| $D^{-7}$ | -0.8728<br>(0.6727) | $D^2$ | 1.0178 **<br>(0.4504) | consume | -0.1213 ***<br>(0.0320) |
| $D^{-6}$ | -0.6041<br>(0.6283) | $D^3$ | 1.2375 **<br>(0.5534) | export | 0.2755 ***<br>(0.0856) |
| $D^{-4}$ | -0.4820<br>(0.5742) | $D^4$ | 1.4066 **<br>(0.6641) | gov | 0.0602 *<br>(0.0335) |
| $D^{-3}$ | -0.5098<br>(0.4620) | $D^5$ | 1.4864 **<br>(0.7285) | second | 0.0500 **<br>(0.0213) |
| $D^{-2}$ | -0.2074<br>(0.4636) | $D^6$ | 1.5181 *<br>(0.8423) | agg | 0.0322 **<br>(0.0152) |
| $D^0$ | 0.3976<br>(0.4101) | $D^7$ | 2.2424 ***<br>(0.4978) | innov | 0.0431 ***<br>(0.0080) |
| — | — | $D^8$ | -0.5073<br>(0.5633) | 常数项 | 8.0254 ***<br>(2.6556) |
| 城市固定效应 | 控制 | | 年份固定效应 | 控制 | |
| 样本量 | 1104 | | $R^2$ | 0.7149 | |

注：括号内是城市层面聚类稳健标准误，***、**、* 分别表示在 1%、5%、10% 的统计水平上是显著的。

资料来源：笔者自制。

表4-4得到的国家级新区对区域经济增长的带动效应在长期中不断衰减的特征从理论上看并不意外。这是因为随着中国改革开放的深入，国家级新区在优惠政策等方面相对于其他地区的比较优势会逐渐减弱，从而弱化国家级新区的政策效应。现有针对其他类型特殊经济区政策效应的实证研究也发现了类似证据。例如，中国国家级开发区对所在城市经济增长带动效应的持续时间为10年左右（Alder et al.，2016）。美国加利福尼亚州企业园区项目对就业的带动效应大约为6年（O'Keefe，2004）。因此，与其他类型特殊经济区政策效应的持续时间相比，国家级新区对所在区域经济增长带动效应的持续时间处于中等水平。

### 三、稳健性检验

#### （一）逆向因果关系检验

使用双重差分的前提条件之一是国家级新区的成立不受所在城市经济增长率的逆向影响。从国务院批复设立国家级新区成立的决策过程来看，国家是否同意一个城市设立国家级新区主要基于全国整体层面考虑。主要关注国家级新区能否发展示范和标杆作用，往往选择在经济发展基础好的中心性城市来设立国家级新区，而该城市之前的经济增长速度则不是重点关注的因素。为了更加正式地检验这一前提条件是否成立，参考现有研究（Beck et al.，2010），基于生存分析方法，设定如下加速失效时间风险回归模型：

$$\ln(T_{it}) = \theta_0 + \theta_1 gdpr_{it} + \eta X_{it} \qquad (4-20)$$

式（4-20）中 $T_{it}$ 为城市 $i$ 在 $t$ 年的生存时间，$gdpr_{it}$ 为城市 $i$ 在 $t$ 年的GDP增长率，向量 $X$ 包括了其他影响国家级新区能否设立的因素。除了式（4-18）中的所有控制变量外，还包括了城市的经济发展水平 $pgdp$（用城市人均GDP的对数值来衡量）、城市的经济总量 $gdp$（用城市GDP总量的对数值来衡量）。这是因为经济发展水平与经济规模的大小对于发挥国家级新区的示范和标杆作用具有重要作用。表4-5报告了相应检验结果，可以发现变量 $gdpr$ 的系数不显著，其他控制变量的结果也是不显著的，这表明不存在GDP增长率对能否设立国家级新区的逆向影响。

表4-5                                          逆向因果关系检验结果

| 变量 | 估计系数 |
|------|---------|
| *gdpr* | 0.0182<br>(0.1029) |
| *pgdp* | 0.1401<br>(0.2364) |
| *gdp* | -0.6803<br>(0.9819) |
| *invest* | -0.0018<br>(0.0062) |
| *consume* | -0.0094<br>(0.0290) |
| *export* | -0.1358<br>(0.3332) |
| *gov* | -0.0291<br>(0.0725) |
| *second* | -0.0104<br>(0.0281) |
| *agg* | -0.0085<br>(0.0165) |
| *innov* | 0.0178<br>(0.0212) |
| 常数项 | 14.9354<br>(23.1983) |
| 样本量 | 193 |

注：括号内是城市层面聚类稳健标准误，\*\*\*、\*\*、\* 分别表示在1%、5%、10%的统计水平上是显著的。
资料来源：笔者自制。

## （二）样本选择性偏误检验

样本选择性偏误会导致最小二乘法得到的估计系数出现不一致性。为了检验上文实证结果是否受到样本选择性偏误的影响，按照曹清峰（2020）的估计程序，使用倾向得分匹配方法对处理组与控制组样本进行重新匹配，使其具有平衡性。表4-6报告了处理组与控制组平衡性检验结果，可以发现，不同变量在处理组与控制组中的差异已经不具有统计显著性。

表4-6　　　　　　　　　　处理组与控制组平衡性检验

| 年份 | pgdp | gdp | invest | consume | export | gov | second | agg | innov |
|------|------|------|------|------|------|------|------|------|------|
| 2003 | 0.516 | 0.718 | 0.920 | 0.617 | 0.701 | 0.443 | 0.846 | 0.302 | 0.480 |
| 2004 | 0.425 | 0.646 | 0.493 | 0.349 | 0.720 | 0.620 | 0.464 | 0.140 | 0.503 |
| 2005 | 0.952 | 0.688 | 0.975 | 0.487 | 0.343 | 0.480 | 0.276 | 0.520 | 0.904 |
| 2006 | 0.895 | 0.967 | 0.717 | 0.641 | 0.430 | 0.557 | 0.386 | 0.598 | 0.882 |
| 2007 | 0.281 | 0.674 | 0.139 | 0.129 | 0.298 | 0.730 | 0.239 | 0.320 | 0.814 |
| 2008 | 0.812 | 0.804 | 0.952 | 0.817 | 0.929 | 0.431 | 0.751 | 0.469 | 0.586 |
| 2009 | 0.714 | 0.949 | 0.735 | 0.787 | 0.704 | 0.368 | 0.791 | 0.540 | 0.311 |
| 2010 | 0.667 | 0.736 | 0.252 | 0.314 | 0.491 | 0.463 | 0.286 | 0.713 | 0.947 |
| 2011 | 0.503 | 0.782 | 0.165 | 0.261 | 0.626 | 0.828 | 0.275 | 0.295 | 0.587 |
| 2012 | 0.289 | 0.583 | 0.171 | 0.226 | 0.153 | 0.870 | 0.366 | 0.278 | 0.846 |
| 2013 | 0.100 | 0.113 | 0.733 | 0.649 | 0.104 | 0.573 | 0.453 | 0.098 | 0.236 |
| 2014 | 0.234 | 0.446 | 0.718 | 0.440 | 0.320 | 0.749 | 0.479 | 0.476 | 0.305 |
| 2015 | 0.368 | 0.720 | 0.977 | 0.390 | 0.576 | 0.480 | 0.886 | 0.733 | 0.716 |
| 2016 | 0.199 | 0.564 | 0.675 | 0.275 | 0.235 | 0.322 | 0.643 | 0.587 | 0.900 |
| 2017 | 0.122 | 0.394 | 0.602 | 0.691 | 0.207 | 0.392 | 0.707 | 0.389 | 0.921 |
| 2018 | 0.056 | 0.257 | 0.830 | 0.328 | 0.904 | 0.337 | 0.640 | 0.168 | 0.778 |

注：表内报告的为处理组与控制组均值差异的 P 值。
资料来源：笔者自制。

在此基础上，利用新的样本重新对式（4-18）进行回归，表4-7报告了相应结果。可以发现，变量 $did$ 的系数在1%的统计水平上仍然显著为正，这表明国家级新区对区域经济增长的带动效应是稳健的。

表4-7 　　　　　　　　　　倾向得分匹配—双重差分回归结果

| 变量 | 估计系数 |
|---|---|
| *did* | 1.4928 *** <br> (0.5438) |
| *invest* | 0.0411 *** <br> (0.0118) |
| *consume* | -0.1133 ** <br> (0.0474) |
| *export* | 0.1638 ** <br> (0.0668) |
| *gov* | 0.3760 ** <br> (0.1582) |
| *second* | 0.0156 <br> (0.0526) |
| *agg* | 0.0366 * <br> (0.0215) |
| *innov* | 0.0528 <br> (0.0327) |
| 常数项 | 9.9527 ** <br> (4.8880) |
| 城市固定效应 | 控制 |
| 年份固定效应 | 控制 |
| $R^2$ | 0.7460 |
| 样本量 | 1104 |

注：括号内是城市层面聚类稳健标准误，\*\*\* 、\*\* 、\* 分别表示在1%、5%、10%的统计水平上是显著的。

资料来源：笔者自制。

## （三）安慰剂检验

### 1. 随机化处理组与控制组

将设立过国家级新区的处理组城市视为新的控制组，保持国家级新区设立的时间不变，如果在 $t$ 年有 $n$ 个城市设立了国家级新区，那么随机从当年以及之前从来没有设立过国家级新区的城市中抽取 $n$ 个城市作为新的处理组。这里之所以要强调是"当年以及之前从来没有设立过国家级新区"的城市，是为了避免有的城市被重复抽到作为控制组（即同一城市多次被设立为国家级新区，这显然是不合理的），然后基于新的样本来回归式（4–18）。将上述过程重复 500 次，可以得到变量 $did$ 系数的分布。估计结果显示，变量 $did$ 系数的均值为 $-0.28$，已经接近 0，这表明国家级新区的设立确实带动了所在区域经济增长。

2. 随机化国家级新区设立时间

这一安慰剂检验的目的在于排除其他政策对处理组城市经济增长率的影响。也就是说，如果随机提前国家级新区设立的时间，式（4–18）中变量 $did$ 的系数变得不显著或者出现大幅下降，这表明对于处理组城市而言，其在设立国家级新区后经济增长率的提高确实是由国家级新区带来的。具体而言，假定处理组城市不变，从样本期内每个处理组城市设立国家级新区之前的年份中随机抽取一年作为新的国家级新区成立时间，然后重新估计式（4–18），重复 500 次后也可以得到变量 $did$ 的系数分布。估计结果表明，变量 $did$ 系数均值为 1.09，比表 4–3 模型（2）的估计结果 1.42 下降了约 23%。

**（四）其他稳健性检验**

表 4–8 从三方面进行了稳健性检验。（1）国家级新区成立时间稳健性检验。上文为了控制政策预期效应，将在上半年批复设立的国家级新区视为前一年成立，将在下半年批复设立的国家级新区视为当年成立，模型（1）则报告了按照国务院批复设立国家级新区的具体年份作为其设立时间的回归结果。（2）是否包含上海浦东新区稳健性检验。上文为了保证国家级新区政策自身的可比性，使用了剔除上海市之后的 69 个大中城市的样本，模型（2）则报告了包含上海市在内的 70 个大中城市样本的回归结果。（3）被解释变量 GDP 增长率的离群值稳健性检验。模型（3）报告了将被解释变量 GDP 增长率最大与最小 1% 样本缩尾后的回归结果。总体而言，表 4–8 中变量 $did$ 的系数在 1% 的水平上仍然是统计显著的。

表 4-8 其他稳健性检验

| 变量名 | 模型（1）<br>（成立时间当年作为<br>政策开始时间） | 模型（2）<br>（包含上海浦东<br>新区的样本） | 模型（3）<br>（GDP 增长率缩尾处理） |
|---|---|---|---|
| *did* | 1.2688 ***<br>（0.3916） | 1.3443 ***<br>（0.4394） | 1.1641 ***<br>（0.3801） |
| *invest* | 0.0437 ***<br>（0.0081） | 0.0415 ***<br>（0.0081） | 0.0353 ***<br>（0.0067） |
| *consume* | -0.1157 ***<br>（0.0311） | -0.1212 ***<br>（0.0313） | -0.0997 ***<br>（0.0252） |
| *export* | 0.1287 **<br>（0.0571） | 0.1278 **<br>（0.0559） | 0.1040 **<br>（0.0512） |
| *gov* | 0.2562 ***<br>（0.0847） | 0.2696 ***<br>（0.0857） | 0.2355 ***<br>（0.0543） |
| *second* | 0.0580 *<br>（0.0322） | 0.0487<br>（0.0314） | 0.0485 *<br>（0.0260） |
| *agg* | 0.0513 **<br>（0.0212） | 0.0494 **<br>（0.0212） | 0.0445 **<br>（0.0189） |
| *innov* | 0.0323 **<br>（0.0154） | 0.0310 **<br>（0.0152） | 0.0211 *<br>（0.0107） |
| 常数项 | 7.5286 ***<br>（2.6868） | 8.1246 ***<br>（2.6512） | 8.1819 ***<br>（2.0649） |
| 城市固定效应 | 控制 | 控制 | 控制 |
| 年份固定效应 | 控制 | 控制 | 控制 |
| 样本量 | 1104 | 1120 | 1104 |
| $R^2$ | 0.7116 | 0.7109 | 0.7475 |

注：括号内是城市层面聚类稳健标准误，*** 、** 、* 分别表示在 1%、5%、10% 的统计水平上是显著的。

资料来源：笔者自制。

## 四、异质性检验

### （一）区域异质性检验

表 4-9 按照国家级新区所在区域不同，分别检验了东部地区、中部地区

与西部地区国家级新区对区域经济增长的影响。表4－9 的结果表明，变量
*did* 的系数在东部地区与西部地区样本中不显著，在西部地区样本中显著为正。
从系数大小来看，西部地区国家级新区对区域经济增长的带动效应要显著大于
全样本的平均水平。导致这种差异性的原因在于，上文的研究表明，国家级新
区对区域经济增长的带动效应在长期内会不断衰减，仅能持续7 年，而西部地
区国家级新区设立时间相对较晚，因此对区域经济增长的带动效应更强。

表4－9 区域异质性检验

| 变量 | 模型（1）东部地区 | 模型（2）中部地区 | 模型（3）西部地区 |
|---|---|---|---|
| *did* | 0.6836 (0.5856) | −0.0749 (0.5244) | 3.1826*** (1.0277) |
| *invest* | 0.0547*** (0.0133) | 0.0329*** (0.0091) | 0.0611*** (0.0159) |
| *consume* | −0.0812** (0.0388) | −0.1659*** (0.0539) | −0.1358* (0.0676) |
| *export* | 0.2849*** (0.0845) | −0.0583 (0.0851) | 0.1260* (0.0637) |
| *gov* | 0.0229 (0.0812) | 0.2045** (0.0898) | 0.4413* (0.2196) |
| *second* | 0.0159 (0.0522) | 0.0251 (0.0427) | 0.0830 (0.0610) |
| *agg* | 0.0737** (0.0351) | 0.0619* (0.0312) | 0.0107 (0.0203) |
| *innov* | 0.0238** (0.0112) | 0.0105 (0.0468) | 0.0711 (0.0450) |
| 常数项 | 8.7718** (3.6045) | 11.2802** (4.0787) | 6.4805 (5.5527) |
| 城市固定效应 | 控制 | 控制 | 控制 |
| 年份固定效应 | 控制 | 控制 | 控制 |
| 样本量 | 496 | 320 | 288 |
| $R^2$ | 0.7940 | 0.7008 | 0.6870 |

注：括号内是城市层面聚类稳健标准误，***、**、* 分别表示在1%、5%、10%的统计水平
上是显著的。
资料来源：笔者自制。

**（二）面积异质性检验**

表 4 – 10 以 500 平方千米为基本分类单位，将全部国家级新区按照（陆地）规划面积分为 500 平方千米以下、500～1000 平方千米、1000～1500 平方千米、1500～2000 平方千米以及 2000 平方千米以上 5 类。可以发现，随着国家级新区面积的增大，变量 $did$ 的系数经历了一个由不显著到显著、最终又不显著的过程。这表明过小或者过大的规划面积对国家级新区带动区域经济增长都是不利的，国家级新区规划面积合理区间为 500～2000 平方千米。

表 4 – 10                          面积异质性检验

| 变量 | 模型（1）小于 500 平方千米 | 模型（2）500～1000 平方千米 | 模型（3）1000～1500 平方千米 | 模型（4）1500～2000 平方千米 | 模型（5）大于 2000 平方千米 |
|---|---|---|---|---|---|
| $did$ | 0.6853 (0.6020) | 1.8820 *** (0.6248) | 1.2388 ** (0.4860) | 2.5715 *** (0.7370) | 0.6648 (0.6198) |
| $invest$ | 0.0414 *** (0.0077) | 0.0411 *** (0.0079) | 0.0407 *** (0.0080) | 0.0460 *** (0.0081) | 0.0376 *** (0.0083) |
| $consume$ | − 0.1258 *** (0.0336) | − 0.1299 *** (0.0347) | − 0.1317 *** (0.0353) | − 0.1344 *** (0.0333) | − 0.1198 *** (0.0345) |
| $export$ | 0.0968 * (0.0520) | 0.1029 * (0.0541) | 0.1022 * (0.0543) | 0.1345 ** (0.0580) | 0.1016 * (0.0530) |
| $gov$ | 0.2801 *** (0.0970) | 0.2875 *** (0.0978) | 0.2952 *** (0.0984) | 0.2900 *** (0.1011) | 0.2912 *** (0.0967) |
| $second$ | 0.0703 ** (0.0335) | 0.0722 ** (0.0329) | 0.0745 ** (0.0333) | 0.0502 (0.0335) | 0.0855 *** (0.0318) |
| $agg$ | 0.0518 * (0.0260) | 0.0469 * (0.0257) | 0.0479 * (0.0255) | 0.0425 * (0.0250) | 0.0512 ** (0.0245) |
| $innov$ | 0.0364 ** (0.0169) | 0.0370 ** (0.0165) | 0.0384 ** (0.0170) | 0.0352 ** (0.0168) | 0.0376 ** (0.0165) |
| 常数项 | 7.3477 ** (2.9336) | 7.5906 ** (2.9010) | 7.3552 ** (2.9096) | 8.6460 *** (2.7965) | 6.4560 ** (2.8639) |

| 变量 | 模型（1）<br>小于500<br>平方千米 | 模型（2）<br>500～1000<br>平方千米 | 模型（3）<br>1000～1500<br>平方千米 | 模型（4）<br>1500～2000<br>平方千米 | 模型（5）<br>大于2000<br>平方千米 |
|---|---|---|---|---|---|
| 城市固定效应 | 控制 | 控制 | 控制 | 控制 | 控制 |
| 年份固定效应 | 控制 | 控制 | 控制 | 控制 | 控制 |
| 样本量 | 928 | 864 | 848 | 896 | 896 |
| $R^2$ | 0.7074 | 0.7066 | 0.7061 | 0.7005 | 0.7142 |

注：括号内是城市层面聚类稳健标准误，\*\*\*、\*\*、\* 分别表示在1%、5%、10%的统计水平上是显著的。

资料来源：笔者自制。

## 五、作用机制检验

为了检验国家级新区通过促进劳动力与资本要素集聚带动区域经济增长的机制，估计如下生产函数：

$$\ln(Y_{it}) = \beta_0 + \alpha\ln(K_{it}) + (1-\alpha)\ln(L_{it}) + \mu_{it} \tag{4-21}$$

式（4-21）中，$Y$ 为城市的实际 GDP，$K$ 为城市资本存量，$L$ 为城市就业人数，上述变量的数据来源于历年《中国城市统计年鉴》，变量具体计算方法可参见曹清峰（2020）。在此基础上，可将每个城市 GDP 增长率分解为以下两部分：

$$
\begin{aligned}
gdpr\_K &= gdpr \times \frac{\alpha\ln(K)}{\ln(Y)} \\
gdpr\_L &= gdpr \times \frac{(1-\alpha)\ln(K)}{\ln(Y)}
\end{aligned}
\tag{4-22}
$$

式（4-22）中，$gdpr\_K$ 与 $gdpr\_L$ 分别衡量了资本与劳动力要素贡献的 GDP 增长率。表4-11 报告了相应检验结果，模型（1）的结果显示资本要素集聚对区域经济增长影响不显著，但模型（2）的结果表明劳动力要素集聚对区域经济增长影响显著为正。

尽管从理论上看国家级新区设立后导致的资本与劳动力要素集聚都可以促进区域经济增长，但表4-11 的实证结果显示资本要素集聚与理论预期并不一致。导致这种现象的原因在于地方政府主导下的国家级新区开发建设中往往会产生"投资热"：一方面，由于国家级新区在空间选址上往往属于开发建设尚不完善的新城或者城市新区，地方政府往往采取超前建设公共基础设施的做法来招商引资，在规划不合理的情况下往往会产生公共基础设施利用率不高、甚至闲置的问题。另一方面，尽管国家对每个国家级新区的战略定位具有差异化，但实践中国家级新区在产业发展规划上往往存在一定的跟风现象；同时，部分国家级新区在建设中贪多求全的做法也加剧了产能过剩风险。以上两方面因素都导致国家级新区的资本要素集聚未能成功带动区域经济增长。

表4-11                            要素集聚机制检验

| 变量 | 模型（1）<br>资本要素集聚 | 模型（2）<br>劳动力要素集聚 |
|---|---|---|
| *did* | -0.4296<br>(0.7153) | 1.2963*<br>(0.6858) |
| *invest* | 0.0542***<br>(0.0184) | 0.0236*<br>(0.0124) |
| *consume* | -0.1182***<br>(0.0395) | -0.0011<br>(0.0348) |
| *export* | 0.0832<br>(0.1020) | 0.0118<br>(0.1049) |
| *gov* | 0.1777<br>(0.1110) | 0.2678***<br>(0.0936) |
| *second* | -0.0301<br>(0.0568) | 0.0224<br>(0.0426) |
| *agg* | 0.0404<br>(0.0359) | 0.0044<br>(0.0316) |
| *innov* | 0.0503**<br>(0.0237) | -0.0363<br>(0.0344) |

续表

| 变量 | 模型（1）<br>资本要素集聚 | 模型（2）<br>劳动力要素集聚 |
|---|---|---|
| 常数项 | 6.8549*<br>(3.7523) | −3.3787<br>(3.4561) |
| 城市固定效应 | 控制 | 控制 |
| 年份固定效应 | 控制 | 控制 |
| 样本量 | 1035 | 1035 |
| $R^2$ | 0.2343 | 0.2113 |

注：括号内是城市层面聚类稳健标准误，***、**、*分别表示在1%、5%、10%的统计水平上是显著的。

资料来源：笔者自制。

## 第三节
# 本 章 小 结

本章第一节构建了一个两区域、三部门、四种要素以及引入城市与农村城乡差异的同质企业集聚经济模型，理论分析表明，国家级新区的设立可以通过促进劳动力与资本要素集聚来促进区域经济增长。本章第二节则利用2003~2018年中国70个大中城市的面板数据，构建双重差分模型系统检验了国家级新区对区域经济增长的影响。研究表明，总体上国家级新区显著提高了区域经济增长速度，且这种带动效应可以持续7年，该结论在经过逆向因果关系检验、样本选择性偏误检验、安慰剂检验以及其他稳健性检验后仍然成立。异质性分析发现，西部地区国家级新区对区域经济增长的带动效应要更强；过小或者过大的规划面积对国家级新区带动区域经济增长都是不利的，国家级新区规划面积合理区间为500~2000平方千米范围内。作用机制检验表明，国家级新区仅通过促进劳动力要素集聚带动了区域经济增长，未能通过促进资本要素集聚带动区域经济增长。

因此，总体上国家级新区对于在经济增长动能转换过中"保增长"是有利的。但需要注意的是，国家级新区对区域经济增长的带动效应存在"有效期"。同时，国家级新区的规划面积也存在合理区间，过大或者过小的规划面积都不利于发挥其"保增长"的作用。最后，要高度重视国家级新区建设的"投资热"与产能过剩问题，要提高资本的边际生产率，避免低效、重复投资。

# 第五章

# 国家级新区与弱势区域经济起飞

与东部发达地区相比，中西部地区国家级新区所在区域往往在要素禀赋上存在一定劣势。由于弱势区域往往成为区域经济增长动能转换的堵点和梗阻，在区域经济增长动能转换中面临的经济下行风险也更大，因此本章聚焦于国家级新区对弱势区域经济增长的影响。总体而言，本章研究表明对于在初始经济增长速度与制度环境上存在弱势的区域，设立国家级新区后其经济增长速度更快，这表明国家级新区可以带动弱势区域经济的起飞。本章第一节首先构建了基于伯特兰竞争的集聚经济模型，从理论上分析了国家级新区缓解区域经济增长中的"马太效应"、从而带动弱势区域经济增长的理论机制。第二节则构建双重差分模型进行实证检验，发现国家级新区的设立显著促进了初始经济增速与制度环境弱势区域的经济增长。因此，国家级新区为弱势区域经济增长动能转换提供了一个新的启动点，有利于弱势区域实现经济起飞。

## 第一节
## 理 论 分 析

在区域经济增长动能转换的过程中，由于空间经济多重均衡的特征，弱势区域未必能够进入经济快速增长的均衡路径。本节通过构建基于伯特兰竞争的异质企业集聚经济模型，对国家级新区带动弱势区域经济起飞的内在机制进行了理论分析。本节试图证明，即使初始要素禀赋数量处于劣势的区域，在设立国家级新区后其经济也可能会得到快速增长。

## 一、国家级新区带动弱势区域经济起飞的内涵

经济起飞的概念最早来源于发展经济学。"经济成长阶段论"将经济发展阶段划分为传统社会阶段、准备起飞阶段、起飞阶段、走向成熟阶段、大众消费阶段和超越大众消费阶段。其中，起飞阶段特指一国经济增速由低水平徘徊状态进入高速、稳定增长的快车道现象。在区域经济发展中，也存在类似的经济起飞阶段。特别是当一个区域的集聚经济达到一定规模之后，其经济会进入一个快速增长的阶段，本章将这一阶段称为区域经济起飞。

区域经济起飞是衡量一个区域、特别是弱势区域经济增长动能实现成功转换的重要特征。这是因为在区域经济新旧动能转换的转型升级过程中，非常容易出现区域经济增长速度下滑的风险，只有当新动能重新发挥主导作用，此时区域经济才会进入一个新的起飞阶段。但是，由于空间经济多重稳定均衡的特征，区域经济增长动能转换并不意味着区域经济会自动进入一个高速增长的合意均衡，此时通过实施外生的政策干预来调整区域经济增长均衡路径是必要的。

作为一项区位导向性政策，国家级新区带动弱势区域经济起飞的内涵在于，国家级新区为弱势区域经济增长提供了一个新的启动点。对于在要素禀赋上存在弱势的区域而言，国家级新区有利于缩小其与优势区域的经济增长差距，从而实现对优势区域的"赶超"。实践中国家级新区的设立也反映了这一政策意图，例如目前中国 19 个国家级新区中有 11 个都设立在中西部地区。因此，本节需要从理论上证明，国家级新区设立后带来的区域间运输成本（这里的运输成本可视为包括交易成本、货物运输成本在内的广义空间交流成本）下降即使对于弱势区域产业集聚度的提高也是有利的，从而有助于带动区域经济实现起飞。

## 二、理论模型基本假设

为了探讨国家级新区对弱势区域经济起飞的影响，本节构建了基于伯特兰

竞争的集聚经济模型。尽管张伯伦垄断竞争框架是目前在空间经济学与区域经济学研究中最为常用的框架，但其特殊的建模策略也在某些方面遭受质疑。

（1）张伯伦垄断竞争框架在求解均衡价格时假定企业数量是无穷多的，因此这种近似方法只有在企业数量足够大的情况下才是准确的。但在现有使用张伯伦垄断竞争框架的模型中，企业数量实际上是内生的（Dixit and Stiglitz，1977；Ottaviano et al.，2002）。因此，外生假定企业数量在任何情况下都是足够大显然是不合理的（Yang and Heijdra，1993；d'Aspremont et al.，1996）。

（2）张伯伦垄断竞争框架下企业定价属于边际成本固定加成定价（Dixit and Stiglitz，1977），这种定价行为忽视了促竞争效应，在一定程度上削弱了模型的现实解释力。

（3）张伯伦垄断竞争框架下的模型都保持了一个相对严格的假设，即企业的个体定价不影响市场总的价格水平（Matsuyama，1995）。这在同质企业情况下是一个相对合理的近似，但当拓展到异质企业的情形后，企业异质性的存在使得单个企业的市场势力增强，其对市场总价格水平的影响也增强。因此，在异质企业情况下放松这一假设是有必要的。

为了弥补张伯伦垄断竞争框架的不足，一种思路是继续保持张伯伦垄断竞争框架的基本假设，通过变换函数形式来进一步完善模型。现有研究尝试了将不变替代弹性效用函数替换为不变相对风险厌恶效用函数（Behrens and Murata，2007），得到了包含促竞争效应且具有解析形式的企业最优定价。也有研究将同质企业的张伯伦垄断竞争模型直接拓展到异质企业情形（Melitz，2003；Melitz and Ottaviano，2008）。但这些研究仍然基于张伯伦垄断竞争框架，因此该框架下本身存在的问题仍然无法得到解决。

避免以上问题的另一条思路是跳出张伯伦垄断竞争市场结构，采用其他非完全竞争市场结构，例如伯特兰竞争、古诺竞争等。值得注意的是，在异质企业情况下，产品异质性的存在使得企业间产品价格的竞争相对于产品数量的竞争更合理。因此，伯特兰竞争相对于古诺竞争更适用于异质企业的情形。国际贸易理论的相关研究已经在伯特兰竞争下对异质企业在国际贸易中的定价行为进行了研究（Bernard et al.，2003；Atkeson and Burstein，2007；De Blas and Russ，2015）。但是这些研究在处理企业异质性时需要依赖于特殊形式的企业生产率分布函数才能得到解析解，这也降低了模型的一般性。

鉴于张伯伦垄断竞争框架的问题，本节在自由资本模型（footloose capital model）的基础上（Martin and Rogers，1995），构建了一个新的基于伯特兰价格竞争的异质企业集聚经济模型，模型基本假设如下。

（1）模型中存在两个区域（北部和南部，南部的变量都加 " $*$ " 来表示）、两个生产部门（工业部门与农业部门）、两种生产要素（物质资本与劳动），资本可以在区域间自由流动，但劳动力不能在区域间自由流动，所有区域的劳动力禀赋总量为 $L^w$，资本总量为 $K^w$。

（2）农业部门是规模收益不变和完全竞争的，只使用劳动要素作为唯一的投入，农产品是同质的，农产品在区域间无运输成本。因此可以得到，南部和北部农产品的价格与劳动工资水平应该相同，即 $p_A = p_A^* = w_L = w_L^* = 1$，$p_A$ 和 $w_L$ 分别为北部的农产品价格与工资水平，并进一步被标准化为1。

（3）工业部门是规模报酬递增和垄断竞争的，企业生产中以资本作为固定投入，且每个企业只使用一单位资本。企业使用劳动作为可变投入。在自由资本模型中，资本可以跨区域流动（但是资本所有者不流动，因此每个区域的资本禀赋数量是不变的，且资本收益只在资本所有者所在区域消费），而劳动力在区域之间不能流动。市场中每个企业的生产率都存在异质性，具体来看，企业 $i$ 的成本函数为 $C(i) = F + wm(i)x(i)$。其中，$m(i)$ 为企业 $i$ 的边际成本，用来衡量生产率异质性，$x(i)$ 为企业 $i$ 的产品产量。受信息不对称的影响，在进入市场开始生产之前，企业无法确定自身的真实生产率水平。因此，对于潜在的进入者而言，企业只能从一个外生的分布函数 $g(m)$ 中得到自身初始生产率水平 $m(i)$，该分布函数 $g(m)$ 的均值为 $\mu$、方差为 $\sigma^2$。

工业品在区域间存在运输成本，但运输成本并未采用新经济地理模型中常用的"冰山"成本形式，而是采用了线性运输成本的形式（Ottaviano et al.，2002），即单位产品的运输成本为 $t(t \geqslant 0)$，$t$ 越大表示运输成本越高。

（4）消费者具有多样化偏好，其效用函数为拟线性二次效用函数：

$$U = \alpha \int_0^{n^w} q(i)di - \frac{\beta - \delta}{2} \int_0^{n^w} [q(i)]^2 di - \frac{\delta}{2} [\int_0^{n^w} q(i)di]^2 + q_0 \tag{5-1}$$

$$\text{s. t.} \int_0^{n^w} p(i)q(i)di + q_0 = I$$

式 (5-1) 中，$\alpha > 0$，$\beta > \delta > 0$，$q(i)$ 为差异化工业品的消费数量且 $i \in [0, n^w]$，$n^w = n + n^*$ 为消费者消费的北部与南部工业品种类的总和。$q_0$ 为农产品的消费量，其价格标准化为 1。$\alpha$ 表示消费者对工业品偏好程度，$\beta > \delta$ 表示消费者呈现出多样化偏好，$\delta$ 表示差异化产品间的替代程度，$\delta$ 越大，表明不同工业品间的替代程度越强。

(5) 北部与南部的支出份额分别为 $E$ 与 $E^*$，则总支出 $E^w = E + E^*$。由于每个企业只使用一单位资本，因此在任何区域资本数量 $K$ 与企业数量 $n$ 是相同的，即 $n^w = K^w$，其中 $n^w$ 为所有区域的企业数量，$K^w$ 为所有区域的资本禀赋数量。假定北部的资本与企业数量所占比重为 $s_n$，南部的资本与企业数量所占比重为 $1 - s_n$。北部地区的劳动力禀赋与资本禀赋所占比重分别为 $s_L$ 与 $s_K$，南部地区的劳动力与资本禀赋比重分别为 $(1 - s_L)$ 与 $(1 - s_K)$。$M = s_L L^w + s_k K^w$ 为北部消费者的数量，即北部劳动力数量与资本所有者数量总和，$M^* = (1 - s_L)L^w + (1 - s_k)K^w$ 为南部消费者的数量。

## 三、短期均衡

北部企业与南部企业的利润函数分别为：

$$\pi(i) = [p(i) - m(i)]q(i)M + [\bar{p}(i) - m(i) - t][\bar{q}(i)]M^*,$$
$$\pi^*(i) = [p^*(i) - m(i)]q^*(i)M^* + [\bar{p}^*(i) - m(i) - t][\bar{q}^*(i)]M \qquad (5-2)$$

在式 (5-2) 中，$p(i)$ 与 $p^*(i)$ 分别为北部与南部企业在当地产品的定价，$\bar{p}(i)$ 为北部企业生产的产品在南部的定价，$\bar{p}^*(i)$ 为南部企业生产的产品在北部的定价，其相应的需求函数分别为：

$$q(i) = a - (b + cn^w)p(i) + cP$$
$$\bar{q}(i) = a - (b + cn^w)\bar{p}(i) + cP^*$$
$$q^*(i) = a - (b + cn^w)p^*(i) + cP^* \qquad (5-3)$$
$$\bar{q}^*(i) = a - (b + cn^w)\bar{p}^*(i) + cP$$

式 (5-3) 中，$a = \dfrac{\alpha}{\beta + (n^w - 1)\delta}$，$c = \dfrac{\delta}{(\beta - \delta)[\beta + (n^w - 1)\delta]}$，$b = \dfrac{a}{\alpha}$，$P$ 为北部的价格指数，注意到上式隐含地假定 $b + cN - c > 0$（当工业品为正常品

时，其需求量相对于产品价格的斜率为负），其中，北部与南部的价格指数分别为：

$$P = \int_0^n p(i)\,di + \int_0^{n^*} \bar{p}^*(i)\,di$$

$$P^* = \int_0^n \bar{p}(i)\,di + \int_0^{n^*} p^*(i)\,di \tag{5-4}$$

因此，将式（5-3）与式（5-4）代入到式（5-2）中，由北部企业利润最大化的一阶条件可以得到：

$$\frac{\partial \pi}{\partial p(i)} = \left[ a - (b + cn^w)p + cP \right] + (p - m)\left[ -(b + cn^w) + c \right] = 0 \tag{5-5}$$

$$\frac{\partial \pi}{\partial \bar{p}(i)} = \left[ a - (b + cn^w)\bar{p} + cP^* \right] + (\bar{p} - m - t)\left[ -(b + cn^w) + c \right] = 0 \tag{5-6}$$

由南部企业利润最大化的一阶条件可以得到：

$$\frac{\partial \pi^*}{\partial p^*(i)} = \left[ a - (b + cn^w)p^* + cP^* \right] + (p^* - m)\left[ -(b + cn^w) + c \right] = 0 \tag{5-7}$$

$$\frac{\partial \pi^*}{\partial \bar{p}^*(i)} = \left[ a - (b + cn^w)\bar{p}^* + cP^* \right] + (\bar{p}^* - m - t)\left[ -(b + cn^w) + c \right] = 0 \tag{5-8}$$

将式（5-5）~式（5-8）进一步整理可得：

$$\left[ 2(b + cn^w) - c \right]p = a + m(b + cn^w - c) + cP \tag{5-9}$$

$$\left[ 2(b + cn^w) - c \right]\bar{p} = a + (m + t)(b + cn^w - c) + cP^* \tag{5-10}$$

$$\left[ 2(b + cn^w) - c \right]p^* = a + m(b + cn^w - c) + cP^* \tag{5-11}$$

$$\left[ 2(b + cn^w) - c \right]\bar{p}^* = a + (m + t)(b + cn^w - c) + cP \tag{5-12}$$

将式（5-9）与式（5-12）分别关于 $i$ 进行积分可以得到：

$$\left[ 2(b + cn^w) - c \right]\int_0^n p(i)\,di = na + (b + cn^w - c)\int_0^n m(i)\,di + cnP \tag{5-13}$$

$$\left[ 2(b + cn^w) - c \right]\int_0^{n^*} \bar{p}^*(i)\,di = na + (b + cn^w - c)\left[ \int_0^{n^*} m(i)\,di + n^w t \right] + cn^* P \tag{5-14}$$

将式（5-13）、式（5-14）相加可以得到北部地区的价格指数为：

$$P = \frac{n^w a + (b + cn^w - c)\int_0^{n^w} m(i)di + n^* t(b + cn^w - c)}{2b + cn^w - c} \quad (5-15)$$

同理，将式（5-10）与式（5-11）关于 $i$ 进行积分并相加可以得到南部地区的价格指数为：

$$P^* = \frac{n^w a + (b + cn^w - c)\int_0^{n^w} m(i)di + nt(b + cn^w - c)}{2b + cn^w - c} \quad (5-16)$$

在此基础上，将式（5-15）代入式（5-9）与式（5-12），将式（5-16）代入式（5-10）与式（5-11）可以得到不同区域企业的定价为：

$$p = \frac{a + m(b + cn^w - c)}{2b + cn^w - c} + \frac{(b + cn^w - c)\left[c\int_0^{n^w} m(i)di - cn^w m + cn^* t\right]}{(2b + cn^w - c)\left[2(b + cn^w) - c\right]} \quad (5-17)$$

$$\bar{p}^* = p + \frac{t}{2}\left[1 - \frac{c}{2(b + cn^w) - c}\right] \quad (5-18)$$

$$p^* = \frac{a + m(b + cn^w - c)}{2b + cn^w - c} + \frac{(b + cn^w - c)\left[c\int_0^{n^w} m(i)di - cn^w m + cnt\right]}{(2b + cn^w - c)\left[2(b + cn^w) - c\right]} \quad (5-19)$$

$$\bar{p} = p^* + \frac{t}{2}\left[1 - \frac{c}{2(b + cn^w) - c}\right] \quad (5-20)$$

进一步地，可以得到企业的期望定价为：

$$E(p) = \frac{a + \mu(b + cn^w - c)}{2b + cn^w - c} + \frac{(b + cn^w - c)cn^* t}{(2b + cn^w - c)\left[2(b + cn^w) - c\right]} \quad (5-21)$$

$$E(\bar{p}^*) = E(p) + \frac{t}{2}\left[1 - \frac{c}{2(b + cn^w) - c}\right] \quad (5-22)$$

$$E(p^*) = \frac{a + \mu(b + cn^w - c)}{2b + cn^w - c} + \frac{(b + cn^w - c)cnt}{(2b + cn^w - c)\left[2(b + cn^w) - c\right]} \quad (5-23)$$

$$E(\bar{p}) = E(p^*) + \frac{t}{2}\left[1 - \frac{c}{2(b + cn^w) - c}\right] \quad (5-24)$$

将 $n^w$ 标准化为 1，所以 $n = s_n$，$n^* = s_n^*$，$s_n + s_n^* = 1$，由此可进一步得到：

$$E[(p-m)q] = \frac{b(b+c)^2}{(2b+c)^2}\sigma^2 + \frac{b}{4}\mu^2 - \frac{a(b+c)}{2b}\mu$$
$$+ \frac{[a(2b+c)+bcs_n^* t]^2}{4b(2b+c)^2} + \frac{cs_n^* t(b+c)}{2(2b+c)} \tag{5-25}$$

$$E[(\bar{p}-m)\bar{q}] = \frac{b(b+c)^2}{(2b+c)^2}\sigma^2 + \frac{b}{4}\mu^2 - \frac{a(b+c)}{2b}\mu$$
$$+ \frac{[a(2b+c)+bcs_n t]^2}{4b(2b+c)^2} + \frac{cs_n t(b+c)}{2(2b+c)}$$
$$+ \frac{b(\mu+t)-a(b+c)t}{2b+c} - \frac{(b+c)(b^2 t^2 + bt^2 cs_n)}{(2b+c)^2} \tag{5-26}$$

$$E[(p^*-m)q^*] = \frac{b(b+c)^2}{(2b+c)^2}\sigma^2 + \frac{b}{4}\mu^2 - \frac{a(b+c)}{2b}\mu$$
$$+ \frac{[a(2b+c)+bcs_n t]^2}{4b(2b+c)^2} + \frac{cs_n t(b+c)}{2(2b+c)} \tag{5-27}$$

$$E[(\bar{p}^*-m)\bar{q}^*] = \frac{b(b+c)^2}{(2b+c)^2}\sigma^2 + \frac{b}{4}\mu^2 - \frac{a(b+c)}{2b}\mu$$
$$+ \frac{[a(2b+c)+bcs_n^* t]^2}{4b(2b+c)^2} + \frac{cs_n^* t(b+c)}{2(2b+c)}$$
$$+ \frac{b(\mu+t)-a(b+c)t}{2b+c} - \frac{(b+c)(b^2 t^2 + bt^2 cs_n^*)}{(2b+c)^2} \tag{5-28}$$

因此，可以得到北部与南部企业的期望利润为：
$$E(\pi) = (M+M^*)[(p-m)qs_E + (\bar{p}-m-t)\bar{q}(1-s_E)],$$
$$E(\pi^*) = (M+M^*)[(p^*-m)q^*(1-s_E) + (\bar{p}^*-m-t)\bar{q}^* s_E] \tag{5-29}$$

在式（5-29）中，由于企业的生产率水平 $m$ 是一个随机变量，因此，北部与南部间资本的流动由资本的期望收益率来决定，资本流动方程为：
$$\dot{s} = [E(\pi)-E(\pi^*)]s_n(1-s_n) \tag{5-30}$$

式（5-30）中，$E(\pi)$ 与 $E(\pi^*)$ 分别为北部与南部资本的名义期望收益率。式（5-30）表明，北部与南部资本实现均衡的条件要么需要两个区域资本的名义期望收益率相等，要么需要资本都完全集聚在某个区域（即 $s_n=0$ 或者 $s_n=1$）。

## 四、长期均衡

根据式（5–30）的资本流动方程，在内部解的情况下（$0 < s_n < 1$），区域间资本流动实现均衡的条件为 $E(\pi) = E(\pi^*)$。因此，由式（5–29）可以得到：

$$\frac{b(\mu+t) - a(b+c)t}{2b+c}(1-2s_E) + \frac{bt^2(b+c)\left[(2b+c)s_E - (b+cs_n)\right]}{(2b+c)^2} = 0$$

$$(5-31)$$

式（5–31）中，$s_E$ 与 $s_n$ 分别为北部的支出与产业份额，将式（5–31）关于 $s_n$ 与 $s_E$ 求全微分可得：

$$\frac{ds_n}{ds_E} = \frac{(2b+c)\left\{b(b+c)t^2 + 2\left[a(b+c)-b\right]t - 2b\mu\right\}}{bct^2(b+c)} \quad (5-32)$$

由式（5–32）可以发现，产业份额 $s_n$ 是支出份额 $s_E$ 的线性函数。随着运输成本 $\tau$ 的变化，直线 $s_n(s_E)$ 的斜率也会发生变化。根据定义，北部的支出份额为：

$$s_E = \frac{M}{M + M^*} \quad (5-33)$$

联立式（5–32）与式（5–33）可以得到产业均衡分布 $s_n$ 的值。下面将探讨当初始要素禀赋对称分布（即 $s_E = 0.5$ 时）长期均衡的稳定性。可以验证，$s_n = 0.5$，$s_E = 0.5$ 始终是式（5–31）的解。由于式（5–32）表明函数 $s_n(s_E)$ 是线性函数，因此式（5–31）与式（5–33）只能有一个交点，这表明 $s_n = 0.5$，$s_E = 0.5$ 也是唯一的均衡，即在初始要素禀赋对称分布的情况下，产业的对称分布是唯一的均衡。

区域间存在双向贸易还要求企业在不同区域产品的期望定价都大于零，具体来看：

$$E(\bar{p} - m - t) > 0$$
$$E(\bar{p}^* - m - t) > 0$$

$$(5-34)$$

式（5–34）意味着：

$$t < \frac{(a - b\mu)(2b + c)}{b(2b + c + cs_n^*)}$$

$$t < \frac{(a - b\mu)(2b + c)}{b(2b + c + cs_n)}$$

$$(5-35)$$

式（5-35）的计算过程运用了假设 $\alpha > \mu$（为了保证需求函数斜率为负），据此可以定义临界的运输成本水平为：

$$t < t_{trade} = \frac{(a - b\mu)(2b + c)}{2b(b + c)}$$

$$(5-36)$$

因此，在 $0 \leq t < t_{trade}$ 这一运输成本区间内可以存在双向贸易。

下面对模型的集聚力与分散力进行分析。根据式（5-31）可以得到：

$$d[E(\pi) - E(\pi^*)] = \frac{b(b + c)t^2 + 2[a(b + c) - b]t - 2b\mu}{2b + c}ds_E - \frac{bct^2}{(2b + c)^2}ds_n$$

$$(5-37)$$

首先，由式（5-37）可以发现，$\frac{d[E(\pi) - E(\pi^*)]}{ds_n} < 0$，因此 $ds_n$ 这一部分代表了由于产业份额变动导致的市场拥挤效应的影响，这是一种负反馈机制，因而是一种分散力。其次，$\frac{d[E(\pi) - E(\pi^*)]}{ds_E}$ 的符号则不确定，其具体符号要取决于外生参数的变化。就运输成本 $t$ 而言，当 $t < t^*$ 时，$\frac{d[E(\pi) - E(\pi^*)]}{ds_E} < 0$，此时本地市场效应（home market effects）为负，因此该项代表的是分散力；当 $t^* < t < t_{trade}$ 时，$\frac{d[E(\pi) - E(\pi^*)]}{ds_E} > 0$，此时本地市场效应为正，是一种集聚力。注意到，式（5-37）表明本地市场效应并不一定为正。因此，根据以上分析可以发现，在伯特兰竞争框架下的自由资本模型中，在任意运输成本下，市场拥挤效应始终是分散力，而本地市场效应在较低的运输成本下表现为分散力，而在较高的运输成本下体现为集聚力。

此外，由式（5-37）可以发现，生产率异质性（$\sigma^2$）并没有进入到长期均衡条件中。根据式（5-29）可以发现，生产率异质性越大，企业的期望利润（即资本收益率）会越大，但生产率异质性对产业的空间分布没有影响。因此，在伯特兰竞争框架下的自由资本模型中，生产率异质性只影响均衡时的资本收益率，对产业空间分布没有影响。

在式（5-37）的基础上，本节进一步对长期均衡的稳定性进行分析。图 5-1 给出了在不同运输成本 $t(t \geq 0)$ 取值下式（5-31）［即 $s_n(s_E)$］斜率的变化。可以发现，直线 $s_n(s_E)$ 始终经过（0.5，0.5）这一点。

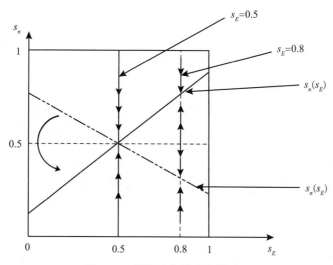

**图 5-1　长期均衡的稳定性分析**

资料来源：笔者自绘。

下面将证明，随着区域间运输成本 $t$ 的逐渐增大，$s_n(s_E)$ 的斜率由负变正。

（1）当 $a(b+c)-b > 0$ 时，根据式（5-32）可以得到，此时直线 $s_n(s_E)$ 的斜率在 $t > 0$ 这一区间是单调递增的，且其最小值为 $\dfrac{-[2\mu(2b+c)]}{c\tau^2(b+c)} < 0$。因此，随着运输成本 $t$ 的增大，$s_n(s_E)$ 的斜率由负变正，其临界的运输成本为：

$$t_1^* = \frac{2[a(b+c)-b] + \sqrt{4[a(b+c)-b]^2 + 8b^2\mu(b+c)}}{2b(b+c)} \quad (5-38)$$

（2）当 $a(b+c)-b < 0$ 时，此时直线 $s_n(s_E)$ 斜率的变化相对复杂，但在 $0 \leq t \leq t_2^*$ 区间内，直线 $s_n(s_E)$ 的斜率为负但不单调；在 $t > t_2^*$ 区间内，直线 $s_n(s_E)$ 的斜率为正，并且单调递增，直线 $s_n(s_E)$ 斜率由负转正的临界运输成本为：

$$t_2^* = \frac{2\left[b - a(b+c)\right] + \sqrt{4\left[a(b+c) - b\right]^2 + 8b^2\mu(b+c)}}{2b(b+c)} \quad (5-39)$$

综合上述两种情况，可将使直线 $s_n(s_E)$ 斜率由负转正的临界运输成本统一为：

$$t^* = \frac{2\left|a(b+c) - b\right| + \sqrt{4\left[a(b+c) - b\right]^2 + 8b^2\mu(b+c)}}{2b(b+c)} \quad (5-40)$$

在得到直线 $s_n(s_E)$ 的斜率随运输成本 $t$ 变化的规律后，本节进一步对均衡的稳定性进行分析。

（1）在初始要素禀赋对称分布的情况下，首先，当直线 $s_n(s_E)$ 的斜率为正时，由于 $s_n(s_E)$ 左上方的点与直线 $s_n(s_E)$ 上的点相比，在相同的产业份额 $s_n$ 下，其支出份额 $s_E$ 要更小。较小的支出份额意味着北部资本的收益率较低[①]，因此资本会由北部流向南部，此时北部的产业份额 $s_n$ 会变小。同理，在直线 $s_n(s_E)$ 右下方的点，由于在相同的产业份额 $s_n$ 下其支出份额 $s_E$ 相对于直线 $s_n(s_E)$ 上的点要更大，此时北部的产业份额 $s_n$ 不断扩大。因此，当直线 $s_n(s_E)$ 的斜率为正时，任何偏离对称均衡的冲击造成的影响都是暂时的，长期对称均衡是稳定的。其次，当直线 $s_n(s_E)$ 的斜率为负时。在 $s_n(s_E)$ 右上方的点，与直线 $s_n(s_E)$ 上的点相比，在相同的产业份额 $s_n$ 下其支出份额 $s_E$ 要更大，同样根据式（5-37）可以得到 $\frac{d\left[E(\pi) - E(\pi^*)\right]}{ds_E} < 0$。因此，北部的资本收益率较低，资本会由北部流往南部，此时北部的产业份额会不断下降。同理，在直线 $s_n(s_E)$ 左下方的点，资本会由南部流向北部，北部的产业份额会不断上升。因此，当直线 $s_n(s_E)$ 的斜率为负时，对称均衡仍然是长期稳定均衡。图 5-1 中的箭头标示了这一过程。

（2）在初始要素禀赋非对称分布的情况下，以北部的市场规模 $s_E = 0.8$ 为例进行分析（此时南部属于弱势区域）。由图 5-1 可以发现，由于本地市场效应的符号随着运输成本的变化而变化。因此，即使在北部地区占有较大

---

① 根据式（5-37）可得 $\frac{d\left[E(\pi) - E(\pi^*)\right]}{ds_E} > 0$。

市场份额的情形下，其产业份额可能大于一半［直线 $s_n(s_E)$ 斜率为正时］，也可能小于一半［直线 $s_n(s_E)$ 斜率为负时］。但是，无论初始的产业份额是多大，随着运输成本的下降，北部地区的产业份额都会逐渐变小。但这种变化可能不是一个单调的过程，因为在 $0 \leqslant t \leqslant t_2^*$ 这一区间内，直线 $s_n(s_E)$ 的斜率为负但不单调，而是一个先变小后变大的过程。

根据以上两种情况下的分析，可以发现长期均衡的稳定性具有的特征。首先，对称均衡始终是长期稳定均衡。其次，在北部初始要素禀赋较大情况下，运输成本的下降会使其产业份额总体上呈现出下降趋势。但这种下降在较高的运输成本范围内是单调下降的，在较低运输成本范围内呈现先下降后上升的变化趋势。图 5 - 2 中虚线表示的是在较低的运输成本范围内，优势区域产业份额随运输成本的变化趋势。

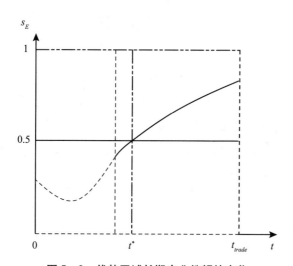

**图 5 - 2　优势区域长期产业份额的变化**

资料来源：笔者自制。

综合上文的理论分析，可以得到以下理论命题。

命题 5 - 1　当初始要素禀赋对称分布时，对称均衡始终是长期稳定均衡；当初始要素禀赋非对称分布时，当运输成本 $0 < t < t^*$ 时，要素禀赋数量较少的劣势区域拥有较大的产业份额；当运输成本 $t^* < t \leqslant t_{trade}$ 时，要素禀赋数量

较多的优势区则拥有较大的产业份额。随着运输成本的降低，优势区域的产业份额呈现出一种"U"型变化的趋势。此外，当运输成本为零时，任意的产业分布都是长期均衡。

命题5-1的结论对于解释国家级新区在带动区域经济起飞上具有以下新的启示：国家级新区有利于缓解区域经济增长中的"马太效应"。根据命题5-1，当区域间运输成本低于一定临界值后，拥有较小市场份额的区域也可以获得更大的产业份额。这意味着如果在要素禀赋数量较少（市场份额较小）的弱势区域设立国家级新区，利用国家级新区带来的区域间运输成本的下降，可以有效地提高弱势区域的产业集聚度，从而带动其经济起飞。

## 第二节
# 实 证 研 究

本章第一节的理论分析表明，国家级新区的设立将会带动弱势区域经济增长的起飞。为了检验上述结论，本节仍采用双重差分模型来进行实证检验。在界定弱势区域的时候，由于国家级新区主要体现为经济增长极与制度创新增长极双重属性（郝寿义和曹清峰，2016），因此本节在实证研究中主要从经济增长与制度环境两方面来界定弱势区域。

### 一、回归模型设定

为了检验国家级新区带动弱势区域经济起飞这一结论，本节在第四章基础回归模型的基础上，通过引入双重差分变量与区域经济增长初始条件的交互项来构建如下回归模型：

$$gdpr_{it} = \gamma_0 + \gamma_1 did_{it} + \gamma_2 did_{it} \times gdpr0_i + \lambda Z_{it} + \nu_i + \mu_t + \varepsilon_{it} \quad (5-41)$$

式（5-40）在第四章式（4-18）的基础上引入了 $did$ 变量与经济增长初始条件变量 $gdpr0_i$ 的交互项 $did_{it} \times gdpr0_i$。变量 $gdpr0_i$ 的下标中没有时间 $t$，该变量衡量了城市在国家级新区设立之前的初始经济增长速度，式（5-41）

中其他变量的定义与式（4 – 18）完全相同。

从理论上看，式（5 – 40）可以视为一个调节效应模型，即国家级新区设立对区域经济增长的影响受到其初始经济增长速度调节效应的影响。因此，如果国家级新区可以带动弱势区域经济起飞，那么交互项 $did_{it} \times gdpr0_i$ 的系数 $\gamma_2 < 0$，即国家级新区对初始经济增长速度更慢的区域带动效应更强。在界定区域初始的经济增长速度时，本节在回归分析中分别使用了所有城市 2003 年的 GDP 增长率、2003 ~ 2004 年的平均 GDP 增长率以及 2003 ~ 2005 年平均 GDP 增长率分别作为初始经济增长速度 $gdpr0_i$ 的衡量指标。

为了进一步检验国家级新区对制度环境弱势区域经济增长的带动效应，基于与式（5 – 41）相同的设定思路，具体设定如下回归模型：

$$gdpr_{it} = \delta_0 + \delta_1 did_{it} + \delta_2 did_{it} \times instu0_i + \lambda Z_{it} + \nu_i + \mu_t + \varepsilon_{it} \qquad (5 - 42)$$

式（5 – 42）引入了一个新的交互项 $did_{it} \times instu0_i$，其中变量 $instu0_i$ 衡量了在国家级新区设立之前城市初始的制度环境水平。由于制度本身不易衡量，本书借助世界银行 2004 年"投资环境调查"中"企业与政府关系"部分的微观调查数据，构建一个合成指标来衡量变量 $instu0_i$。具体而言，选取了表 5 – 1 中 10 个指标来构建各城市 2004 年的制度环境指数，计算过程如下：

（1）将所有指标标准化为 0 ~ 1 之间，其中正向指标与逆向指标的标准化过程分别为：

$$J_{正向指标} = \frac{J - J_{\min}}{J_{\max} - J_{\min}} \quad J_{逆向指标} = \frac{J_{\max} - J}{J_{\max} - J_{\min}} \qquad (5 - 43)$$

式（5 – 43）中 $J_{\max}$ 与 $J_{\min}$ 分别为指标 $J$ 的最大值与最小值。

（2）计算每个企业 $j$ 所面临的制度环境得分 $J_j = \dfrac{\sum\limits_{k=1}^{10} J_k}{10}$，并进一步按照式（5 – 43）中正向指标的标准化方式将其标准化为 0 ~ 1 区间。

（3）计算得到城市 $i$ 的制度环境得分 $instu0_i = \dfrac{\sum\limits_{j=1}^{N} J_j}{N}$（标准化为 0 ~ 1 区间），其中 $N$ 为城市 $i$ 中企业的总数。

可以发现，变量 $instu0_i$ 是城市制度环境的正向指标，即数值越大表明城市的制度环境越好。因此，如果交互项 $did_{it} \times instu0_i$ 的系数 $\delta_2 < 0$，表明国家级新区对初始制度环境越差的区域的经济增长带动效应要更强。

表 5 – 1                       城市制度环境评价指标体系

| 指标名 | 指标含义 | 正向/逆向指标 |
|---|---|---|
| $J_1$ | 企业每月与政府沟通花费的天数 | 逆向指标 |
| $J_2$ | 企业经营所需要政府登记与执照的数量 | 逆向指标 |
| $J_3$ | 对商业争端能够在当地被公正处理的信心 | 正向指标 |
| $J_4$ | 企业中专门针对政府公关部门的员工数 | 逆向指标 |
| $J_5$ | 过去三年中没有出现企业与政府对争端理解不一致情况 | 正向指标 |
| $J_6$ | 企业与政府部门关系的良好程度 | 正向指标 |
| $J_7$ | 企业与政府部门一年中打交道的天数 | 逆向指标 |
| $J_8$ | 政府部门中对企业发展有贡献的官员占比 | 逆向指标 |
| $J_9$ | 商业争端案例中企业权益被合法保护的比重 | 正向指标 |
| $J_{10}$ | 地方政府在未来企业并购中发挥积极作用的程度 | 正向指标 |

资料来源：2004 年世界银行"投资环境调查"。

## 二、基础回归结果

表 5 – 2 报告了式（5 – 41）的基础模型回归结果，结果显示交互项 $did \times gdpr0$ 的系数在模型（1）至模型（3）中都显著负。因此，随着初始经济增长率的提高，国家级新区对区域经济增长的带动效应不断下降。以表 5 – 2 模型（1）为例，在初始经济增长率 $gdpr0$ 25% 分位数的水平上，国家级新区设立可以带动区域经济增长率提高 2.39 个百分点；在初始经济增长率 $gdpr0$ 中位数的水平上，国家级新区设立可以带动区域经济增长率提高 1.54 个百分点；而到了初始经济增长率 $gdpr0$ 75% 分位数的水平上，国家级新区设立仅能带动区域经济增长率提高 0.82 个百分点。这种逐渐下降的趋势表明国家级新区对初始经济增长速度上存在弱势的区域带动效应要更强。

表 5 – 2 的研究结论与区域经济理论中关于"路径依赖"和"锁定效应"的研究结论是一致的。由于多重均衡的存在，一个区域可以进入好的均衡状

态、也可以进入坏的均衡状态，而区域经济发展中的循环累积因果效应使得区域经济发展对初始条件非常敏感。因此，通过政策干预改变区域经济增长的不利初始条件使得某一区域进入新的合意均衡状态，是区位导向性政策带动区域经济增长的重要机制。现有区位导向性政策的实践也表明了其有效性（Kline and Moretti，2013；Ehrlich and Seidel，2018）。

表 5 - 2　　　　国家级新区带动经济增长劣势区域经济增长检验结果

| 变量名 | 模型（1）<br>2003 年 GDP 增长率 | 模型（2）<br>2003~2004 年平均<br>GDP 增长率 | 模型（3）<br>2003~2005 年平均<br>GDP 增长率 |
|---|---|---|---|
| $did$ | 7.5762 ***<br>(1.9196) | 7.4772 ***<br>(1.9716) | 6.4875 ***<br>(2.1520) |
| $did \times gdpr0$ | -0.4507 ***<br>(0.1384) | -0.4339 ***<br>(0.1383) | -0.3683 **<br>(0.1500) |
| $\gamma_1 did + \gamma_2 did \times gdpr0$ | — | — | — |
| $gdpr0$ 25% 分位数处结果 | 2.3931 ***<br>(0.4972) | 2.0753 ***<br>(0.4577) | 2.2631 ***<br>(0.5706) |
| $gdpr0$ 50% 分位数处结果 | 1.5368 ***<br>(0.4087) | 1.4679 ***<br>(0.4087) | 1.4160 ***<br>(0.4175) |
| $gdpr0$ 75% 分位数处结果 | 0.8157 *<br>(0.4547) | 0.8605 *<br>(0.4467) | 0.8783 *<br>(0.4491) |
| $invest$ | 0.0436 ***<br>(0.0081) | 0.0435 ***<br>(0.0081) | 0.0438 ***<br>(0.0081) |
| $consume$ | -0.1129 ***<br>(0.0304) | -0.1131 ***<br>(0.0304) | -0.1146 ***<br>(0.0304) |
| $export$ | 0.1210 **<br>(0.0547) | 0.1210 **<br>(0.0547) | 0.1219 **<br>(0.0552) |
| $gov$ | 0.2561 ***<br>(0.0842) | 0.2545 ***<br>(0.0843) | 0.2558 ***<br>(0.0844) |

| 变量名 | 模型（1）<br>2003 年 GDP 增长率 | 模型（2）<br>2003 ~ 2004 年平均<br>GDP 增长率 | 模型（3）<br>2003 ~ 2005 年平均<br>GDP 增长率 |
|---|---|---|---|
| *second* | 0.0597 *<br>（0.0305） | 0.0596 *<br>（0.0306） | 0.0580 *<br>（0.0310） |
| *agg* | 0.0489 **<br>（0.0205） | 0.0490 **<br>（0.0205） | 0.0491 **<br>（0.0207） |
| *innov* | 0.0343 **<br>（0.0155） | 0.0342 **<br>（0.0155） | 0.0337 **<br>（0.0155） |
| 常数项 | 7.5095 ***<br>（2.5842） | 7.5353 ***<br>（2.5814） | 7.6348 ***<br>（2.6058） |
| 城市固定效应 | 控制 | 控制 | 控制 |
| 年份固定效应 | 控制 | 控制 | 控制 |
| 样本量 | 1104 | 1104 | 1104 |
| $R^2$ | 0.7148 | 0.7147 | 0.7142 |

注：括号内是城市层面聚类稳健标准误，***、**、*分别表示在1%、5%、10%的统计水平上是显著的。

资料来源：笔者自制。

表5-3报告了式（5-42）国家级新区带动制度环境劣势区域经济增长的检验结果，与理论预期一致，交互项 $did \times instu0$ 的系数显著为负。这表明初始制度环境越差的区域，在设立国家级新区后其经济增长速度提高的要更快，这也验证了国家级新区可以带动制度环境劣势区域经济增长的结论。

其原因在于，作为制度创新增长极，国家级新区政策本身的属性使得其能改变区域不利初始制度环境。一是国家级新区较高的行政等级使其具备了更强的制度创新能力。实际工作中制度创新要协调政府各个部门，没有较高的行政权限是很难开展的，国家级新区所具备的副省级管理权限使其具备了更强的协调能力。二是国家级新区通过各种形式被中央政府赋予的"先行先试权"使其具备了更大的制度创新权限。"先行先试权"实际上降低了国家级新区进行制度创新的政治风险，这对激励地方官员进行改革是很重要的。因此，在设立国家级新区后，弱势区域的制度环境会得到迅速改善，从而带动其经济快速增长。

表5-3　　　　国家级新区带动制度环境劣势区域经济增长检验结果

| 变量名 | 模型（1） | 模型（2） |
| --- | --- | --- |
| $did$ | 2.3488 ** <br> (0.9230) | 3.7407 *** <br> (0.8264) |
| $did \times instu0$ | -2.4440 * <br> (1.3299) | -4.4642 *** <br> (1.1275) |
| $\delta_1 did + \delta_2 did \times instu0$ | — | — |
| $instu0$ 25%分位数处结果 | 1.3467 ** <br> (0.5586) | 1.9103 *** <br> (0.4555) |
| $instu0$ 50%分位数处结果 | 1.0535 ** <br> (0.5162) | 1.3746 *** <br> (0.3862) |
| $instu0$ 75%分位数处结果 | 0.7602 <br> (0.5214) | 0.8389 ** <br> (0.3570) |
| $invest$ | — | 0.0441 *** <br> (0.0080) |
| $consume$ | — | -0.1132 *** <br> (0.0306) |
| $export$ | — | 0.1255 ** <br> (0.0542) |
| $gov$ | — | 0.2609 *** <br> (0.0838) |
| $second$ | — | 0.0631 ** <br> (0.0304) |
| $agg$ | — | 0.0531 ** <br> (0.0210) |
| $innov$ | — | 0.0336 ** <br> (0.0153) |
| 常数项 | 13.6130 *** <br> (0.3847) | 7.0354 *** <br> (2.6222) |

续表

| 变量名 | 模型（1） | 模型（2） |
|---|---|---|
| 城市固定效应 | 控制 | 控制 |
| 年份固定效应 | 控制 | 控制 |
| 样本量 | 1104 | 1104 |
| $R^2$ | 0.6211 | 0.7155 |

注：括号内是城市层面聚类稳健标准误，\*\*\*、\*\*、\* 分别表示在 1%、5%、10% 的统计水平上是显著的。

资料来源：笔者自制。

## 三、异质性分析

### （一）国家级新区对经济增长弱势区域带动效应的异质性分析

1. 空间布局异质性

表 5－4 与表 5－5 分别报告了单城与双城布局的国家级新区对经济增长弱势区域的带动效应。首先，从表 5－4 的估计结果来看，交互项 $did \times gdpr0$ 的系数仍然显著为负，这表明单城布局的国家级新区对经济增长弱势区域的带动效应要更强。其次，表 5－5 的估计结果表明，交互项 $did \times gdpr0$ 的系数也是显著为负的，即双城布局的国家级新区对经济增长弱势区域的带动效应也是更强的。最后，比较表 5－4 与表 5－5 交互项 $did \times gdpr0$ 系数的绝对值可以发现，双城布局国家级新区对经济增长弱势区域的带动效应比单城布局的国家级新区要更大。

表 5－4　　　　单城布局国家级新区对经济增长弱势区域的带动效应

| 变量名 | 模型（1）<br>2003 年 GDP 增长率 | 模型（2）<br>2003～2004 年平均<br>GDP 增长率 | 模型（3）<br>2003～2005 年平均<br>GDP 增长率 |
|---|---|---|---|
| $did$ | 6.6993 \*\*\*<br>(2.0834) | 6.7321 \*\*\*<br>(2.1665) | 6.1189 \*\*<br>(2.4885) |
| $did \times gdpr0$ | －0.3892 \*\*<br>(0.1582) | －0.3823 \*\*<br>(0.1576) | －0.3466 \*<br>(0.1755) |

续表

| 变量名 | 模型（1）<br>2003 年 GDP 增长率 | 模型（2）<br>2003 ~ 2004 年平均<br>GDP 增长率 | 模型（3）<br>2003 ~ 2005 年平均<br>GDP 增长率 |
|---|---|---|---|
| *invest* | 0.0411 ***<br>(0.0080) | 0.0410 ***<br>(0.0080) | 0.0411 ***<br>(0.0080) |
| *consume* | − 0.1077 ***<br>(0.0312) | − 0.1079 ***<br>(0.0311) | − 0.1088 ***<br>(0.0311) |
| *export* | 0.1004 *<br>(0.0512) | 0.1002 *<br>(0.0511) | 0.1007 *<br>(0.0512) |
| *gov* | 0.2690 ***<br>(0.0877) | 0.2682 ***<br>(0.0878) | 0.2698 ***<br>(0.0878) |
| *second* | 0.0761 **<br>(0.0297) | 0.0760 **<br>(0.0297) | 0.0748 **<br>(0.0299) |
| *agg* | 0.0495 **<br>(0.0216) | 0.0494 **<br>(0.0216) | 0.0496 **<br>(0.0217) |
| *innov* | 0.0360 **<br>(0.0159) | 0.0360 **<br>(0.0160) | 0.0357 **<br>(0.0159) |
| 常数项 | 6.5802 **<br>(2.6576) | 6.6064 **<br>(2.6534) | 6.6628 **<br>(2.6647) |
| 城市固定效应 | 控制 | 控制 | 控制 |
| 年份固定效应 | 控制 | 控制 | 控制 |
| 样本量 | 1024 | 1024 | 1024 |
| $R^2$ | 0.7139 | 0.7139 | 0.7136 |

注：括号内是城市层面聚类稳健标准误，\*\*\*、\*\*、\* 分别表示在 1%、5%、10% 的统计水平上是显著的。

资料来源：笔者自制。

导致上述异质性的原因在于，双城布局的国家级新区起到了加强区域经济一体化的作用。在双城布局的国家级新区设立后，国家级新区开发建设的客观需求会倒逼城市间的沟通与合作。特别是双城布局的国家级新区一般位于省会城市及其临近的普通地级市，这种布局模式有利于相对落后的省会城市周边普通地级城市获取省会城市发展的溢出效应来带动自身快速发展。

表 5 - 5 　　　　　双城布局国家级新区对经济增长弱势区域的带动效应

| 变量名 | 模型（1）<br>2003 年 GDP 增长率 | 模型（2）<br>2003～2004 年平均<br>GDP 增长率 | 模型（3）<br>2003～2005 年平均<br>GDP 增长率 |
|---|---|---|---|
| *did* | 15.9319 *<br>（8.3783） | 14.0111 *<br>（7.5790） | 10.5290 *<br>（5.9938） |
| *did × gdpr*0 | -1.0531 *<br>（0.5662） | -0.8986 *<br>（0.5009） | -0.6449 *<br>（0.3829） |
| *invest* | 0.0443 ***<br>（0.0082） | 0.0442 ***<br>（0.0082） | 0.0441 ***<br>（0.0082） |
| *consume* | -0.1365 ***<br>（0.0345） | -0.1369 ***<br>（0.0345） | -0.1380 ***<br>（0.0346） |
| *export* | 0.1251 **<br>（0.0582） | 0.1254 **<br>（0.0584） | 0.1265 **<br>（0.0590） |
| *gov* | 0.2863 ***<br>（0.0983） | 0.2840 ***<br>（0.0981） | 0.2818 ***<br>（0.0980） |
| *second* | 0.0548<br>（0.0343） | 0.0546<br>（0.0344） | 0.0536<br>（0.0348） |
| *agg* | 0.0465 *<br>（0.0248） | 0.0468 *<br>（0.0249） | 0.0470 *<br>（0.0249） |
| *innov* | 0.0363 **<br>（0.0167） | 0.0361 **<br>（0.0167） | 0.0357 **<br>（0.0167） |
| 常数项 | 8.4358 ***<br>（2.8444） | 8.4631 ***<br>（2.8499） | 8.5607 ***<br>（2.8611） |
| 城市固定效应 | 控制 | 控制 | 控制 |
| 年份固定效应 | 控制 | 控制 | 控制 |
| 样本量 | 912 | 912 | 912 |
| $R^2$ | 0.7063 | 0.7060 | 0.7056 |

注：括号内是城市层面聚类稳健标准误，***、**、* 分别表示在 1%、5%、10% 的统计水平上是显著的。

资料来源：笔者自制。

**2. 规划面积异质性**

按照国家级新区的规划面积是否超过 1000 平方千米，将处理组分为两类，然后分别利用双重差分方法来检验不同子样本中国家级新区对所在城市经济增长带动效应的大小。表 5-6 与表 5-7 分别报告了小于 1000 平方千米与大于 1000 平方千米样本的回归结果。可以发现，交互项 $did \times gdpr0$ 的系数在表 5-6 与表 5-7 中都是统计显著的。总体而言，在大多数情况下，交互项 $did \times gdpr0$ 的系数在表 5-6 中要小于表 5-7，这表明规划面积越大的国家级新区对经济增长弱势区域的带动效应要更强。

表 5-6　1000 平方千米以下国家级新区对经济增长弱势区域的带动效应

| 变量名 | 模型（1）<br>2003 年 GDP 增长率 | 模型（2）<br>2003~2004 年平均<br>GDP 增长率 | 模型（3）<br>2003~2005 年平均<br>GDP 增长率 |
|---|---|---|---|
| $did$ | 6.9919 **<br>（3.0993） | 7.7829 **<br>（3.4089） | 5.8214<br>（4.2865） |
| $did \times gdpr0$ | -0.4301 *<br>（0.2379） | -0.4781 *<br>（0.2483） | -0.3458<br>（0.2926） |
| $invest$ | 0.0412 ***<br>（0.0076） | 0.0413 ***<br>（0.0076） | 0.0414 ***<br>（0.0076） |
| $consume$ | -0.1250 ***<br>（0.0327） | -0.1246 ***<br>（0.0327） | -0.1244 ***<br>（0.0327） |
| $export$ | 0.0930 *<br>（0.0517） | 0.0925 *<br>（0.0518） | 0.0920 *<br>（0.0518） |
| $gov$ | 0.2759 ***<br>（0.0935） | 0.2752 ***<br>（0.0934） | 0.2754 ***<br>（0.0934） |
| $second$ | 0.0681 **<br>（0.0323） | 0.0682 **<br>（0.0324） | 0.0680 **<br>（0.0324） |
| $agg$ | 0.0514 **<br>（0.0250） | 0.0514 **<br>（0.0250） | 0.0512 **<br>（0.0250） |
| $innov$ | 0.0369 **<br>（0.0166） | 0.0368 **<br>（0.0165） | 0.0368 **<br>（0.0165） |

| 变量名 | 模型（1）<br>2003 年 GDP 增长率 | 模型（2）<br>2003～2004 年平均<br>GDP 增长率 | 模型（3）<br>2003～2005 年平均<br>GDP 增长率 |
|---|---|---|---|
| 常数项 | 7.5034**<br>(2.8632) | 7.4851**<br>(2.8633) | 7.4967**<br>(2.8593) |
| 城市固定效应 | 控制 | 控制 | 控制 |
| 年份固定效应 | 控制 | 控制 | 控制 |
| 样本量 | 960 | 960 | 960 |
| $R^2$ | 0.7097 | 0.7096 | 0.7093 |

注：括号内是城市层面聚类稳健标准误，***、**、* 分别表示在 1%、5%、10% 的统计水平上是显著的。
资料来源：笔者自制。

导致上述异质性的原因在于，集聚经济产生规模报酬递增效应需要集聚经济必须达到一定的规模。否则，由于国家级新区自身的体量过小，很难辐射带动所在区域的整体发展，也难以产生本地市场效应来形成循环累积因果效应。

表5-7　1000 平方千米以上国家级新区对经济增长弱势区域的带动效应

| 变量名 | 模型（1）<br>2003 年 GDP 增长率 | 模型（2）<br>2003～2004 年平均<br>GDP 增长率 | 模型（3）<br>2003～2005 年平均<br>GDP 增长率 |
|---|---|---|---|
| $did$ | 7.8897***<br>(2.8104) | 7.3678***<br>(2.6105) | 7.0359***<br>(2.4939) |
| $did \times gdpr0$ | -0.4550**<br>(0.1986) | -0.4065**<br>(0.1834) | -0.3866**<br>(0.1828) |
| $invest$ | 0.0439***<br>(0.0086) | 0.0438***<br>(0.0086) | 0.0439***<br>(0.0086) |
| $consume$ | -0.1179***<br>(0.0327) | -0.1187***<br>(0.0325) | -0.1201***<br>(0.0324) |

续表

| 变量名 | 模型（1）<br>2003 年 GDP 增长率 | 模型（2）<br>2003 ~ 2004 年平均<br>GDP 增长率 | 模型（3）<br>2003 ~ 2005 年平均<br>GDP 增长率 |
|---|---|---|---|
| *export* | 0.1324 **<br>(0.0573) | 0.1329 **<br>(0.0573) | 0.1344 **<br>(0.0577) |
| *gov* | 0.2731 ***<br>(0.0915) | 0.2728 ***<br>(0.0917) | 0.2727 ***<br>(0.0920) |
| *second* | 0.0640 **<br>(0.0315) | 0.0637 **<br>(0.0315) | 0.0624 *<br>(0.0317) |
| *agg* | 0.0449 **<br>(0.0218) | 0.0450 **<br>(0.0218) | 0.0451 **<br>(0.0219) |
| *innov* | 0.0355 **<br>(0.0161) | 0.0354 **<br>(0.0161) | 0.0351 **<br>(0.0161) |
| 常数项 | 7.4796 ***<br>(2.6570) | 7.5233 ***<br>(2.6563) | 7.6173 ***<br>(2.6746) |
| 城市固定效应 | 控制 | 控制 | 控制 |
| 年份固定效应 | 控制 | 控制 | 控制 |
| 样本量 | 976 | 976 | 976 |
| $R^2$ | 0.7100 | 0.7100 | 0.7098 |

注：括号内是城市层面聚类稳健标准误，***、**、* 分别表示在 1%、5%、10% 的统计水平上是显著的。

资料来源：笔者自制。

### （二）国家级新区对制度环境弱势区域带动效应的异质性分析

1. 空间布局异质性

表 5 - 8 报告了单城与双城布局国家级新区对制度环境弱势区域带动效应的异质性分析结果。可以发现，交互项 $did \times instu0$ 系数在模型（1）与模型（2）中都显著为负；但是，模型（1）中的系数绝对值要大于模型（2），这表明单城布局的国家级新区对于制度环境弱势区域经济增长的带动效应要更大。导致上述结论的原因在于，相对于单城布局的国家级新区，双城布局的

国家级新区的内部协调成本与制度创新的交易成本要更高，从而弱化了国家级新区通过制度创新改变区域不利的初始制度环境的作用。

表 5 – 8 不同布局国家级新区对制度环境弱势区域的带动效应

| 变量名 | 模型（1）<br>单城布局新区 | 模型（2）<br>双城布局新区 |
|---|---|---|
| $did$ | 3.9129 ***<br>（0.8289） | 3.6858 **<br>（1.7983） |
| $did \times instu0$ | − 4.8747 ***<br>（1.3436） | − 4.3233 **<br>（2.1385） |
| $invest$ | 0.0416 ***<br>（0.0079） | 0.0436 ***<br>（0.0081） |
| $consume$ | − 0.1068 ***<br>（0.0314） | − 0.1390 ***<br>（0.0345） |
| $export$ | 0.1010 *<br>（0.0507） | 0.1293 **<br>（0.0590） |
| $gov$ | 0.2746 ***<br>（0.0870） | 0.2821 ***<br>（0.0981） |
| $second$ | 0.0793 ***<br>（0.0297） | 0.0545<br>（0.0344） |
| $agg$ | 0.0541 **<br>（0.0224） | 0.0473 *<br>（0.0249） |
| $innov$ | 0.0364 **<br>（0.0159） | 0.0352 **<br>（0.0165） |
| 常数项 | 6.0496 **<br>（2.7144） | 8.5487 ***<br>（2.8442） |
| 城市固定效应 | 控制 | 控制 |
| 年份固定效应 | 控制 | 控制 |
| 样本量 | 1024 | 912 |
| $R^2$ | 0.7146 | 0.7061 |

注：括号内是城市层面聚类稳健标准误，*** 、** 、* 分别表示在1%、5%、10%的统计水平上是显著的。

资料来源：笔者自制。

2. 规划面积异质性

表 5-9 模型（1）与模型（2）分别报告了规划面积小于与大于 1000 平方千米的国家级新区对制度环境弱势区域带动效应的异质性。具体而言，交互项 $did \times instu0$ 的系数仍然显著为负，其中，规划面积大于 1000 平方千米的国家级新区对制度环境弱势区域的带动效应要更大。这是因为规划面积更大的国家级新区往往在地方政府中具有更强的话语权，从而调配更多的资源用于制度创新。

**表 5-9　　不同规划面积国家级新区对制度环境弱势区域的带动效应**

| 变量名 | 模型（1）<br>面积小于 1000 平方千米 | 模型（2）<br>面积大于 1000 平方千米 |
| --- | --- | --- |
| $did$ | 3.0202 ***<br>（0.9618） | 4.6089 ***<br>（1.1175） |
| $did \times instu0$ | -3.8993 ***<br>（1.3515） | -5.4208 ***<br>（1.6501） |
| $invest$ | 0.0417 ***<br>（0.0076） | 0.0441 ***<br>（0.0084） |
| $consume$ | -0.1252 ***<br>（0.0328） | -0.1164 ***<br>（0.0327） |
| $export$ | 0.0987 *<br>（0.0520） | 0.1294 **<br>（0.0562） |
| $gov$ | 0.2741 ***<br>（0.0933） | 0.2786 ***<br>（0.0906） |
| $second$ | 0.0686 **<br>（0.0323） | 0.0683 **<br>（0.0313） |
| $agg$ | 0.0501 **<br>（0.0250） | 0.0511 **<br>（0.0228） |
| $innov$ | 0.0358 **<br>（0.0163） | 0.0366 **<br>（0.0163） |

续表

| 变量名 | 模型（1）<br>面积小于 1000 平方千米 | 模型（2）<br>面积大于 1000 平方千米 |
|---|---|---|
| 常数项 | 7.5488 **<br>（2.8660） | 6.8031 **<br>（2.7206） |
| 城市固定效应 | 控制 | 控制 |
| 年份固定效应 | 控制 | 控制 |
| 样本量 | 960 | 976 |
| $R^2$ | 0.7099 | 0.7109 |

注：括号内是城市层面聚类稳健标准误，*** 、** 、* 分别表示在 1%、5%、10% 的统计水平上是显著的。

资料来源：笔者自制。

## 第三节
# 本 章 小 结

本章主要探讨了国家级新区对弱势区域经济起飞的影响。长期以来，集聚经济理论中的一个重要结论是本地市场效应对于要素禀赋处于优势的区域更加有利，这意味着区域间运输成本的下降将不利于弱势区域发展。本章第一节构建了基于伯特兰竞争的集聚经济模型，试图挑战这一传统结论。本章最重要的理论发现在于，与传统新经济地理模型强调的本地市场效应不同，当国家级新区设立导致区域运输成本下降到一定临界值后，会产生逆向的本地市场效应，此时即使要素禀赋数量较少的弱势区域也可以占据更大的产业份额。这表明国家级新区的设立存在缓解区域经济发展"循环累积因果效应"导致的区域差距扩大问题，从而为弱势区域的经济起飞提供了新的启动点。

本章第二节基于 70 个大中城市的面板数据构建双重差分模型。实证研究发现，对于国家级新区设立前在经济增长速度与制度环境存在弱势的区域，设立国家级新区后其经济得到了更加快速的增长。进一步的异质性检验表明，对于初始经济增长速度存在弱势的区域而言，双城布局以及规划面积大于

1000 平方千米的国家级新区对经济增长的带动效应更强；对于初始制度环境存在弱势的区域而言，单城布局以及规划面积大于 1000 平方千米的国家级新区对经济增长的带动效应更强。

因此，鉴于国家级新区对弱势区域经济增长起飞的积极作用，在具备一定发展基础的弱势区域设立新的国家级新区对于推动区域经济增长动能转换，缩小区域差距以及区域协同发展是有利的。

# 第六章

# 国家级新区、筛选效应与
# 区域产业集聚

　　国家级新区作为重要的区域经济增长极，能否带动所在区域形成大规模产业集聚是区域经济增长动能转换的内在要求。但长期以来在过度依赖投资驱动的粗放发展模式下，部分国家级新区在主导产业集聚发展上仍然存在一些问题。本章第一节通过构建一个离散型异质企业伯特兰竞争的自由资本模型，发现国家级新区的筛选效应能否提高所在区域产业集聚度取决于其初始的生产率水平。对于初始生产率水平较高的区域而言，在设立国家级新区后其产业集聚度会提高；而对于初始生产率水平较低的区域而言，在设立国家级新区后其产业集聚度会下降。第二节则构建引入调节效应的双重差分模型对上述结论进行了实证检验。回归结果发现，只有当所在区域初始生产率水平高于一定临界值后，国家级新区才能提高其产业集聚度；同时，这一临界值会因国家级新区布局模式、规划面积的差异而不同。因此，为了发挥国家级新区筛选效应对区域产业集聚的正向作用，要高度重视国家级新区的空间选址问题。

## 第一节
## 理 论 分 析

　　国家级新区这一外生政策冲击导致的异质经济主体的空间迁移行为会产

生筛选效应，这会引起区域产业集聚的变化。本节通过构建一个新的离散型异质企业伯特兰竞争自由资本模型，在对称均衡与分离均衡两种情况下探讨国家级新区筛选效应对区域产业集聚的影响。

## 一、国家级新区筛选效应的内涵

本章中的筛选效应（sorting effects）在国内也被译为分类效应、分层效应，其基本含义为异质经济主体（劳动力或者企业）在空间中的区位选择行为（Baldwin and Okubo，2006；Forslid and Okubo，2014）。这是因为在引入经济主体异质性后，异质经济主体会根据外生因素变动作出差异化的区位选择行为，从而引起不同经济主体空间分布区位的变化。根据涉及的经济主体不同，筛选效应的研究主要可以分为两类。

（1）异质劳动力的筛选效应。现有研究发现高技能劳动力倾向于被筛选到生产率更高的区域（Ganong and Shoag，2017；Eeckhout et al.，2014；Combes et al.，2012），不同技能劳动力的筛选效应也会对其工资溢价产生影响（Andersson et al.，2014）。当考虑思想交流的成本后，不同技能劳动力在城市体系中的筛选效应会导致大城市具有较高的技能溢价（Davis and Dingel，2019）。此外，现有研究对劳动力与雇主都存在异质性、企业不能完全知道其雇员劳动力技能水平、非技能劳动力可以升级为技能劳动力以及存在技术进步的异质劳动力情形下的筛选效应进行了探讨（Bombardini et al.，2012；Candau and Dienesch，2015；Tabuchi et al.，2015）。陈昊和刘骞文（2014）发现劳动力市场上的筛选和匹配效应导致出口贸易不利于女性就业。

（2）异质企业的筛选效应。现有研究发现高生产率企业的成本优势使其相对于低生产率企业更容易选择转移到核心区域（Baldwin and Okubo，2006），从而产生筛选效应。从异质企业筛选效应的影响来看，现有研究发现区域一体化政策会导致高生产率企业逐渐集聚到市场规模更大的区域，以更加邻近市场（Okubo et al.，2010）。同时，筛选效应会导致竞争更激烈的大城市中高生产率企业更多（Behrens et al.，2014）。外生的区位导向性政策也会引起异质企业的筛选效应（Kline，2010）。在一个结构化模型中，现有研究发现吸引企业向特定区域集聚的区位导向性政策会对异质生产率企业产生筛选效应（Gaubert，2018）。同时，科技园区这一区位导向性政策也会将高生产率企业筛选到园区内（Koster et al.，2019）。曹清峰等（2019）研究发现关税壁垒带来的"筛选效应"会提高企业成功进行海外并购的生产率门槛，从而导致企业海外并购成功率降低。余泳泽和李启航（2019）研究表明房价对工业企业的筛选效应导致房价增长越快的城市具有更高的工业企业全要素生产率。此外，异质技能劳动力与异质生产率企业也会产生空间匹配与筛选效应（Mion and Naticchioni，2009）。赵曜和柯善咨（2017）构建一个改进的新新经济地理异质企业模型考察城市与企业之间的双向筛选效应，发现高生产率企业能制定较低的价格、占有较大的市场，因此倾向于进入大城市。

本章中的筛选效应具体指国家级新区成立后，其在交通基础设施建设、制度创新等方面的政策优势会导致区域间运输成本的下降，这会引起不同生产率企业的空间再配置行为，从而对区域产业集聚产生影响。

## 二、模型基本假设

为了从理论上正式地分析国家级新区筛选效应对区域产业集聚的影响，本章在第五章伯特兰竞争集聚经济模型基础上，构建一个新的离散型异质企业伯特兰竞争自由资本模型，模型基本假设如下。

（1）企业异质性是离散的。与第五章连续型异质企业模型不同，所有企业按生产率的高低分为高效率与低效率企业两类，其中高效率企业单位产品的劳动投入为 $m_H$，低效率企业单位产品的劳动投入为 $m_L$，且 $m_H < m_L$。

（2）企业间的生产率信息是完全的。在第五章连续型异质企业模型中，企业在进入市场前不能知道自身的确切生产率水平，仅知道市场中整体生产率分布的均值与方差。而在离散型异质企业模型中，由于企业的生产率异质性有限，因此模型假定此时企业可以知道市场中所有企业的生产率水平。此时，市场中的生产率异质性强度用高效率企业与低效率企业边际成本的差距来衡量。

由于模型中只存在高效率与低效率两种类型的企业，因此最终的均衡只能有两种情况：混合均衡与分离均衡。所谓混合均衡是指高效率与低效率企业集聚在同一个区域，而分离均衡是指高效率与低效率企业分别集聚在不同区域。为了保证理论分析的全面性，本节的理论分析将分别探讨这两种类型的均衡。

## 三、混合均衡的情况

北部与南部高效率与低效率企业的利润函数分别为：

$$\pi_H = (p_H - m_H)q_H M + (\bar{p}_H - m_H - t)\bar{q}_H M^*$$

$$\pi_H^* = (p_H^* - m_H)q_H^* M^* + (\bar{p}_H^* - m_H - t)\bar{q}_H^* M$$

$$(6-1)$$

$$\pi_L = (p_L - m_L)q_L M + (\bar{p}_L - m_L - t)\bar{q}_L M^*$$

$$\pi_L^* = (p_L^* - m_L)q_L^* M^* + (\bar{p}_L^* - m_L - t)\bar{q}_L^* M$$

式（6-1）中，$p_i$ 与 $p_i^*$（$i = H$, $L$）分别为北部与南部 $i$ 类型企业在当地产品的定价，$\bar{p}_i$ 与 $\bar{p}_i^*$（$i = H$, $L$）则分别为北部 $i$ 类型企业生产的产品在南部的定价与南部 $i$ 类型企业生产的产品在北部的定价，其中，不同类型企业的需求函数分别为：

$$q_H = a - (b + cn^w)p_H + cP$$

$$\bar{q}_H = a - (b + cn^w)\bar{p}_H + cP^*$$

$$q_H^* = a - (b + cn^w)p_H^* + cP^*$$

$$\bar{q}_H^* = a - (b + cn^w)\bar{p}_H^* + cP$$

$$(6-2)$$

$$q_L = a - (b + cn^w)p_L + cP$$

$$\bar{q}_L = a - (b + cn^w)\bar{p}_L + cP^*$$

$$q_L^* = a - (b + cn^w)p_L^* + cP^*$$

$$\bar{q}_L^* = a - (b + cn^w)\bar{p}_L^* + cP$$

在式（6-2）中，$a = \dfrac{\alpha}{\beta + (n^w - 1)\delta}$，$c = \dfrac{\delta}{(\beta - \delta)[\beta + (n^w - 1)\delta]}$，$b = \dfrac{a}{\alpha}$，$P$ 与 $P^*$ 分别为北部与南部的价格指数，$q_i$ 与 $q_i^*$（$i = H$, $L$）分别为北部与南部 $i$ 类型企业在当地的产品需求，$\bar{q}_i$ 与 $\bar{q}_i^*$（$i = H$, $L$）则分别为北部 $i$ 类型企

业生产的产品在南部的需求与南部 $i$ 类型企业生产的产品在北部的需求。

在以上假定条件的基础上，可以得到以下命题：

命题 6 - 1　在离散型异质企业伯特兰竞争自由资本模型中，当初始要素禀赋对称分布时，产业的对称分布是长期稳定的混合均衡。

在本节离散型异质企业的情况下，所谓产业对称分布是指在北部与南部区域，高效率与低效率企业的数量是相同的，即 $n_H = n_L = n_H^* = n_L^*$。下面利用代入法来对命题 6 - 1 进行证明，其具体过程如下。

首先，由于在产业对称分布时不同区域高效率与低效率企业的数量是相同的，可以将不同区域的企业数量标准化为 1，即 $n_H = n_L = n_H^* = n_L^* = 1$，此时南部与北部的企业总量 $n^w = 4$。在产业对称分布的情况下，北部与南部的价格指数分别为：

$$P = p_H + p_L + \bar{p}_H^* + \bar{p}_L^*$$
$$P^* = \bar{p}_H + \bar{p}_L + p_H^* + p_L^* \tag{6-3}$$

进一步地，将式（6 - 2）与式（6 - 3）代入式（6 - 1）中，由北部高效率与低效率企业利润最大化的一阶条件可得：

$$\frac{\partial \pi_H}{\partial p_H} = \left[ a - (b + cn^w)p_H + cP \right] + (p_H - m_H)\left[ -(b + cn^w) + c \right] = 0 \tag{6-4}$$

$$\frac{\partial \pi_H}{\partial \bar{p}_H} = \left[ a - (b + cn^w)\bar{p}_H + cP^* \right] + (\bar{p}_H - m_H - t)\left[ -(b + cn^w) + c \right] = 0 \tag{6-5}$$

$$\frac{\partial \pi_L}{\partial p_L} = \left[ a - (b + cn^w)p_L + cP \right] + (p_L - m_L)\left[ -(b + cn^w) + c \right] = 0 \tag{6-6}$$

$$\frac{\partial \pi_L}{\partial \bar{p}_L} = \left[ a - (b + cn^w)\bar{p}_L + cP^* \right] + (\bar{p}_L - m_L - t)\left[ -(b + cn^w) + c \right] = 0 \tag{6-7}$$

由南部企业利润最大化的一阶条件可以得到：

$$\frac{\partial \pi_H^*}{\partial p_H^*} = \left[ a - (b + cn^w)p_H^* + cP^* \right] + (p_H^* - m_H)\left[ -(b + cn^w) + c \right] = 0 \tag{6-8}$$

$$\frac{\partial \pi_H^*}{\partial \bar{p}_H^*} = \left[ a - (b + cn^w)\bar{p}_H^* + cP \right] + (\bar{p}_H^* - m_H - t)\left[ -(b + cn^w) + c \right] = 0$$

$$(6-9)$$

$$\frac{\partial \pi_L^*}{\partial p_L^*} = \left[ a - (b + cn^w)p_L^* + cP^* \right] + (p_L^* - m_L)\left[ -(b + cn^w) + c \right] = 0$$

$$(6-10)$$

$$\frac{\partial \pi_L^*}{\partial \bar{p}_L^*} = \left[ a - (b + cn^w)\bar{p}_L^* + cP \right] + (\bar{p}_L^* - m_L - t)\left[ -(b + cn^w) + c \right] = 0$$

$$(6-11)$$

将式（6-4）至式（6-11）进一步整理可得：

$$\left[ 2(b + cn^w) - c \right]p_H = a + m_H(b + cn^w - c) + cP \qquad (6-12)$$

$$\left[ 2(b + cn^w) - c \right]p_L = a + (m_L + t)(b + cn^w - c) + cP \qquad (6-13)$$

$$\left[ 2(b + cn^w) - c \right]\bar{p}_H^* = a + m_H(b + cn^w - c) + cP \qquad (6-14)$$

$$\left[ 2(b + cn^w) - c \right]\bar{p}_L^* = a + (m_L + t)(b + cn^w - c) + cP \qquad (6-15)$$

$$\left[ 2(b + cn^w) - c \right]\bar{p}_H = a + m_H(b + cn^w - c) + cP^* \qquad (6-16)$$

$$\left[ 2(b + cn^w) - c \right]\bar{p}_L = a + (m_L + t)(b + cn^w - c) + cP^* \qquad (6-17)$$

$$\left[ 2(b + cn^w) - c \right]p_H^* = a + m_H(b + cn^w - c) + cP^* \qquad (6-18)$$

$$\left[ 2(b + cn^w) - c \right]p_L^* = a + (m_L + t)(b + cn^w - c) + cP^* \qquad (6-19)$$

在此基础上，将式（6-12）至式（6-15）以及式（6-16）至式（6-19）相加可以分别得到北部与南部的价格指数为：

$$P = \frac{4a + 2(b + 3c)(m_H + m_L + t)}{2b + 3c} \qquad (6-20)$$

$$P^* = \frac{4a + 2(b + 3c)(m_H + m_L + t)}{2b + 3c} \qquad (6-21)$$

由式（6-20）和式（6-21）可以发现，在对称均衡的情况下，南部与北部的价格指数是相同的。在此基础上，可以得到北部与南部不同类型企业的最优定价为：

$$p_H = p_H^* = \frac{a + m_H(b + 3c)}{2b + 3c} + \frac{2(b + 3c)\left[ c(m_H + m_L) - 2cm_H + ct \right]}{(2b + 3c)(2b + 7c)} \qquad (6-22)$$

$$\bar{p}_H^* = \bar{p}_H = p_H + \frac{(b+3c)t}{2b+7c} \qquad (6-23)$$

根据式（6-22）、式（6-23）可以发现，在初始对称分布的情况下，对于同一类型企业而言，其在本地以及对方区域的产品定价是完全相同的。可将式（6-1）进一步改写为：

$$\pi_H = (M+M^*)\left[(p_H-m_H)q_H s_E + (\bar{p}_H-m_H-t)\bar{q}_H(1-s_E)\right]$$

$$\pi_H^* = (M+M^*)\left[(p_H^*-m_H)q_H^*(1-s_E) + (\bar{p}_H^*-m_H-t)\bar{q}_H^* s_E\right]$$

$$\pi_L = (M+M^*)\left[(p_L-m_L)q_L s_E + (\bar{p}_L-m_L-t)\bar{q}_L(1-s_E)\right] \qquad (6-24)$$

$$\pi_L^* = (M+M^*)\left[(p_L^*-m_L)q_L^*(1-s_E) + (\bar{p}_L^*-m_L-t)\bar{q}_L^* s_E\right]$$

式（6-24）中，$s_E$ 为北部的要素禀赋份额，当要素禀赋在区域间是对称分布$\left(s_E=\frac{1}{2}\right)$时，由于 $p_H=p_H^*$，$\bar{p}_H^*=\bar{p}_H$，可以很容易得到：

$$\pi_H = \pi_H^* , \quad \pi_L = \pi_L^* \qquad (6-25)$$

因此，式（6-25）意味着产业的对称分布满足长期均衡条件，因此命题6-1的结论是成立的。

## 四、分离均衡的情况

本部分进一步对分离均衡进行分析，下面以高效率企业集聚在北部，低效率企业集聚在南部为例进行分析。

首先，北部与南部的价格指数此时为：

$$P = n_H p_H + n_L \bar{p}_L^*$$

$$P^* = n_H \bar{p}_H + n_L p_L^* \qquad (6-26)$$

其次，北部高效率企业与南部低效率企业的利润函数、需求函数分别如下：

$$\pi_H = (p_H-m_H)q_H M + (\bar{p}_H-m_H-t)\bar{q}_H M^*$$

$$\pi_L^* = (p_L^*-m_L)q_L^* M^* + (\bar{p}_L^*-m_L-t)\bar{q}_L^* M \qquad (6-27)$$

$$q_H = a - (b + cn^w)p_H + cP$$

$$\bar{q}_H = a - (b + cn^w)\bar{p}_H + cP^*$$

$$q_L^* = a - (b + cn^w)p_L^* + cP^* \tag{6-28}$$

$$\bar{q}_L^* = a - (b + cn^w)\bar{p}_L^* + cP$$

因此，根据式（6-27）与式（6-28），由北部高效率企业与南部低效率企业利润最大化的一阶条件可得：

$$\frac{\partial \pi_H}{\partial p_H} = [a - (b + cn^w)p_H + cP] + (p_H - m_H)[-(b + cn^w) + cn_H] = 0 \tag{6-29}$$

$$\frac{\partial \pi_H}{\partial \bar{p}_H} = [a - (b + cn^w)\bar{p}_H + cP^*] + (\bar{p}_H - m_H - t)[-(b + cn^w) + cn_H] = 0 \tag{6-30}$$

$$\frac{\partial \pi_L^*}{\partial p_L^*} = [a - (b + cn^w)p_L^* + cP^*] + (p_L^* - m_L)[-(b + cn^w) + cn_L] = 0 \tag{6-31}$$

$$\frac{\partial \pi_L^*}{\partial \bar{p}_L^*} = [a - (b + cn^w)\bar{p}_L^* + cP] + (\bar{p}_L^* - m_L - t)[-(b + cn^w) + cn_L] = 0 \tag{6-32}$$

进一步地，可以得到企业在不同区域的最优定价分别为：

$$p_H = \frac{cn_L[a + (m_L + t)(b + cn_H)] + 2(b + cn_H)[a + m_H(b + cn_L)]}{4(b + cn_H)(b + cn_L) - c^2 n_H n_L} \tag{6-33}$$

$$\bar{p}_L^* = \frac{cn_H[a + m_H(b + cn_L)] + 2(b + cn_L)[a + (m_L + t)(b + cn_H)]}{4(b + cn_H)(b + cn_L) - c^2 n_H n_L} \tag{6-34}$$

$$\bar{p}_H = \frac{cn_L[a + m_L(b + cn_H)] + 2(b + cn_H)[a + (m_H + t)(b + cn_L)]}{4(b + cn_H)(b + cn_L) - c^2 n_H n_L} \tag{6-35}$$

$$p_L^* = \frac{cn_H[\,a + (m_H + t)(b + cn_L)\,] + 2(b + cn_L)[\,a + m_L(b + cn_H)\,]}{4(b + cn_H)(b + cn_L) - c^2 n_H n_L}$$

$$(6-36)$$

将式（6-33）至式（6-36）代入式（6-27）可以得到北部高效率企业与南部低效率企业的长期均衡利润，其中，资本流动的长期均衡条件为：

$$\pi_H = \pi_L^* \qquad\qquad (6-37)$$

求解式（6-37）可以得到产业的长期均衡分布值。由于公式比较复杂，难以解析，图6-1通过数值模拟来分析模型的长期均衡解。

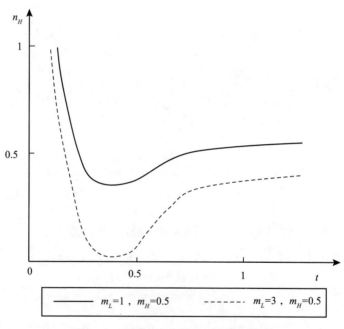

**图 6 - 1　不同生产率差异下的长期均衡**

资料来源：笔者自绘。

图6-1中外生参数取值为 $\alpha = 4$，$\beta = 3$，$\delta = 0.2$，$F = 1$，$w = 1$，其纵轴为北部高效率企业的产业份额 $n_H$，横轴是在可贸易范围内的运输成本 $t(t \leqslant t_{trade})$，$t$ 越大，表明区域间的运输成本越高。可以发现，在较低的运输成本范围内，产业全部集聚在北部（$n_H = 1$），此时经济体中全部都是高效率企业；但随着

运输成本的提高，北部高效率企业的产业份额呈现出先迅速下降、后又缓慢上升的"U"型变化趋势。据此可以得到以下命题：

命题6-2 在离散型异质企业伯特兰竞争自由资本模型中，当初始要素禀赋对称分布、分离均衡时，高效率企业的产业份额随着运输成本的上升呈现出先迅速下降、后缓慢上升的"U"型变化趋势。

此外，由图6-1可以发现，具有较大生产率差异的虚线要低于具有较小生产率差异的实线，由此可以得到以下命题：

命题6-3 在离散型异质企业伯特兰竞争自由资本模型中，当初始要素禀赋对称分布、分离均衡时，生产率异质性增强会降低高效率企业的长期均衡份额。

该结论与第五章连续型异质企业情况下的结论存在很大差异，在第五章理论模型中生产率异质性对产业的空间分布没有影响，而在离散型异质企业的情况下则会影响产业份额。导致这种差异的主要原因在于企业生产率信息的假定不同。在连续型异质企业的情况下，由于假定企业生产率信息是不完全的，不同效率的企业只能根据外生的生产率分布函数来预测市场中企业的生产率异质性。由于该分布函数对所有区域的不同企业是相同的，不同效率企业的预期方差是相等的。这表明市场中不同效率企业的地位是平等的，因此，生产率异质性不影响产业的空间分布。而在离散型异质企业的情况下，由于企业间的生产率信息对所有企业都是已知的，不同效率的企业地位是不平等的，因此生产率异质性可以影响产业分布。

在图6-1中之所以生产率异质性的增强会降低高效率企业的长期均衡份额，主要是因为不同效率企业的最优定价不仅取决于自身的边际成本，还取决于市场中其他类型企业的边际成本。同一类型企业的定价受自身边际成本变动的影响更大（自身与其他企业的边际成本越高，企业的定价越高）。由于同一类型企业的产品需求关于自身价格的弹性小于1，因此南部低效率企业边际成本的上升会导致其利润水平变高，从而使得生产率异质性的增强会降低高效率企业的长期均衡份额。

从长期均衡的稳定性来看，随着运输成本的不断增大，$n_H(s_E)$ 的斜率由正变负（具体的旋转方向为先顺时针旋转、后逆时针旋转，但最终保持为负）。因此，长期均衡始终是稳定的（在分离均衡中，对称均衡不再是唯一的长期稳定均衡）。由此可以得到以下命题：

命题6-4 在离散型异质企业伯特兰竞争自由资本模型中，当初始要素禀赋对称分布、分离均衡时，本地市场效应在较低的运输成本区间内是一种集聚力，在较高的运输成本区间内是一种分散力。

综合命题6-2至命题6-4的结论可以发现，国家级新区设立后运输成本的下降带来的筛选效应对具有不同初始生产率水平区域产业集聚的影响是不对称的。对于在国家级新区设立之前是高生产率的区域，在设立国家级新区后其产业集聚水平将提高，最终形成以高效率企业为主体的产业集聚；反之，对于在国家级新区设立之前是低生产率的区域，在设立国家级新区后其产业集聚水平将下降，并始终维持以低生产率企业为主体的不合意均衡状态。因此，国家级新区能否提升区域产业集聚是有前提条件的，特别是设立在发展基础相对薄弱、初始生产率水平较低区域的中西部地区的国家级新区要更加注意这一问题。

第二节

## 实 证 研 究

本节第一节的理论分析表明，国家级新区设立后能否提高所在区域产业集聚度取决于其初始生产率水平，本节继续在第五章实证样本基础上，利用双重差分模型对上述结论进行实证检验。

### 一、回归模型设定

为了检验国家级新区对区域产业集聚的影响，在第五章实证模型的基础上，继续基于双重差分模型，引入双重差分变量与区域初始生产率水平的交互项，构建如下调节效应模型：

$$LQ_{it} = \gamma_0 + \gamma_1 did_{it} + \gamma_2 did_{it} \times tfp0_i + \lambda Z_{it} + \nu_i + \mu_t + \varepsilon_{it} \qquad (6-38)$$

式（6-38）中，被解释变量 $LQ_{it}$ 为城市 $i$ 在 $t$ 年第二产业的区位商指数，用来衡量城市的产业集聚水平，该指标用城市 $i$ 在 $t$ 年第二产值占 GDP 比重与 $t$ 年全样本第二产值占 GDP 比重均值的比值计算得到。同时，式（6-38）引入了双重差分变量 $did$ 与区域初始生产率水平 $tfp0_i$ 的交互项，变量 $did$ 的定义与第五章相同。如果本章第一节理论分析结论成立的话，可以预期交互项 $did_{it} \times tfp0_i$ 前面的系数 $\gamma_2 > 0$。本节在规模报酬不变假设下，基于柯布—道格拉斯形式生产函数，使用索罗余值法计算了全部样本城市的全要素生产率。在此基础上，在衡量区域初始的生产率水平时，本节分别使用了所有城市 2003 年的全要素生产率、2003~2004 年平均全要素生产率以及 2003~2005 年平均全要素生产率分别作为初始生产率水平 $tfp0_i$ 的衡量指标。

式（6-38）还引入了其他可能影响城市产业集聚水平的控制变量，具体包括城市的对外贸易依存度（$trade$），用城市进出口总额占 GDP 的比重来衡量；创新水平（$patent$），用城市的人均专利授权数量来衡量；政府财政支出强度（$gov$），用城市一般公共预算支出占 GDP 的比重来衡量；经济发展水平（$lnpgdp$），用城市的人均 GDP 来衡量（利用各省居民消费价格指数平减为以 2003 年为基期）；固定资产投资水平（$invest$），用固定资产投资占 GDP 的比重衡量。

## 二、基础回归结果

表 6-1 中模型（1）至模型（3）报告了式（6-38）的回归结果，可以发现，交互项 $did \times tfp0$ 的系数在模型（1）至模型（3）中是显著为正的。这表明国家级新区对初始生产率水平更高区域产业集聚的正向促进效应要更大。需要注意的是，变量 $did$ 的系数显著为负，这表明只有初始生产率水平高于一定门槛的区域，国家级新区对其产业集聚才能产生正向促进作用。以表 6-1 中模型（1）的结果为例，根据计算可以得到，国家级新区设立对所在城市产业集聚的边际效应为 $-2.4632 + 0.2397 \times tfp0$，因此，只有当初始生产率水平 $tfp0 > 10.28$ 时，国家级新区设立后对所在区域产业集聚才会产生正向作用。在样本中，有 50% 的样本没有超过这一临界点。因此，国家级新区在选址时要更加慎重。

表6-1　　　　　　　　　　　　基础模型回归结果

| 变量名 | 模型（1）2003年全要素生产率 | 模型（2）2003~2004年平均全要素生产率 | 模型（3）2003~2005年平均全要素生产率 |
|---|---|---|---|
| did | −2.4632***(0.5557) | −2.4566***(0.5322) | −2.4997***(0.5454) |
| did×tfp0 | 0.2397***(0.0547) | 0.2385***(0.0523) | 0.2420***(0.0534) |
| trade | 0.0005*(0.0002) | 0.0005*(0.0002) | 0.0005*(0.0002) |
| patent | −0.0018***(0.0006) | −0.0018***(0.0006) | −0.0018***(0.0006) |
| gov | 0.0030(0.0039) | 0.0030(0.0039) | 0.0031(0.0039) |
| lnpgdp | 0.2774***(0.0409) | 0.2786***(0.0412) | 0.2795***(0.0413) |
| invest | 0.0009**(0.0004) | 0.0009**(0.0004) | 0.0009**(0.0004) |
| 常数项 | −1.7178***(0.3866) | −1.7300***(0.3887) | −1.7395***(0.3903) |
| 城市固定效应 | 控制 | 控制 | 控制 |
| 年份固定效应 | 控制 | 控制 | 控制 |
| 样本量 | 1104 | 1104 | 1104 |
| $R^2$ | 0.3537 | 0.3537 | 0.3536 |

注：括号内是城市层面聚类稳健标准误，***、**、*分别表示在1%、5%、10%的统计水平上是显著的。
资料来源：笔者自制。

## 三、异质性分析

### （一）空间布局异质性

表6-2与表6-3分别报告了单城与双城布局国家级新区的回归结果。可以发现，无论是单城布局还是双城布局的国家级新区，交互项 did×tfp0 的系数

都显著为正，同时双重差分估计量 *did* 的系数都显著为负。因此，单城与双城布局的国家级新区对所在城市产业集聚的带动作用都取决于城市的初始生产率水平，这与基础回归模型的结论是一致的。具体来看，以表 6 – 2 与表 6 – 3 中的模型（1）为例，单城布局的国家级新区对所在城市产业集聚的影响由负变正的生产率临界点为 10. 31，而双城布局国家级新区相应的临界点为 10. 17。因此，双城布局的国家级新区所需要的临界点要小于单城布局的国家级新区。

表 6 – 2　　　　　　　　　　单城布局国家级新区回归结果

| 变量名 | 模型（1）<br>2003 年全要素<br>生产率 | 模型（2）<br>2003 ~ 2004 年平均<br>全要素生产率 | 模型（3）<br>2003 ~ 2005 年平均<br>全要素生产率 |
|---|---|---|---|
| *did* | - 1. 9512 **<br>（0. 8191） | - 1. 9896 **<br>（0. 8148） | - 2. 1008 **<br>（0. 8587） |
| $did \times tfp0$ | 0. 1893 **<br>（0. 0799） | 0. 1925 **<br>（0. 0793） | 0. 2027 **<br>（0. 0833） |
| *trade* | 0. 0004 *<br>（0. 0003） | 0. 0005 *<br>（0. 0003） | 0. 0005 *<br>（0. 0003） |
| *patent* | - 0. 0018 ***<br>（0. 0006） | - 0. 0018 ***<br>（0. 0006） | - 0. 0018 ***<br>（0. 0006） |
| *gov* | 0. 0030<br>（0. 0041） | 0. 0031<br>（0. 0041） | 0. 0032<br>（0. 0041） |
| ln*pgdp* | 0. 2742 ***<br>（0. 0418） | 0. 2751 ***<br>（0. 0420） | 0. 2757 ***<br>（0. 0421） |
| *invest* | 0. 0009 **<br>（0. 0004） | 0. 0009 **<br>（0. 0004） | 0. 0009 **<br>（0. 0004） |
| 常数项 | - 1. 6953 ***<br>（0. 3957） | - 1. 7047 ***<br>（0. 3974） | - 1. 7118 ***<br>（0. 3984） |
| 城市固定效应 | 控制 | 控制 | 控制 |
| 年份固定效应 | 控制 | 控制 | 控制 |
| 样本量 | 1024 | 1024 | 1024 |
| $R^2$ | 0. 3527 | 0. 3528 | 0. 3531 |

注：括号内是城市层面聚类稳健标准误，*** 、** 、* 分别表示在 1% 、5% 、10% 的统计水平上是显著的。

资料来源：笔者自制。

因此，相对于单城布局的国家级新区，双城布局国家级新区更容易对所在区域产业集聚产生正向促进作用。其原因在于双城布局的国家级新区的区域协同增长效应更有利于形成企业间的共享、学习与匹配效应，从而有利于产业集聚的形成与提升。

表 6 – 3　　　　　　　　　　双城布局国家级新区回归结果

| 变量名 | 模型（1）<br>2003 年全要素<br>生产率 | 模型（2）<br>2003 ~ 2004 年平均<br>全要素生产率 | 模型（3）<br>2003 ~ 2005 年平均<br>全要素生产率 |
|---|---|---|---|
| $did$ | - 3.8971 ***<br>（0.2228） | - 3.9116 ***<br>（0.2118） | - 4.0283 ***<br>（0.2870） |
| $did \times tfp0$ | 0.3832 ***<br>（0.0212） | 0.3841 ***<br>（0.0201） | 0.3949 ***<br>（0.0279） |
| $trade$ | 0.0003<br>（0.0002） | 0.0003<br>（0.0002） | 0.0003<br>（0.0002） |
| $patent$ | - 0.0018 ***<br>（0.0006） | - 0.0018 ***<br>（0.0006） | - 0.0018 ***<br>（0.0006） |
| $gov$ | 0.0028<br>（0.0043） | 0.0027<br>（0.0043） | 0.0027<br>（0.0043） |
| $\ln pgdp$ | 0.2705 ***<br>（0.0462） | 0.2705 ***<br>（0.0462） | 0.2706 ***<br>（0.0462） |
| $invest$ | 0.0010 **<br>（0.0005） | 0.0010 **<br>（0.0005） | 0.0010 **<br>（0.0005） |
| 常数项 | - 1.6300 ***<br>（0.4325） | - 1.6296 ***<br>（0.4324） | - 1.6303 ***<br>（0.4326） |
| 城市固定效应 | 控制 | 控制 | 控制 |
| 年份固定效应 | 控制 | 控制 | 控制 |
| 样本量 | 912 | 912 | 912 |
| $R^2$ | 0.3475 | 0.3475 | 0.3473 |

注：括号内是城市层面聚类稳健标准误，***、**、* 分别表示在 1%、5%、10% 的统计水平上是显著的。
资料来源：笔者自制。

## （二）规划面积异质性

表6-4与表6-5分别报告了小于1000平方千米与大于1000平方千米国家级新区对所在区域产业集聚影响的回归结果。具体而言，表6-4与表6-5中双重差分估计量 $did$ 的系数都显著为负，交互项 $did \times tfp0$ 系数都显著为正，这与表6-1基础回归结果的结论是一致的。从国家级新区提升所在城市产业集聚度所需要的生产率临界点来看［统一以表6-4与表6-5的模型（1）为例进行比较］，1000平方千米以下国家级新区为10.26，1000平方千米以上国家级新区为10.30，这意味着规划面积越大的国家级新区越不容易提升所在区域的产业集聚水平。

**表6-4**                      **1000平方千米以下国家级新区回归结果**

| 变量名 | 模型（1）<br>2003年全要素<br>生产率 | 模型（2）<br>2003~2004年平均<br>全要素生产率 | 模型（3）<br>2003~2005年平均<br>全要素生产率 |
|---|---|---|---|
| $did$ | -2.4025 ***<br>(0.7666) | -2.3075 ***<br>(0.8524) | -2.1740 **<br>(0.9091) |
| $did \times tfp0$ | 0.2342 ***<br>(0.0762) | 0.2243 **<br>(0.0843) | 0.2105 **<br>(0.0895) |
| $trade$ | 0.0003<br>(0.0002) | 0.0003<br>(0.0002) | 0.0003<br>(0.0002) |
| $patent$ | -0.0018 ***<br>(0.0006) | -0.0018 ***<br>(0.0006) | -0.0018 ***<br>(0.0006) |
| $gov$ | 0.0027<br>(0.0043) | 0.0027<br>(0.0043) | 0.0027<br>(0.0043) |
| $\ln pgdp$ | 0.2775 ***<br>(0.0429) | 0.2780 ***<br>(0.0431) | 0.2781 ***<br>(0.0431) |
| $invest$ | 0.0010 **<br>(0.0004) | 0.0010 **<br>(0.0004) | 0.0010 **<br>(0.0004) |
| 常数项 | -1.7124 ***<br>(0.4037) | -1.7172 ***<br>(0.4054) | -1.7184 ***<br>(0.4059) |

续表

| 变量名 | 模型（1）<br>2003 年全要素<br>生产率 | 模型（2）<br>2003～2004 年平均<br>全要素生产率 | 模型（3）<br>2003～2005 年平均<br>全要素生产率 |
|---|---|---|---|
| 城市固定效应 | 控制 | 控制 | 控制 |
| 年份固定效应 | 控制 | 控制 | 控制 |
| 样本量 | 960 | 960 | 960 |
| $R^2$ | 0.3614 | 0.3606 | 0.3601 |

注：括号内是城市层面聚类稳健标准误，＊＊＊、＊＊、＊ 分别表示在 1%、5%、10% 的统计水平上是显著的。

资料来源：笔者自制。

导致上述差异性的原因在于，过大的规划面积会稀释国家级新区的政策优势，出现在产业发展上"遍地开花"的现象。这种做法尽管可以对经济增长产生显著的拉动作用，但往往不利于主导产业集聚度的提高。

表 6 - 5                  1000 平方千米以上国家级新区回归结果

| 变量名 | 模型（1）<br>2003 年全要素<br>生产率 | 模型（2）<br>2003～2004 年平均<br>全要素生产率 | 模型（3）<br>2003～2005 年平均<br>全要素生产率 |
|---|---|---|---|
| $did$ | -2.4021 ＊＊＊<br>（0.7121） | -2.4319 ＊＊＊<br>（0.6428） | -2.5656 ＊＊＊<br>（0.6317） |
| $did \times tfp0$ | 0.2333 ＊＊＊<br>（0.0701） | 0.2356 ＊＊＊<br>（0.0631） | 0.2482 ＊＊＊<br>（0.0618） |
| $trade$ | 0.0005 ＊<br>（0.0002） | 0.0005 ＊<br>（0.0003） | 0.0005 ＊<br>（0.0003） |
| $patent$ | -0.0017 ＊＊＊<br>（0.0006） | -0.0017 ＊＊＊<br>（0.0006） | -0.0017 ＊＊＊<br>（0.0006） |
| $gov$ | 0.0033<br>（0.0042） | 0.0034<br>（0.0042） | 0.0034<br>（0.0042） |
| $\ln pgdp$ | 0.2680 ＊＊＊<br>（0.0447） | 0.2686 ＊＊＊<br>（0.0448） | 0.2691 ＊＊＊<br>（0.0449） |

续表

| 变量名 | 模型（1）2003年全要素生产率 | 模型（2）2003～2004年平均全要素生产率 | 模型（3）2003～2005年平均全要素生产率 |
|---|---|---|---|
| *invest* | 0.0009 *<br>（0.0004） | 0.0009 *<br>（0.0004） | 0.0009 **<br>（0.0004） |
| 常数项 | − 1.6250 ***<br>（0.4213） | − 1.6321 ***<br>（0.4221） | − 1.6375 ***<br>（0.4230） |
| 城市固定效应 | 控制 | 控制 | 控制 |
| 年份固定效应 | 控制 | 控制 | 控制 |
| 样本量 | 976 | 976 | 976 |
| $R^2$ | 0.3363 | 0.3371 | 0.3373 |

注：括号内是城市层面聚类稳健标准误，***、**、*分别表示在1%、5%、10%的统计水平上是显著的。

资料来源：笔者自制。

## 第三节
# 本 章 小 结

本章第一节通过构建离散型异质企业伯特兰竞争的自由资本模型，理论分析表明当初始要素禀赋对称分布、分离均衡时，高效率企业的产业份额随着运输成本上升的呈现出先迅速下降、后缓慢上升的"U"型变化趋势。因此，国家级新区设立后的筛选效应并不必然提高所在区域的产业集聚度，只有国家级新区设立之前是高生产率的区域，在设立国家级新区后其产业集聚水平才会提高，并最终形成以高生产率企业为主体的产业集聚。

本章第二节基于70个大中城市的面板数据，构建基于双重差分模型的调节效应模型实证检验了国家级新区对所在区域产业集聚的影响。回归结果显示，只有初始生产率水平高于一定临界点的区域，国家级新区对其产业集聚才能产生正向促进作用。同时，这一临界点在不同类型国家级新区间存在差异。其中，双城布局新区所需要的临界点要小于单城布局的国家级新区，规划面积超过 1000 平方千米国家级新区的临界点要高于规划面积小于 1000 平方千米的国家级新区。

产业集聚是区域经济增长动能实现成功转换的根本保障。由于国家级新区筛选效应对产业集聚的非线性影响，为了更好地发挥国家级新区对产业集聚的积极作用，本章研究结论表明，要特别重视国家级新区的空间选址问题。在政策实践中要进一步规范国家级新区的设立门槛与条件，特别是对于设立在生产率水平较低区域以及较大规划面积的国家级新区，要慎重审批。

# 第七章

# 国家级新区与区域人力资本质量提升

高质量人力资本是区域经济增长动能转换的基础，也是区域高质量增长的重要驱动力量。为了探讨国家级新区设立对区域人力资本质量的影响，本章第一节构建了一个两区域、三部门以及存在劳动力异能异质性的集聚经济模型，理论分析表明，国家级新区设立后，区域间经济开放度的上升会导致所在区域高技能劳动力占比提高，从而提升区域人力资本质量。第二节通过构建双重差分模型，实证研究发现，国家级新区的设立显著提高了所在区域流动人口的人均受教育年限，从而验证了国家级新区对区域人力资本质量的提升效应。

## 第一节
## 理 论 分 析

本节在经典的同质劳动力、两区域新经济地理模型基础上，构建了一个包含工业、住房与农业部门以及存在劳动力技能异质性的理论模型，来研究国家级新区设立对区域人力资本质量的影响。

### 一、模型基本假设

本节构建了一个两区域、三部门，同时考虑劳动力技能异质性的集聚经济模型，模型的基本假设如下：

（1）模型中存在两个区域 $r = (1,2)$、三个生产部门（工业部门、农业部门与住房部门）、一种生产要素劳动。农业劳动力是同质的且不能在区域间流动；工业劳动力存在技能异质性，高技能劳动力与低技能劳动力都具有一个单位的劳动；高技能与低技能劳动力可以在区域间自由流动，其总量都被标准化为 1，因此区域的劳动力禀赋总量为 2。具体来看，高技能劳动力在区域 1 与区域 2 的数量分别为 $s_H$ 与 $1 - s_H$，低技能劳动力在区域 1 与区域 2 的数量分别为 $s_L$ 与 $1 - s_L$。

（2）农业部门是规模收益不变和完全竞争的。农业生产中只使用劳动要素作为唯一的投入，农业劳动力总量为 $1 - \mu$。农产品是同质的，农产品在区域间无运输成本，因此可以得到不同区域农产品的价格和劳动工资水平应该相同，即 $p_{A,r} = w_{A,r} = 1$，$p_{A,r}$ 和 $w_{A,r}$ 分别为区域 $r$ 的农产品价格与农业劳动力的工资水平，并被标准化为 1。

（3）工业部门是规模报酬递增和垄断竞争的。企业生产使用 $l$ 单位的工业劳动作为要素投入，其中，$l = F + mq$。具体而言，$F$ 为（用工业劳动数量衡量的）固定成本，$m$ 为边际成本，$q$ 为产量。进一步地，假定区域 $r$ 单位工业劳动的名义工资为 $w_r$，因此企业的成本函数为 $C_r = w_r(F + mq)$。同时，假定劳动力技能差异主要体现在单位高技能与低技能劳动力提供的工业劳动数量不同，不同区域单位低技能劳动力提供的工业劳动数量为 1，而单位高技能劳动力提供的工业劳动数量为 $1 + s_r$。

在此基础上，可以得到不同区域低技能劳动力的名义工资为 $w_{L,r} = w_r$，高技能劳动力的名义工资为 $w_{H,r} = w_r(1 + s_r) = w_{L,r}(1 + s_r)$，因此，参数 $s_r$ 衡量了技能溢价。进一步地，假定不同区域高技能劳动力的集聚对技能溢价程度存在正外部性，并存在以下关系：

$$s_1 = s_{H,1}^{\lambda}, \quad s_2 = (s_{H,2})^{\lambda} \tag{7-1}$$

式中，$0 < \lambda < 1$。因此，不同区域所有劳动力能够提供的工业劳动总量为

$$L_r = s_{L,r} + s_{H,r}(1 + s_r) = s_{L,r} + s_{H,r} + s_{H,r}^{1+\lambda} \tag{7-2}$$

工业品在区域间存在运输成本，运输成本采用"冰山"成本形式，区域 1 与区域 2 工业品在当地的价格分别为 $p_1$ 与 $p_2$，由区域 1 运往区域 2 的产品价格为 $p_{1,2} = \tau p_1$，由区域 2 运往区域 1 的产品价格为 $p_{2,1} = \tau p_2$。$\tau (\tau \geqslant 1)$ 为

衡量运输成本的参数，$\tau$ 越大表示运输成本越高。

（4）消费者具有多样化偏好，其效用函数为：

$$\mathrm{Max}U_r = \mu\ln(C_{M,r}) + \gamma\ln(C_{H,r}) + C_{A,r} + a_r$$

$$\mathrm{s.\,t.} \quad p_{A,r}C_{A,r} + P_{M,r}C_{M,r} + p_{H,r}C_{H,r} = E_r \qquad (7-3)$$

$$C_{M,r} = \left[\int_0^{n^w} c_{i,r}^{(\sigma-1)/\sigma}di\right]^{\sigma/(\sigma-1)}, \quad \mu > 0, \gamma > 0, \sigma > 1$$

在式（7-3）中，$C_{M,r}$、$C_{H,r}$ 与 $C_{A,r}$ 分别为区域 $r$ 工业品、住房商品和农产品的消费量，$\sigma$ 为差异化工业品间的替代弹性，$n^w = n_1 + n_2$ 为消费者消费的所有工业品种类的总和。$p_{A,r}$、$P_{M,r}$ 与 $p_{H,r}$ 分别为区域 $r$ 农产品、工业品与住房的价格，不同区域的支出份额为 $E_r$，则总支出 $E^w = E_1 + E_2$。$a_r$ 为衡量区域 $r$ 设施数量的参数。

（5）住房部门。由于区域 $r$ 单位劳动的住房需求为 $\dfrac{\gamma}{p_{H,r}}$，因此区域 $r$ 的住房总需求为 $\dfrac{\gamma L_r}{p_{H,r}}$，假定区域 $r$ 住房的总供给为 $H_r$，因此区域 $r$ 的均衡住房价格为：

$$p_{H,r} = \frac{\gamma L_r}{H_r} \qquad (7-4)$$

## 二、均衡分析

由工业企业利润最大化的一阶条件可以得到工业品的定价为：

$$p_1 = \frac{\sigma}{\sigma-1}mw_{L,1}, \quad p_{1,2} = \frac{\sigma}{\sigma-1}\tau mw_{L,1}, \quad p_2 = \frac{\sigma}{\sigma-1}mw_{L,2}, \quad p_{2,1} = \frac{\sigma}{\sigma-1}\tau mw_{L,2}$$

$$(7-5)$$

在式（7-5）中，$p_1$ 为区域 1 企业在区域 1 的产品价格，$p_{1,2}$ 为区域 1 企业运往区域 2 工业品的价格，$p_2$ 为区域 2 企业在区域 2 的产品定价，$p_{2,1}$ 则为区域 2 企业产品运输到区域 1 的定价。进一步，利用消费者效用最大化的一阶条件可以得到区域 1 与区域 2 工业品的价格指数为：[1]

---

① 计算过程中采用了如下标准化过程：$m = \dfrac{(\sigma-1)}{\sigma}$，$F = \dfrac{1}{\sigma}$，因此 $p_r = w_{L,r}$，$n_r = L_r$（每个区域的工业企业数量与工业劳动的总量相等）。

$$P_{M,1}^{1-\sigma} = L_1 \times w_{L,1}^{1-\sigma} + L_2 \times \phi \times w_{L,2}^{1-\sigma}$$
$$P_{M,2}^{1-\sigma} = L_1 \times \phi \times w_{L,1}^{1-\sigma} + L_2 \times w_{L,2}^{1-\sigma} \tag{7-6}$$

式（7-6）中，$\phi = \tau^{1-\sigma}$，$P_{M,1}^{1-\sigma}$ 和 $P_{M,2}^{1-\sigma}$ 分别为区域 1 和区域 2 的工业品价格指数。在此基础上，可以得到不同区域工业企业的总收益为：

$$R_1 = \mu w_{L,1}^{1-\sigma} B_1 , R_2 = \mu w_{L,2}^{1-\sigma} B_2$$
$$B = \frac{L_1}{\Delta} + \frac{\phi L_2}{\Delta^*} , B^* = \frac{\phi L_1}{\Delta} + \frac{L_2}{\Delta^*} \tag{7-7}$$
$$\Delta_1 = L_1 w_{L,1}^{1-\sigma} + L_2 \phi (w_{L,2})^{1-\sigma}$$
$$\Delta_2 = L_1 \phi w_{L,1}^{1-\sigma} + L_2 (w_{L,2})^{1-\sigma}$$

式（7-7）中 $R_1$ 为区域 1 工业企业的总收益，$R_2$ 为区域 2 工业企业的总收益。在长期均衡时，企业总收益等于劳动力的工资总额，即：

$$R_r = \mu w_{L,r}^{1-\sigma} B_r = F \sigma w_{L,r} = w_{L,r} \tag{7-8}$$

因此，区域 $r$ 低技能与高技能劳动力的名义工资为：

$$w_{L,r} = (\mu B_r)^{\frac{1}{\sigma}} , w_{H,r} = (1 + s_r)(\mu B_r)^{\frac{1}{\sigma}} \tag{7-9}$$

进一步地，低技能劳动力在区域 1 与区域 2 的间接效用函数分别为：

$$V_{L,1} = w_{L,1} - \mu \ln(P_{M,1}) - \gamma \ln(p_{H,1}) + \mu \ln(\mu) + \gamma \ln(\gamma) - \mu - \gamma$$
$$V_{L,2} = w_{L,2} - \mu \ln(P_{M,2}) - \gamma \ln(p_{H,2}) + \mu \ln(\mu) + \gamma \ln(\gamma) - \mu - \gamma \tag{7-10}$$

高技能劳动力在区域 1 与区域 2 的间接效用函数分别为：

$$V_{H,1} = w_{L,1}(1 + s_H^\lambda) - \mu \ln(P_{M,1}) - \gamma \ln(p_{H,1}) + \mu \ln(\mu) + \gamma \ln(\gamma) - \mu - \gamma$$
$$V_{H,2} = w_{L,2}(1 + s_H^\lambda) - \mu \ln(P_{M,2}) - \gamma \ln(p_{H,2}) + \mu \ln(\mu) + \gamma \ln(\gamma) - \mu - \gamma$$
$$\tag{7-11}$$

劳动力流动的长期均衡需要满足以下条件：

$$V_{L,1} = V_{L,2} , \quad V_{H,1} = V_{H,2} \tag{7-12}$$

## 三、模拟结果

在理论分析中本节以区域 1 设立国家级新区为例进行探讨。由于区域 1 设立了国家级新区，由此带来的政策优势以及国家级新区的开发建设会导致城市 1 的设施数量增多，考虑 $a_1 > a_2$ 这种不对称的情形。同时，国家级新区的设立会导致区域间经济开放度的提高（$\phi$ 变大），由于理论模型不能解析，本节利用数值模拟的方法分析经济开放度度提高对区域 1 人力资本质量的影响。[①]

在理论分析中，本节用高技能劳动力的占比来衡量区域的人力资本质量。根据理论模型，区域 1 高技能劳动力占比可表示为 $\dfrac{s_H}{s_H + s_L}$，如果该指标变大，表明区域 1 的人力资本质量得到了升级。图 7 - 1 报告了相应的模拟结果。

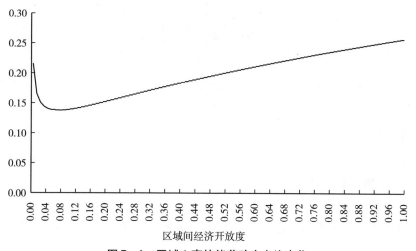

区域间经济开放度

**图 7 - 1　区域 1 高技能劳动力占比变化**

资料来源：笔者自绘。

可以发现，随着区域间经济开放度的提高（$\phi$ 变大），区域 1 高技能劳动力占比在初期经历了短暂下降后又迅速提高。需要说明的是，区域 1 高技能劳动力下降的区间非常小，只有在经济开放度非常低的情形下出现。现有研究的结果显示，每运输 1 千米，每单位产品会"融化"掉 0.00005 单位（Ramondo and Rodriguez - Clare，2013）。在此基础上，参考现有研究的计算

---

① 外生参数取值为 $\mu = 0.5$，$\lambda = 0.4$，$\gamma = 0.3$，$\sigma = 4$，$H_1 = H_2 = 1$，$a_1 = 1.5$，$a_2 = 1$。

方法（Head and Mayer，2000；Nitsch，2000），中国境内产品生产地到消费地平均运输距离为 $d = \dfrac{2}{3} \times \sqrt{\dfrac{area}{\pi}}$，其中 $area$ 为中国的土地面积。据此可计算得到 $d = 1166$（千米），因此，经济开放度参数 $\phi = 0.94$。这是一个相当大的初始值，这意味着现实中图 7-1 中"U"型曲线主要以右侧的单调上升部分为主。根据上述理论分析，可以得到以下命题。

**命题 7-1** 国家级新区的设立最终会导致区域高技能劳动力占比提高，从而提高区域人力资本质量。

# 第二节
# 实 证 研 究

根据本章第一节的理论分析，国家级新区的设立可以提升区域人力资本质量，为了检验这一理论命题，本节利用中国地级市层面的面板数据，构建双重差分模型进行实证研究。

## 一、回归模型设定

为了检验国家级新区设立对区域人力资本质量的影响，具体设定如下回归模型：

$$human_{it} = \alpha_0 + \alpha_1 did_{it} + \lambda Z_{it} + \nu_i + \mu_t + \varepsilon_{it} \tag{7-13}$$

式（7-13）中被解释变量 $human_{it}$ 为城市 $i$ 在 $t$ 年的人力资本质量，本节用城市 $i$ 流动人口的人均受教育年限来表示。之所以使用流动人口的数据，是因为流动人口可以反映国家级新区设立后对区域间存量人力资本的空间再配置效应。具体而言，本节使用了中国国家卫生健康委员会流动人口数据平台提供的 2011~2017 年中国流动人口动态监测数据（China Migrants Dynamic Survey，CMDS）计算了地级及以上城市层面的人均受教育年鉴。CMDS 调查对象为在流入地居住一个月以上、非本区（县、市）户口、15~60 周岁（即劳动年龄人口）的流入人口，调查范围覆盖了 31 个省（区、市）和新疆生产建设兵团中流动人口较为集中的流入地，是目前关于中国劳动力流动最详细的微观调查数据。

2011～2017 年 CMDS 的调查问卷中提供了流动人口的学历信息。本节进一步按照未上学 0 年，小学 6 年，初中 9 年，高中或者中专 12 年，大专 15 年，大学本科 16 年，研究生及以上 19 年的标准计算了城市层面的平均受教育年限。

双重差分估计量 $did$ 的定义与第六章相同，仍然是如果城市 $i$ 在 $t$ 年设立了国家级新区，那么城市 $i$ 在 $t$ 年当年以及之后的年份中 $did_{it} = 1$，否则 $did_{it} = 0$。向量 $Z$ 中包括了其他影响城市人力资本质量的因素，其中，城市的金融深度（$finance$）用城市金融机构存贷款余额占 GDP 的比重来衡量；人力资本供给（$supply$）用每万人高校在校生人数衡量；产业结构高级化程度（$third$）用第三产业产值占 GDP 的比重来衡量。$\nu_i$ 为城市固定效应，$\mu_t$ 为年份固定效应。

本节实证模型使用的样本为 2011～2017 年全国 285 个城市的（非平衡）面板数据，控制变量的数据来源于历年《中国城市统计年鉴》。

## 二、基础回归结果

表 7 - 1 报告了式（7 - 13）的估计结果，可以发现，变量 $did$ 在模型（1）与模型（2）中都是统计显著的。根据模型（2）的结果，设立国家级新区后，所在城市流动人口的人均受教育年限提高了约 0.1177 年，这表明国家级新区的设立确实提高了所在区域的人力资本质量。

从其他控制变量的估计结果来看，变量 $finance$ 的系数显著为正，即金融深度的提高可以显著提升所在城市人力资本质量。这是因为金融深度的提高有利于缓解融资约束，降低人力资本的空间错配，从而有助于提高人力资本质量。变量 $supply$ 的系数显著为正，即高素质人力资本供给越高的城市其人力资本质量也越高，这与理论预期是一致的。此外，产业结构高级化 $third$ 的系数不显著。

表 7-1                                                           基础回归结果

| 变量名 | 模型（1） | 模型（2） |
|--------|-----------|-----------|
| *did* | 0.1421 ** <br> (0.0668) | 0.1177 * <br> (0.0706) |
| *finance* | — | 0.0004 * <br> (0.0002) |
| *supply* | — | 0.0007 ** <br> (0.0003) |
| *third* | — | −0.0042 <br> (0.0050) |
| 常数项 | 9.5176 *** <br> (0.0315) | 9.4690 *** <br> (0.1996) |
| 城市固定效应 | 控制 | 控制 |
| 年份固定效应 | 控制 | 控制 |
| 样本量 | 1890 | 1875 |
| $R^2$ | 0.1189 | 0.1240 |

注：括号内是城市层面聚类稳健标准误，***、**、* 分别表示在1%、5%、10%的统计水平上是显著的。

资料来源：笔者自制。

## 三、动态效应检验

为了检验国家级新区设立后对所在城市人力资本质量的动态影响，参考事件研究法，设定如下回归方程：

$$human_{it} = \alpha_0 + \sum_{k \geq -3, k \neq -1}^{6} \alpha_k D_{it}^k + \lambda Z_{it} + \nu_i + \mu_t + \varepsilon_{it} \qquad (7-14)$$

在式（7-14）中，$D_{it}^k$ 为代表国家级新区成立第 $k$ 年（$k>0$ 表示成立后第 $k$ 年，$k<0$ 表示成立前第 $k$ 年）这一事件的虚拟变量。例如，$D_{it}^{-1}$ 表示城市 $i$ 在 $t$ 年是否在自身成立国家级新区的前1年。为了避免虚拟变量陷阱，选择国家级新区成立前1年作为基准期，因此式（7-14）没有包括变量 $D_{it}^{-1}$。表7-2报告了针对式（7-14）的回归结果。

表 7 - 2　　　　　　　　　　　动态效应检验结果

| 变量名 | 系数估计结果 |
|---|---|
| $D^{-3}$ | 0.1499<br>(0.1153) |
| $D^{-2}$ | -0.0181<br>(0.0898) |
| $D^0$ | 0.0956<br>(0.0885) |
| $D^1$ | 0.0675<br>(0.0584) |
| $D^2$ | 0.3406 ***<br>(0.1021) |
| $D^3$ | 0.2201 **<br>(0.0881) |
| $D^4$ | 0.2168<br>(0.1515) |
| $D^5$ | 0.3538 **<br>(0.1744) |
| $D^6$ | 0.8517 ***<br>(0.2759) |
| finance | 0.0004 **<br>(0.0002) |
| supply | 0.0007 **<br>(0.0003) |
| third | -0.0043<br>(0.0051) |
| 常数项 | 8.6716 ***<br>(0.3292) |
| 城市固定效应 | 控制 |
| 年份固定效应 | 控制 |
| 样本量 | 1875 |
| $R^2$ | 0.1287 |

注：括号内是城市层面聚类稳健标准误，***、**、* 分别表示在1%、5%、10%的统计水平上显著。

资料来源：笔者自制。

综合表 7 - 2 的结果可以发现，在国家级新区设立之前，变量 $D_{it}^k$ 的系数在统计上都是不显著的。这表明在国家级新区设立之前处理组与控制组在人力资本质量上不存在显著差异，满足了使用双重差分方法的平行趋势假设。

同时，从国家级新区设立后第 2 年开始，变量 $D_{it}^k$ 的系数开始变得显著。尽管在国家级新区设立后第 4 年存在一定波动，但总体上变量 $D_{it}^k$ 的系数仍然呈现出不断变大的趋势。这表明国家级新区对区域人力资本质量的影响具有一定持续性，并导致设立国家级新区的区域相对于未设立国家级新区的区域在人力资本质量上产生持久的优势。

## 四、异质性分析

### （一）规划面积异质性

表 7 - 3 将所有国家级新区按照（陆地）规划面积分为 500 平方千米以下、500 ~ 1500 平方千米、1500 ~ 2000 平方千米以及 2000 平方千米以上四类，分别报告了相应检验结果。可以发现，随着国家级新区规划面积的变大，国家级新区对所在区域人力资本质量的影响经历了一个不显著、显著又不显著的过程。这意味着过大或者过小的规划面积都不利于国家新区提高区域人力资本质量，其合理区间为 500 ~ 2000 平方千米，这与本书第四章得出的国家级新区带动区域经济增长的合理区间是相同的。

表 7 - 3　　　　　　　　　国家级新区面积异质性检验结果

| 变量名 | 500 平方千米以下 | 500 ~ 1500 平方千米 | 1500 ~ 2000 平方千米 | 2000 平方千米以上 |
|---|---|---|---|---|
| *did* | - 0. 0343<br>(0. 1329) | 0. 3919 ***<br>(0. 1220) | 0. 1952 **<br>(0. 0792) | 0. 1166<br>(0. 0848) |
| *finance* | 0. 0005 **<br>(0. 0002) | 0. 0005 **<br>(0. 0002) | 0. 0005 **<br>(0. 0002) | 0. 0005 **<br>(0. 0002) |
| *supply* | 0. 0009 **<br>(0. 0003) | 0. 0008 **<br>(0. 0003) | 0. 0007 **<br>(0. 0003) | 0. 0008 **<br>(0. 0003) |

续表

| 变量名 | 500 平方千米以下 | 500~1500 平方千米 | 1500~2000 平方千米 | 2000 平方千米以上 |
|---|---|---|---|---|
| *third* | -0.0049<br>(0.0051) | -0.0042<br>(0.0051) | -0.0052<br>(0.0051) | -0.0052<br>(0.0051) |
| 常数项 | 9.4664 ***<br>(0.2031) | 9.4415 ***<br>(0.2014) | 9.4876 ***<br>(0.1990) | 9.4719 ***<br>(0.2029) |
| 城市固定效应 | 控制 | 控制 | 控制 | 控制 |
| 年份固定效应 | 控制 | 控制 | 控制 | 控制 |
| 样本量 | 1763 | 1756 | 1756 | 1742 |
| $R^2$ | 0.1115 | 0.1189 | 0.1161 | 0.1145 |

注：括号内是城市层面聚类稳健标准误，***、**、*分别表示在1%、5%、10%的统计水平上是显著的。
资料来源：笔者自制。

## （二）空间布局异质性

表7-4分别报告了单城布局与双城布局国家级新区对所在区域人力资本质量影响的估计结果。可以发现，单城布局国家级新区对区域人力资本质量有显著的提升作用。在设立单城布局的国家级新区后，其所在城市的流动人口平均受教育年限会提高约0.1268年，高于表7-1得到的全样本平均水平。但是，双城布局国家级新区对所在区域人力资本质量的影响并不显著。导致这种差异的原因在于，双城布局的国家级新区一般由区域中心城市（例如省会城市）与其周边的普通地级市联合设立，与完全由区域中心城市设立的单城布局国家级新区相比，其对高学历流动人口的吸引力要相对较弱。

表7-4　　　　　　　　　　国家级新区布局异质性检验结果

| 变量名 | 单城布局新区 | 双城布局新区 |
|---|---|---|
| *did* | 0.1268 ***<br>(0.0485) | 0.1062<br>(0.1494) |
| *finance* | 0.0004 **<br>(0.0002) | 0.0005 **<br>(0.0002) |

| 变量名 | 单城布局新区 | 双城布局新区 |
|---|---|---|
| *supply* | 0.0007 **<br>(0.0003) | 0.0008 **<br>(0.0003) |
| *third* | −0.0046<br>(0.0051) | −0.0048<br>(0.0051) |
| 常数项 | 9.4703 ***<br>(0.2016) | 9.4702 ***<br>(0.2006) |
| 城市固定效应 | 控制 | 控制 |
| 年份固定效应 | 控制 | 控制 |
| 样本量 | 1819 | 1770 |
| $R^2$ | 0.1229 | 0.1131 |

注：括号内是城市层面聚类稳健标准误，***、**、*分别表示在1%、5%、10%的统计水平上是显著的。
资料来源：笔者自制。

### （三）区域异质性

表7-5分别报告了东部、中部与西部地区国家级新区对所在区域人力资本质量影响的检验结果。可以发现，国家级新区对区域人力资本质量的提升作用在西部地区最强、东部地区次之，而在中部地区不显著。这主要是因为中部地区国家级新区设立时间较晚，而且其近年来人口流入速度较慢（例如，东北地区甚至出现了人口净流出现象），削弱了国家级新区对高质量人力资本集聚的促进作用。

表7-5　　　　　　　　国家级新区区域异质性检验结果

| 变量名 | 东部地区新区 | 中部地区新区 | 西部地区新区 |
|---|---|---|---|
| *did* | 0.1346 **<br>(0.0589) | −0.0977<br>(0.1796) | 0.2355 **<br>(0.0936) |
| *finance* | −0.0000<br>(0.0003) | 0.0010 **<br>(0.0005) | 0.0004<br>(0.0005) |

续表

| 变量名 | 东部地区新区 | 中部地区新区 | 西部地区新区 |
|---|---|---|---|
| *supply* | 0.0005<br>(0.0004) | 0.0009 *<br>(0.0005) | 0.0006<br>(0.0006) |
| *third* | − 0.0192 *<br>(0.0109) | − 0.0029<br>(0.0069) | 0.0039<br>(0.0086) |
| 常数项 | 10.2632 ***<br>(0.4824) | 9.3128 ***<br>(0.2733) | 9.1329 ***<br>(0.2883) |
| 城市固定效应 | 控制 | 控制 | 控制 |
| 年份固定效应 | 控制 | 控制 | 控制 |
| 样本量 | 641 | 665 | 569 |
| $R^2$ | 0.1363 | 0.1371 | 0.1329 |

注：括号内是城市层面聚类稳健标准误，***、**、*分别表示在1%、5%、10%的统计水平上是显著的。

资料来源：笔者自制。

# 第三节

## 本 章 小 结

本章考察了国家级新区对区域人力资本质量的影响。第一节通过构建一个两区域、三部门（工业部门、住房部门与农业部门）以及存在劳动力异能异质性（高技能与低技能劳动力两类）的集聚经济模型，研究发现，对于设立国家级新区的区域而言，由于其拥有更多的设施，区域间经济开放度的上升会导致所在区域高技能劳动力占比提高，因此国家级新区的设立可以提高区域人力资本质量。

第二节利用2011~2017年中国流动人口动态监测数据测算城市层面的人均受教育年限来衡量城市人力资本质量，构建双重差分模型检验了国家级新区对所在区域人力资本质量的影响。研究表明，国家级新区导致所在城市流动人口的人均受教育年限提高了约0.1177年，对人力资本质量产生了显著提升效应；同时，这种提升效应随着国家级新区设立时间的延长呈现出不断变大的趋势。异质性分析发现，过大或者过小的规划面积都不利于国家新区提高区域人力资本质量，其合理区间为 500 ~ 2000 平方千米；单城布局的国家级新区比双城布局的国家级新区对区域人力资本质量的提升作用更大；国家级新区对区域人力资本质量的提升作用在西部地区最强、东部地区次之，在中部地区不显著。

高质量人力资本是制约区域经济增长能否成功转换的重要因素。本章研究表明国家级新区这一区位导向性政策可以引起人力资本的空间再配置，促进高质量人力资本集聚。因此，发挥国家级新区在人力资本质量提升上的积极效应，是推动区域经济增长动能转换的重要途径。

# 第八章

# 国家级新区与区域集约式增长

由粗放式增长转向空间集约式增长是区域经济增长动能转换的重要目标。国家级新区设立后的大规模基础设施建设增强了所在区域在设施数量上的比较优势，本章用人口密度来衡量区域集约式增长程度，探讨了国家级新区设立后设施数量的增多对区域集约式增长的影响。本章第一节构建了一个包括房地产部门的两区域新经济地理模型，理论分析表明国家级新区设立后设施数量的增多会导致所在区域人口密度的提高。其原因在于更多的设施数量提高了居民效用水平，吸引更多的人口流入。第二节进一步基于70个大中城市的面板数据构建双重差分模型进行了实证检验，研究表明国家级新区显著促进了区域集约式增长，且其促进作用在长期中具有稳定性。因此，要充分发挥国家级新区在促进区域集约式增长中的积极作用。

## 第一节
## 理 论 分 析

本节构建了一个包含房地产部门的两区域新经济地理模型。在理论模型中用人口密度来衡量土地开发利用强度，探讨了国家级新区设立后设施数量的增多对区域（空间）集约式增长的影响。

## 一、模型基本假设

假设经济体中有两个区域 $r=1$，2。居民具有多样化偏好，参考现有研究（Pflüger，2004），其效用函数具有以下拟线性效用函数形式：

$$\text{Max} U_r = \mu \ln(C_{M,r}) + \gamma \ln(C_{H,r}) + C_{A,r} + a_r$$

$$\text{s. t.} \quad C_{A,r} + P_{M,r} C_{M,r} + p_{H,r} C_{H,r} = E_r \tag{8-1}$$

$$C_{M,r} = \left[ \int_0^{n^w} c_{i,r}^{(\sigma-1)/\sigma} di \right]^{\sigma/(\sigma-1)}, \quad \mu > 0, \ \gamma > 0, \ \sigma > 1$$

在式（8-1）中，$C_{M,r}$ 为区域 $r$ 居民差异化工业品的消费量，差异化工业品的价格指数为 $P_{M,r}$，替代弹性为 $\sigma$，每个企业只生产一种产品，因此工业品的种类与企业总量为 $n^w$。$C_{H,r}$ 为住房的消费量，房价为 $p_{H,r}$，$C_{A,r}$ 为农业品消费量，其价格被标准化为 1。$E_r$ 为区域 $r$ 总支出份额，$a_r$ 为区域 $r$ 的设施数量。

由消费者效用最大化的一阶条件可以得到居民对工业品与农业品的需求分别为：

$$C_{M,r} = \frac{\mu}{P_{M,r}}, \quad C_{H,r} = \frac{\gamma}{p_{H,r}} \tag{8-2}$$

每个区域都存在工业部门、住房部门与农业部门三个部门。其中，假定农业部门属于完全竞争部门，仅使用农业劳动力作为投入要素，农业劳动力不能自由流动，且在两个区域间平均分布（Krugman，1991）。因此将每个区域农业劳动力的总量设定为 1，农产品在区域间运输不存在运输成本。工业部门生产差异化工业品，具有垄断竞争的市场结构，采用规模报酬递增的生产技术，只使用工业劳动力一种投入要素，且工业劳动力在两个区域间可以自由流动；工业品在区域间的贸易存在运输成本，运输成本采用"冰山"成本的形式（Samuelson，1954）。区域 $r$ 工业企业的成本函数为：

$$C_r = w_r(m \times q_r + F) \tag{8-3}$$

在式（8-3）中，$w_r$ 为区域 $r$ 中工业劳动力的工资，$q_r$ 为区域 $r$ 工业企业的产出，$m$ 与 $F$ 分别为用劳动力数量衡量的工业企业边际成本与固定成本，其在两个区域间是相同的。

住房部门为完全竞争的市场结构，使用资本与土地两种要素在规模报酬不变的技术下生产住房商品。其中，资本可以在区域之间自由流动，利率是一个外生的常数。在中国区域土地交易的一级市场中，土地供给完全由区域政府垄断的，因此可将住房部门使用的土地要素数量 $L_r$ 视为由区域政府控制的外生变量。具体而言，区域 $r$ 住房生产者的生产函数为：

$$H_r = K_r^\alpha L_r^{1-\alpha}, \ 0 < \alpha_r < 1 \qquad (8-4)$$

由此可得单位土地面积上的住房产出为：

$$h_r = k_r^\alpha, \ h_r = \frac{H_r}{L_r}, \ k_r = \frac{K_r}{L_r} \qquad (8-5)$$

因此，住房生产者单位土地面积上的利润为：

$$\pi_r = p_{H,r} k_r^\alpha - r_K k_r - r_{L,r} \qquad (8-6)$$

在式（8-6）中，$r_K$ 为货币资本的名义利率，由于资本可以自由流动，因此在两个区域间是相同的；$r_{L,r}$ 为区域 $r$ 的地租。在此基础上，由住房生产者的利润最大化一阶条件可以得到区域 $r$ 的住房总供给函数为：

$$\ln(Hs_r) = \ln(L_r) - \frac{\alpha}{1-\alpha}\ln(r_K) + \frac{\alpha}{1-\alpha}\ln(p_{H,r}) + \frac{\alpha}{1-\alpha}\ln(\alpha) \qquad (8-7)$$

## 二、长期均衡

下面进一步来讨论模型的长期均衡，首先，工业品的定价为：

$$p_{1,1} = \frac{\sigma}{\sigma-1} m w_1, \ p_{1,2} = \frac{\sigma}{\sigma-1}\tau m w_1, \ p_{2,2} = \frac{\sigma}{\sigma-1} m w_2, \ p_{2,1} = \frac{\sigma}{\sigma-1}\tau m w_2$$

$$(8-8)$$

式（8-8）中，$p_{1,1}$ 与 $p_{2,2}$ 分别为区域 1 与区域 2 的工业企业在本地的产品定价，$p_{1,2}$ 与 $p_{2,1}$ 分别为区域 1 的工业企业在区域 2 的产品定价与区域 2 的工业企业在区域 1 的产品定价，$\tau$ 为运输成本（$\tau \geq 1$）。在此基础上，可得每个区域工业品的价格指数为：

$$P_{M,1}^{1-\sigma} = n_1 \times w_1^{1-\sigma} + n_2 \times \phi \times w_2^{1-\sigma}$$
$$P_{M,2}^{1-\sigma} = n_1 \times \phi \times w_1^{1-\sigma} + n_2 \times w_2^{1-\sigma}$$

$$(8-9)$$

其中，$\phi = \tau^{1-\sigma}$。上式计算采用了 $m = \frac{\sigma-1}{\sigma}$，$F = \frac{1}{\sigma}$ 的标准化过程。此时每个区域工业企业的数量与工业劳动力的数量相等，并将劳动力的总量标准化为 1，即 $n_1 + n_2 = 1$。进一步可得区域 $r$ 工业企业的总收益为：

$$R_1 = \mu w_1^{1-\sigma} B_1, \quad R_2 = \mu w_2^{1-\sigma} B_2$$

$$B_1 = \frac{(n_1 + 1)}{\Delta_1} + \frac{\phi(n_2 + 1)}{\Delta_2}, B_2 = \frac{\phi(n_1 + 1)}{\Delta_1} + \frac{(n_2 + 1)}{\Delta_2} \qquad (8-10)$$

$$\Delta_1 = n_1 w_1^{1-\sigma} + n_2 \phi w_2^{1-\sigma}, \quad \Delta_2 = n_1 \phi w_1^{1-\sigma} + n_2 w_2^{1-\sigma}$$

由于工业企业仅使用劳动力一种要素，因此长期均衡中企业的总收益等于工资总额，由此可得工业劳动力的工资为：

$$w_r = (\mu B_r)^{\frac{1}{\sigma}} \qquad (8-11)$$

下面进一步探讨住房市场的均衡。由于每个区域工业劳动力与农业劳动力的数量总和为 $n_r + 1$，区域 $r$ 的住房总需求函数为：

$$\ln(Hd_r) = \ln(n_r + 1) - \ln(p_{H,r}) + \ln(\gamma) \qquad (8-12)$$

因此，当住房市场均衡时，住房总供给等于住房总需求，即 $Hs_r = Hd_r$，进一步可得均衡的住房价格为：

$$p_{H,r} = \left(\frac{r_K}{\alpha}\right)^{\alpha} \left[\frac{(1 + n_r)\gamma}{L_r}\right]^{1-\alpha} \qquad (8-13)$$

最后，由于工业劳动力在区域间是流动的，因此长期均衡条件为：

$$V_1 = V_2$$

$$V_1 = w_1 - \mu \ln(P_{M,1}) - \gamma \ln(p_{H,1}) + \mu \ln(\mu) + \gamma \ln(\gamma) - \mu - \gamma + a_1 \qquad (8-14)$$

$$V_2 = w_2 - \mu \ln(P_{M,2}) - \gamma \ln(p_{H,2}) + \mu \ln(\mu) + \gamma \ln(\gamma) - \mu - \gamma + a_2$$

## 三、模拟结果

由于式（8-14）不存在解析解，因此本节利用数值模型的方法来研究国家级新区对区域人口密度的影响。本节主要考虑国家级新区设立后在基础设施建设上的政策优势，以国家级新区设立在区域 1 为例。令区域 2 的设施数量保持不变，区域 1 的设施数量不断增多，并始终保持大于区域 2（$a_1 > a_2$），其他参数的取值在区域 1 与区域 2 间完全相同。① 同时，在理论分析中，用单

---

① 外生参数取值为 $\mu = 0.2$，$\alpha = 0.6$，$\sigma = 4$，$r = 1$，$a_2 = 1$，$L_1 = L_2 = 1$，$\phi = 0.6$。

位土地供给面积的人口数量，即 $\dfrac{1 + n_r}{L_{M,r}}$，来表示人口密度。图 8－1 显示，随着区域 1 设施数量的不断增多（$a_1$ 不断变大），其人口密度的变化情况。

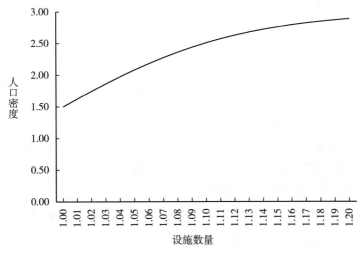

**图 8－1　区域 1 人口密度变化情况**

资料来源：笔者自绘。

根据图 8－1 可以发现，区域 1 的人口密度随着设施数量的增多经历了一个不断变大的过程。因此，国家级新区设立后设施数量的增加会导致所在区域人口密度的上升，从而有利于空间集约式增长。其原因在于，区域设施数量的增多会提高居民的效用水平，这会导致人口由区域 2 向区域 1 转移，从而导致区域 1 的人口密度上升。在此基础上，可以得到以下命题：

命题 8－1　国家级新区的设立可以提高所在区域人口密度，从而促进区域集约式增长。

## 第二节
# 实　证　研　究

本章第一节的理论分析表明，国家级新区的设立可以提高区域人口密度，从而促进区域集约式增长。本节基于 70 个大中城市的面板数据，构建双重差分模型对上述理论命题进行检验。

## 一、回归模型设定

为了检验国家级新区对区域集约式增长的影响，本节基于 2003～2018 年 70 个大中城市的面板数据，设定如下双重差分模型：

$$\ln(den_{it}) = \alpha_0 + \alpha_1 did_{it} + \lambda Z_{it} + \nu_i + \mu_t + \varepsilon_{it} \qquad (8-15)$$

式（8-15）中被解释变量 $den_{it}$ 为城市 $i$ 在 $t$ 年的人口密度，用来衡量城市的空间集约式增长程度。变量 $did$ 为双重差分估计量，如果城市 $i$ 在 $t$ 年设立国家级新区，那么从第 $t$ 年开始 $did_{it}=1$；否则 $did_{it}=0$。其中，国家级新区的设立年份仍然是按照国务院的批复时间具体到月份，将上半年批复的国家级新区视为前一年设立，将下半年批复的国家级新区视为当年设立。

向量 $Z$ 中包括了其他控制变量，本节具体选取了城市的对外贸易依存度（$trade$），用城市进出口总额占 GDP 的比重来衡量；财政支出水平（$gov$），用地方政府一般公共预算财政支出占 GDP 的比重来衡量；经济发展水平（lnpgdp），用城市人均 GDP 来衡量；金融深度（$finance$），用城市金融机构存贷款余额占 GDP 的比重来衡量；第一产业比重（$first$），用城市第一产业产值占 GDP 的比重来衡量。上述变量的数据根据历年《中国城市统计年鉴》与各省市统计年鉴整理得到。$\nu_i$ 和 $\mu_t$ 分别为城市固定效应与年份固定效应。

## 二、基础回归结果

表 8-1 报告了针对式（8-15）的基础模型回归结果，可以发现，双重差分估计量 $did$ 的系数显著为正。具体而言，国家级新区的设立会导致所在城市人口密度提高约 4.75%，这表明国家级新区的设立有利于区域集约式增长，这也验证了命题 8-1 的结论。

**表 8 – 1** 基础模型回归结果

| 变量名 | 系数估计结果 |
| --- | --- |
| *did* | 0. 0475 *<br>(0. 0246) |
| *trade* | – 0. 0012 ***<br>(0. 0003) |
| *gov* | – 0. 0104 ***<br>(0. 0034) |
| ln*pgdp* | – 0. 4424 ***<br>(0. 0691) |
| *finance* | – 0. 0003 **<br>(0. 0001) |
| *first* | – 0. 0097 **<br>(0. 0042) |
| 常数项 | 1. 3669 *<br>(0. 6973) |
| 城市固定效应 | 控制 |
| 年份固定效应 | 控制 |
| 样本量 | 1087 |
| $R^2$ | 0. 5970 |

注：括号内是城市层面聚类稳健标准误，***、**、* 分别表示在 1%、5%、10% 的统计水平上是显著的。

资料来源：笔者自制。

## 三、平行趋势检验

为了检验双重差分模型所需的前提条件——平行趋势假设是否成立，本节设定如下回归模型：

$$\ln(den_{it}) = \alpha_0 + \sum_{k \geq -8, k \neq -1}^{8} \alpha_k D_{it}^k + \lambda Z_{it} + \nu_i + \mu_t + \varepsilon_{it} \qquad (8-16)$$

式（8 – 16）中虚拟变量 $D_{it}^k$ 表示如果城市 $i$ 处于国家级新区成立的第 $k$ 年

（$k>0$ 表示国家级新区成立后第 $k$ 年，$k<0$ 表示国家级新区成立前第 $k$ 年，$k=0$ 表示国家级新区成立当年），那么 $D_{it}^k = 1$；否则 $D_{it}^k = 0$。式（8 − 16）中将 $k = -1$，即国家级新区成立前 1 年作为基准期。表 8 − 2 报告了平行趋势检验的回归结果。

表 8 − 2 平行趋势检验结果

| 变量名 | 估计系数 | 变量名 | 估计系数 | 变量名 | 估计系数 |
|---|---|---|---|---|---|
| $D^{-8}$ | − 0.0092 (0.0316) | $D^1$ | 0.0052 (0.0193) | trade | − 0.0012 *** (0.0003) |
| $D^{-7}$ | − 0.0275 (0.0267) | $D^2$ | 0.0167 (0.0176) | gov | − 0.0101 *** (0.0033) |
| $D^{-6}$ | − 0.0132 (0.0209) | $D^3$ | 0.0263 (0.0230) | lnpgdp | − 0.4573 *** (0.0686) |
| $D^{-4}$ | − 0.0127 (0.0161) | $D^4$ | 0.0738 ** (0.0356) | finance | − 0.0003 *** (0.0001) |
| $D^{-3}$ | − 0.0138 (0.0148) | $D^5$ | 0.2360 ** (0.1017) | first | − 0.0104 ** (0.0042) |
| $D^{-2}$ | − 0.0030 (0.0140) | $D^6$ | 0.1099 *** (0.0119) | 常数项 | 1.5216 ** (0.6940) |
| $D^0$ | 0.0067 (0.0098) | $D^7$ | 0.1271 *** (0.0162) | — | — |
| — | — | $D^8$ | 0.1296 *** (0.0169) | | |
| 城市固定效应 | 控制 | 年份固定效应 | 控制 | | |
| 样本量 | 1087 | $R^2$ | 0.6188 | | |

注：括号内是城市层面聚类稳健标准误，***、**、*分别表示在 1%、5%、10% 的统计水平上是显著的。

资料来源：笔者自制。

具体来看，变量 $D^{-8}$ 到变量 $D^{-2}$ 在统计上都是不显著的，这意味着在国家级新区设立之前，处理组与对照组城市的人口密度不存在显著差异。因此，平行趋势假设是成立的，本节构建的双重差分模型也是合理的。

从国家级新区成立之后的变量来看，国家级新区直到成立第 4 年开始才对所在城市人口密度产生正向的提升效应，这表明国家级新区对区域集约式增长的正向效应存在较长的滞后性。同时，一个值得关注的事实是，从第 4 年开始，国家级新区对区域集约式增长的正向效应并没有出现明显的衰减，这表明国家级新区对区域区域集约式增长的正向效应在长期中具有较强稳定性。

## 四、稳健性检验

表 8 – 3 从三方面进行了稳健性检验：将国务院批复国家级新区设立的当年作为国家级新区设立的时间、包括上海浦东新区的样本重新估计基础模型式（8 – 15）以及将被解释变量 $\ln(den)$ 按照最大与最小 1% 的标准进行缩尾处理。可以发现，双重差分估计量 $did$ 的系数仍然显著为正，这表明国家级新区促进区域集约式增长的结论是稳健的。

表 8 – 3 　　　　　　　　　　稳健性检验结果

| 变量名 | 批复当年作为国家级新区设立时间 | 包括上海浦东新区样本 | 被解释变量缩尾处理 |
|---|---|---|---|
| $did$ | 0.0502 ** (0.0246) | 0.0480 * (0.0248) | 0.0500 ** (0.0242) |
| $trade$ | -0.0012 *** (0.0003) | -0.0012 *** (0.0003) | -0.0007 * (0.0004) |
| $gov$ | -0.0104 *** (0.0034) | -0.0104 *** (0.0034) | -0.0116 *** (0.0032) |
| $\ln pgdp$ | -0.4421 *** (0.0690) | -0.4504 *** (0.0658) | -0.4416 *** (0.0665) |
| $finance$ | -0.0003 ** (0.0001) | -0.0003 *** (0.0001) | -0.0003 ** (0.0001) |
| $first$ | -0.0097 ** (0.0042) | -0.0098 ** (0.0042) | -0.0099 ** (0.0043) |

续表

| 变量名 | 批复当年作为国家级新区设立时间 | 包括上海浦东新区样本 | 被解释变量缩尾处理 |
|---|---|---|---|
| 常数项 | 1.3631 *<br>(0.6962) | 1.4788 **<br>(0.6651) | 1.3542 **<br>(0.6718) |
| 城市固定效应 | 控制 | 控制 | 控制 |
| 年份固定效应 | 控制 | 控制 | 控制 |
| 样本量 | 1087 | 1103 | 1087 |
| $R^2$ | 0.5977 | 0.6097 | 0.5816 |

注：括号内是城市层面聚类稳健标准误，***、**、*分别表示在1%、5%、10%的统计水平上是显著的。

资料来源：笔者自制。

## 五、异质性分析

### （一）规划面积异质性

表8-4按照国家级新区（陆地）规划面积的大小将所有国家级新区分为5类进行了检验。可以发现，当国家级新区的规划面积小于500平方千米时，其对区域集约式增长的促进作用不显著；而当国家级新区的规划面积处于500~2000平方千米的范围内时，其对区域集约式增长的促进作用都显著为正；当国家级新区的规划面积超过2000平方千米后，其对区域集约式增长的促进作用又开始变得不显著。这表明国家级新区促进区域集约式增长的合理区间为500~2000平方千米，这与第七章得到的国家级新区提升区域人力资本质量的合理区间是一致的。

表8-4 规划面积异质性检验结果

| 变量名 | 小于500平方千米 | 500~1000平方千米 | 1000~1500平方千米 | 1500~2000平方千米 | 大于2000平方千米 |
|---|---|---|---|---|---|
| *did* | 0.0091<br>(0.0420) | 0.1192 ***<br>(0.0198) | 0.1264 ***<br>(0.0242) | 0.1043 ***<br>(0.0339) | -0.0158<br>(0.0519) |

续表

| 变量名 | 小于500平方千米 | 500～1000平方千米 | 1000～1500平方千米 | 1500～2000平方千米 | 大于2000平方千米 |
|---|---|---|---|---|---|
| trade | −0.0013 *** (0.0003) | −0.0013 *** (0.0003) | −0.0013 *** (0.0003) | −0.0013 *** (0.0003) | −0.0014 *** (0.0003) |
| gov | −0.0097 *** (0.0036) | −0.0103 *** (0.0038) | −0.0097 ** (0.0037) | −0.0103 *** (0.0037) | −0.0095 ** (0.0038) |
| lnpgdp | −0.4608 *** (0.0752) | −0.5017 *** (0.0721) | −0.4892 *** (0.0764) | −0.4704 *** (0.0748) | −0.4822 *** (0.0737) |
| finance | −0.0003 ** (0.0001) | −0.0003 *** (0.0001) | −0.0003 *** (0.0001) | −0.0003 ** (0.0001) | −0.0003 *** (0.0001) |
| first | −0.0109 ** (0.0043) | −0.0124 *** (0.0042) | −0.0122 *** (0.0043) | −0.0117 *** (0.0042) | −0.0118 *** (0.0042) |
| 常数项 | 1.4654 *. (0.7541) | 1.9584 *** (0.7194) | 1.7781 ** (0.7652) | 1.6044 ** (0.7512) | 1.7834 ** (0.7407) |
| 城市固定效应 | 控制 | 控制 | 控制 | 控制 | 控制 |
| 年份固定效应 | 控制 | 控制 | 控制 | 控制 | 控制 |
| 样本量 | 911 | 847 | 831 | 879 | 879 |
| $R^2$ | 0.5848 | 0.6134 | 0.6005 | 0.5976 | 0.6193 |

注：括号内是城市层面聚类稳健标准误，***、**、*分别表示在1%、5%、10%的统计水平上是显著的。

资料来源：笔者自制。

## （二）空间布局异质性

表8－5进一步检验了单城与双城布局国家级新区对区域集约式增长影响的差异性。可以发现，双重差分估计量 did 在单城布局国家级新区样本中不显著，而在双城布局国家级新区样本中显著为正。因此，只有双城布局国家级新区才能对区域集约式增长发挥正向促进作用，其原因在于双城布局的国家级新区区域协同增长效应对人口集聚的虹吸效应要更强。

表 8 – 5                                 空间布局异质性检验结果

| 变量名 | 单城布局国家级新区 | 双城布局国家级新区 |
|---|---|---|
| $did$ | 0.0311<br>(0.0305) | 0.1025 ***<br>(0.0322) |
| $trade$ | − 0.0013 ***<br>(0.0003) | − 0.0013 ***<br>(0.0003) |
| $gov$ | − 0.0099 ***<br>(0.0036) | − 0.0104 ***<br>(0.0036) |
| $\ln pgdp$ | − 0.4615 ***<br>(0.0708) | − 0.4760 ***<br>(0.0741) |
| $finance$ | − 0.0003 ***<br>(0.0001) | − 0.0003 **<br>(0.0001) |
| $first$ | − 0.0106 **<br>(0.0043) | − 0.0115 ***<br>(0.0042) |
| 常数项 | 1.5635 **<br>(0.7169) | 1.6593 **<br>(0.7403) |
| 城市固定效应 | 控制 | 控制 |
| 年份固定效应 | 控制 | 控制 |
| 样本量 | 1007 | 895 |
| $R^2$ | 0.5984 | 0.6038 |

注：括号内是城市层面聚类稳健标准误，*** 、** 、* 分别表示在1%、5%、10%的统计水平上是显著的。
资料来源：笔者自制。

## 第三节
# 本 章 小 结

本章从空间角度考察了国家级新区对区域集约式增长的影响。本章第一节构建了一个包括房地产部门的两区域新经济地理模型。理论分析表明，由于设立国家级新区带来的在基础设施建设上的政策优势，国家级新区会导致所在区域设施数量增多，这会提高居民效用水平，进而吸引其他区域人口流入，并最终引起所在区域人口密度的提高。因此，从理论上看，国家级新区是有利于区域集约式增长的。

本章第二节基于 70 个大中城市的面板数据构建双重差分模型对第一节理论分析的结论进行了实证检验。研究证实了国家级新区对所在区域集约式增长的正向效应，但这种正向效应在国家级新区成立第 4 年开始才发挥作用，并在长期中保持稳定。同时，国家级新区促进区域集约式增长的合理区间为 500～2000 平方千米，双城布局国家级新区对区域集约式增长存在显著促进作用，但单城布局国家级新区的促进作用不显著。

在国家级新区带动区域集约式增长的过程中，关键是要发挥国家级新区对人口集聚的吸引作用。因此，加强基础设施建设是重要的一环。同时，由于国家级新区往往设置在城市新区，城市建设用地指标相对充沛。国家级新区在自身开发建设过程中也需要避免"跑马圈地式"的粗放发展模式。

# 第九章

# 国家级新区与居民收入增长

保持居民收入的稳步提升是区域经济增长动能转换的重要约束条件，也是降低区域经济增长动能转换中负面影响的内在要求。国家级新区设立后，其在建设用地指标、开发建设上的政策优势往往会通过影响住房总供给的渠道传导到房地产市场，进而影响居民收入。本章第一节通过构建一个两区域、三部门的新经济地理模型，从住房供给变化角度探讨了国家级新区提高居民收入的内在机制。第二节则基于中国70个大中城市的面板数据进行了实证检验。本章研究表明，国家级新区的设立总体上有利于居民收入增长，并可作为区域经济增长动能转换过程中刺激居民收入增长的一项长期支撑政策。

## 第一节
## 理 论 分 析

本节构建了一个两区域、三部门（包括工业部门、住房部门与农业部门）的新经济地理模型，从理论上探讨了当国家级新区设立导致住房总供给增加后，居民收入的变化情况。

### 一、模型基本假设

假设经济体中存在两个区域（$r = 1, 2$）。每个区域中存在工业部门、住房部门与农业部门三个部门。劳动力可分为非技能劳动力与技能劳动力，非技能劳动力在区域间不流动，在区域间对称分布，每个区域非技能劳动力的禀赋数量被标准化为1；技能劳动力可以在区域间流动，两个区域技能劳动力的总量为1。同时，参考现有研究的假定（Krugman，1991），农业部门只使用非技能劳动力作为投入要素，由于农业部门是完全竞争的，且农产品在区域间没有运输成本。因此每个区域农产品价格与非技能劳动力的工资相等，并进一步标准化为1，即 $p_{A,r} = w_{L,r} = 1$，$w_{L,r}$ 为区域 $r$ 非技能劳动力的工资。下面分别对居民部门、工业部门以及房地产部门进行介绍。

（1）居民部门。居民具有多样化偏好，其效用函数为：

$$U_r = H_r^\mu M_r^\gamma A_r^{1-\mu-\gamma}$$

$$\text{s. t. } P_{M,r}M_r + p_{H,r}H_r + A_r = E_r \tag{9-1}$$

$$M_r = \Big[\int_0^1 m_i^{(\sigma-1)/\sigma} di\Big]^{\sigma/(\sigma-1)}, \ 0 < \mu < 1, \ 0 < \gamma < 1, \ \sigma > 1$$

在式（9-1）中，$M_r$、$H_r$ 与 $A_r$ 分别为区域 $r$ 居民对工业品、住房商品与农产品的消费量，$\sigma$ 为差异化工业品间的替代弹性，消费者消费的区域1与区域2工业品种类的总和为 $1(n_1 + n_2 = 1)$。$P_{M,r}$ 为区域 $r$ 工业品的价格指数，$p_{H,r}$ 为区域 $r$ 的房价，农产品价格已经被标准化为1。不同区域的支出份额为 $E_r$。由居民效用最大化可得居民对住房商品、工业品以及农产品的需求为：

$$H_r = \frac{\mu E_r}{p_{H,r}}, \ M_r = \frac{\gamma E_r}{P_{M,r}}, \ A_r = (1-\mu-\gamma)E_r \tag{9-2}$$

（2）工业部门。工业部门使用规模报酬递增的生产技术来生产工业品，其市场结构是垄断竞争的。工业企业使用非技能劳动力作为可变投入，使用1单位技能劳动力作为固定投入（Pflüger，2004）。因此，每个区域中技能劳动力的数量与企业的数量相等。具体而言，区域 $r$ 工业企业的成本函数为：

$$C_r = w_{L,r}mq_r + w_{H,r} \tag{9-3}$$

式（9-3）中，$w_{L,r}$ 为区域 $r$ 非技能劳动力的工资，已被标准化为1。$w_{H,r}$ 为区域 $r$ 技能劳动力的工资，由于技能劳动力在区域间可以自由流动，因此 $w_{H,r}$ 是被内生决定的。$m$ 为生产单位工业品所需要的非技能劳动力投入量，是一个常数，在下文的分析中令 $m = \dfrac{\sigma-1}{\sigma}$。此外，假定工业品在区域间的贸易存在运输成本，运输成本具有冰山成本的形式，可以得到工业品在每个区域的定价为：

$$p_{1,1} = p_{2,2} = 1, \quad p_{1,2} = p_{2,1} = \tau \tag{9-4}$$

式（9-4）中，$p_{1,1}$ 与 $p_{2,2}$ 分别为工业品在当地的定价，$p_{1,2}$ 与 $p_{2,1}$ 则为本地生产的工业品运输到其他区域的定价，$\tau(\tau > 1)$ 为冰山成本形式的运输成本。

（3）住房部门。假定区域 1 与区域 2 的住房总供给是完全无弹性的，分别为 $Hs_1$ 与 $Hs_2$，因此区域 $r$ 的均衡房价为：

$$p_{H,r} = \frac{\mu E_r}{Hs_r} \tag{9-5}$$

## 二、均衡分析

下面进一步探讨模型的长期均衡，区域 1 工业企业的总收益为：

$$R_1 = \frac{\gamma E_1}{P_{M,1}^{1-\sigma}} + \frac{\gamma \phi E_2}{P_{M,2}^{1-\sigma}}, \quad \phi = \tau^{1-\sigma} \tag{9-6}$$

相应地，区域 2 工业企业的总收益为：

$$R_2 = \frac{\phi \gamma E_1}{P_{M,1}^{1-\sigma}} + \frac{\gamma E_2}{P_{M,2}^{1-\sigma}}, \quad \phi = \tau^{1-\sigma} \tag{9-7}$$

其中，每个区域工业品的价格指数分别为：

$$P_{M,1}^{1-\sigma} = n_1 + \phi n_2, \quad P_{M,2}^{1-\sigma} = \phi n_1 + n_2 \tag{9-8}$$

同时，每个区域的总支出分别为：

$$E_1 = 1 + n_1 w_{H,1} + \frac{(2 + n_1 w_{H,1} + n_2 w_{H,2})\mu}{1-\mu} n_1$$

$$\tag{9-9}$$

$$E_2 = 1 + n_2 w_{H,2} + \frac{(2 + n_1 w_{H,1} + n_2 w_{H,2})\mu}{1-\mu} n_2$$

由于非技能劳动力在区域间不流动且平均分布，这里假定经济体中的住房总支出在技能劳动力间是平均分配的。因此，拥有更多技能劳动力（即更多企业）的区域可以获得更多的住房支出。进而，由于每个工业企业仅使用一单位的技能劳动力作为固定成本，因此工业企业所有的经营利润都被用来支付技能劳动力的工资，由此可得区域 $r$ 技能劳动力的工资为：

$$w_{H,r} = \frac{R_r}{\sigma} \qquad (9-10)$$

在长期均衡中，当不同区域技能劳动力的效用水平相等时，技能劳动力的流动实现均衡，因此长期均衡需要满足以下条件：

$$V_1 = V_2，\quad V_1 = \frac{\mu^\mu \gamma^\gamma (1-\mu-\gamma)^{1-\mu-\gamma} w_{H,1}}{P_{M,1}^\gamma p_{H,1}^\mu}，\quad V_2 = \frac{\mu^\mu \gamma^\gamma (1-\mu-\gamma)^{1-\mu-\gamma} w_{H,2}}{P_{M,2}^\gamma p_{H,2}^\mu}$$

$$(9-11)$$

式（9－11）中，$V_1$ 与 $V_2$ 分别为区域1与区域2中居民的效用水平。

## 三、模拟结果

由于模型不存在解析解，因此对模型长期均衡的分析必须借助数值模拟来实现。在进行数值模拟之前，需要对模型中的外生参数进行校准：

（1）参数 $\mu$ 与 $\gamma$ 的校准。参数 $\mu$ 衡量了居民支出中住房消费所占的比重。根据《中国统计年鉴》的数据，在全国居民人均支出中，2013～2015年的[①]"居住"消费所占的比重平均为22%，因此令 $\mu = 0.22$。同时，理论模型中参数 $1-\mu-\gamma$ 衡量了居民支出中农产品消费所占的比重。根据《中国统计年鉴》，2013～2015年的"食品烟酒"消费支出所占的比重为31%，可用该指标来近似衡量农产品消费占居民总支出的比重，因此 $1-\mu-\gamma = 0.31$。由 $\mu = 0.22$ 进一步可以得到 $\gamma = 0.47$。

（2）参数 $\sigma$ 的校准。$\sigma$ 为差异化工业品间的替代弹性，已有研究利用广义矩方法估计了美国1980～1990年 $\sigma$ 的取值为1.745～2.545（Hanson，2005）。本节取其均值，令 $\sigma = 2$。

（3）冰山运输成本参数 $\tau$ 的校准。已有研究显示，每运输1千米，每单位产品会"融化"掉0.00005单位（Ramondo and Rodriguez－Clare，2013）。

---

① 从2013年起，国家统计局开展了城乡一体化住户收支与生活状况调查，并报告了全国居民的人均支出构成数据；而2013年之前则提供的是分城镇和农村住户调查的人均现金消费支出构成，且与2013年后的数据在统计口径上存在差异。由于2013年之后的调查数据更准确，所以采用了2013～2015年的数据进行校准。

在此基础上，要得到冰山运输成本参数 $\tau$ 的大小还需要知道产品的运输距离。参考现有研究（Head and Mayer，2000；Nitsch，2000），中国境内产品生产地到消费地的平均运输距离为 $d = \frac{2}{3} \times \sqrt{\frac{area}{\pi}}$，其中 $area$ 为中国土地面积，由此可计算得到 $d = 1166$（千米）。因此，可得到 $\tau = 1.06$，$\phi = \tau^{1-\sigma} = 0.94$。

本节理论模型的目的是分析国家级新区设立后住房供给变化对居民收入的影响，在模拟过程中的具体设定如下。

（1）为了模拟国家级新区设立后住房供给的变化，由于模型中区域1与区域2是完全对称的，本节以区域1设立国家级新区为例进行分析。假定区域1在设立国家级新区之前的住房总供给小于区域2（$Hs_1 < Hs_2$）。但在设立国家级新区后，由于在建设用地指标上的政策优势以及新区开发建设的需要，城市1的住房总供给会不断变大，直到与区域2的住房总供给相同。

（2）用每个区域中技能劳动力的工资水平（$w_{H,r}$）作为居民收入的代理变量。模型中居民的收入来自工资收入，[①] 由于区域1与区域2中非技能劳动力的工资与数量都相等，只有技能劳动力的工资是不同的。因此，区域间居民的收入差异体现为技能劳动力的工资差异，在数值模拟时可以用技能劳动力的工资水平来衡量每个区域的居民收入水平。

图9-1显示了城市1居民收入的变化情况。可以发现，随着区域1住房总供给的不断增多，区域1的居民收入呈现出不断上升的趋势，这意味着国家级新区设立后住房总供给的增加有利于居民收入的提高。

其内在原因在于，当区域2住房总供给不变时，区域1住房总供给由低于区域2住房总供给逐渐变大、直到等于区域2住房总供给的过程中，相当于给区域1的房价施加了一个不断增强的负向冲击，这会导致区域1的房价不断下降，从而降低了区域1的生活成本。这会吸引企业由区域2转移到区域1，并最终导致区域1居民收入水平的提高。图9-2显示了区域1房价的变化，可以发现，区域1的房价随着住房供给量的增加是不断下降的。

---

[①] 这里相当于假定居民个体不能获得住房部门的收入。如果允许居民个人可以获得住房部门的收入，并假定房地产部门的收入在居民间是平均分配的，那么理论模型的模拟结论仍然不变，因为此时城市间居民收入的差异仍然体现为技能劳动力的工资差异。

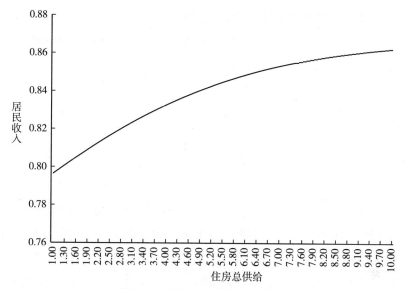

**图9-1 区域1居民收入的变化**

资料来源：笔者自绘。

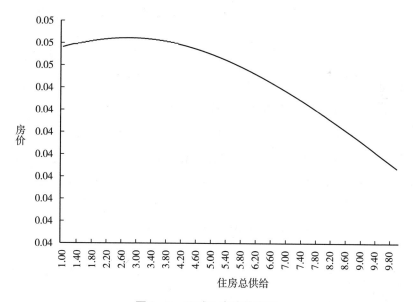

**图9-2 区域1房价的变化**

资料来源：笔者自绘。

在上述理论分析的基础上，可以得到以下命题：

命题 9 - 1　国家级新区设立后住房总供给的增加会通过影响产业转移提高所在区域的居民收入水平。

### 第二节

# 实 证 研 究

根据本章第一节的理论分析，国家级新区的设立会导致所在区域居民收入水平的提高。本节利用中国 70 个大中城市的面板数据，对理论分析结论进行检验。

## 一、回归模型设定

本节将国家级新区的设立视为一项拟自然实验，具体设定如下双重差分模型：

$$\ln(wage_{it}) = \alpha_0 + \alpha_1 did_{it} + \lambda Z_{it} + \nu_i + \mu_t + \varepsilon_{it} \qquad (9-12)$$

式（9-12）中被解释变量 $wage_{it}$ 为城市 $i$ 在 $t$ 年的职工平均工资水平，用来衡量城市的居民收入。变量 $did$ 为双重差分估计量，其具体定义与第八章式（8-15）相同。向量 $Z$ 中包括了其他可能影响居民收入水平的控制变量，本节具体选取了城市的第二产业占比（second），用第二产业产值占 GDP 的比重来衡量；固定资产投资水平（invest），用城市固定资产投资总额占 GDP 的比重来衡量；经济规模（lngdp），用城市 GDP 的对数来表示；交通水平（road），用城市人均道路面积来衡量；财政支出水平（gov），用地方政府一般公共预算财政支出占 GDP 的比重来衡量；净出口水平（export），用城市出口与进口总额的比值来衡量。$\nu_i$ 和 $\mu_t$ 分别为城市固定效应与年份固定效应。

上述变量的数据都来源于历年《中国城市统计年鉴》与各省市统计年鉴。如果双重差分估计量 $did$ 的系数 $\alpha_1 > 0$，那么表明国家级新区促进居民收入提高的机制是成立的。

## 二、基础回归结果

表9-1报告了针对式（9-12）的基础模型回归结果。可以发现，双重差分估计量 *did* 的系数显著为正，国家级新区的设立可以导致所在城市居民收入提高约4.8%，这是一个非常明显的增幅。因此，国家级新区显著促进了居民收入增长。

表9-1　　　　　　　　　　　基础模型回归结果

| 变量名 | 系数估计结果 |
|---|---|
| *did* | 0.0481 ** <br> (0.0201) |
| *second* | 0.0033 *** <br> (0.0012) |
| *invest* | 0.0008 ** <br> (0.0003) |
| ln*gdp* | 0.1537 *** <br> (0.0440) |
| *road* | 0.5818 ** <br> (0.2642) |
| *gov* | 0.0057 * <br> (0.0031) |
| *export* | 0.0022 * <br> (0.0012) |
| 常数项 | 6.9407 *** <br> (0.6821) |
| 城市固定效应 | 控制 |
| 年份固定效应 | 控制 |
| 样本量 | 1087 |
| $R^2$ | 0.9611 |

注：括号内是城市层面聚类稳健标准误，*** 、 ** 、 * 分别表示在1%、5%、10%的统计水平上是显著的。
资料来源：笔者自制。

其他控制变量的估计结果也都是显著的。第二产业占比（second）显著为正，这是因为一般而言，以第二产业为主的工业化阶段是居民收入提高最快的阶段。固定资产投资水平（invest）显著为正，根据国民经济核算理论，投资是国民收入的重要组成部门。经济规模（lngdp）显著为正，这是因为经济规模越大的城市，其经济集聚产生的工资溢价有利于提高居民收入。交通水平（road）显著为正，良好的交通水平可以降低城市内部的通勤成本，有利于提高劳动力的空间配置效率，从而促进居民收入增长。财政支出水平（gov）显著为正，政府财政支出的扩大可以拉动经济增长，从而提高居民收入。净出口水平（export）显著为正，根据国民经济核算理论，净出口的增长有利于提高国民收入。

### 三、平行趋势检验

参考事件研究方法，设定如下回归模型来检验平行趋势假设：

$$\ln(wage_{it}) = \alpha_0 + \sum_{k \geq -8, k \neq -1}^{8} \alpha_k D_{it}^k + \lambda Z_{it} + \nu_i + \mu_t + \varepsilon_{it} \qquad (9-13)$$

式（9-13）中虚拟变量 $D_{it}^k$ 为表示国家级新区成立这一事件的虚拟变量。该变量考察了国家级新区成立前后 8 年内其对居民收入影响的动态变化，其具体定义与式（8-16）完全相同，式（9-13）中其他控制变量与式（9-12）相同。表 9-2 报告了完整的估计结果。

表 9-2　　　　　　　　　　　平行趋势检验结果

| 变量名 | 估计系数 | 变量名 | 估计系数 | 变量名 | 估计系数 |
|---|---|---|---|---|---|
| $D^{-8}$ | -0.0404<br>(0.0276) | $D^1$ | 0.0110<br>(0.0156) | second | 0.0035 ***<br>(0.0013) |
| $D^{-7}$ | -0.0364<br>(0.0229) | $D^2$ | 0.0179<br>(0.0140) | invest | 0.0008 **<br>(0.0003) |
| $D^{-6}$ | 0.0018<br>(0.0277) | $D^3$ | 0.0171<br>(0.0203) | lngdp | 0.1486 ***<br>(0.0462) |

续表

| 变量名 | 估计系数 | 变量名 | 估计系数 | 变量名 | 估计系数 |
|---|---|---|---|---|---|
| $D^{-4}$ | $-0.0149$<br>$(0.0192)$ | $D^4$ | $0.0351$<br>$(0.0231)$ | $road$ | $0.5711^{**}$<br>$(0.2823)$ |
| $D^{-3}$ | $-0.0624$<br>$(0.0424)$ | $D^5$ | $0.0841^{***}$<br>$(0.0302)$ | $gov$ | $0.0059^{*}$<br>$(0.0032)$ |
| $D^{-2}$ | $-0.0165$<br>$(0.0145)$ | $D^6$ | $0.0401$<br>$(0.0466)$ | $export$ | $0.0023^{*}$<br>$(0.0012)$ |
| $D^0$ | $0.0193$<br>$(0.0258)$ | $D^7$ | $0.0636^{***}$<br>$(0.0196)$ | 常数项 | $7.0181^{***}$<br>$(0.7147)$ |
| — | — | $D^8$ | $0.0525^{**}$<br>$(0.0233)$ | — | — |
| 城市固定效应 | 控制 | 年份固定效应 | | 控制 | |
| 样本量 | 1087 | $R^2$ | | 0.9616 | |

注：括号内是城市层面聚类稳健标准误，***、**、*分别表示在1%、5%、10%的统计水平上是显著的。

资料来源：笔者自制。

可以发现，在国家级新区设立之前，变量$D^{-8}$~变量$D^{-2}$都是不显著的。这表明在国家级新区设立之前，处理组与对照组的居民收入不存在显著差异，因此平行趋势假设是成立的，使用双重差分模型也是合理的。同时，从国家级新区设立之后的变量来看，直到国家级新区设立后的第5年开始，其对居民收入增长的促进作用才开始变得显著，并在此之后基本保持稳定。因此，国家级新区对居民收入增长的促进作用存在较长的时滞，难以在短时间内见效。

## 四、稳健性检验

表9-3报告了稳健性检验的结果。首先，将双重差分估计量$did$的计算方式改为按照国务院批复设立国家级新区的当年作为国家级新区设立的开始时间。其次，将处理组中包括上海浦东新区的样本，利用全部70个大中城市

的样本进行回归。最后，将被解释变量按最大与最小 1% 样本进行缩尾处理。可以发现，变量 *did* 的系数在上述三种情况下仍然显著为正，这表明国家级设立对居民收入增长的促进作用是稳健的。

表 9 – 3　　　　　　　　　　　　稳健性检验结果

| 变量名 | 批复当年作为国家级新区设立时间 | 包括上海浦东新区样本 | 被解释变量缩尾处理 |
|---|---|---|---|
| *did* | 0.0421 ** (0.0184) | 0.0468 ** (0.0203) | 0.0481 ** (0.0201) |
| *second* | 0.0033 *** (0.0013) | 0.0030 ** (0.0012) | 0.0033 *** (0.0012) |
| *invest* | 0.0008 ** (0.0003) | 0.0008 ** (0.0003) | 0.0008 ** (0.0003) |
| ln*gdp* | 0.1545 *** (0.0446) | 0.1515 *** (0.0442) | 0.1537 *** (0.0440) |
| *road* | 0.5928 ** (0.2621) | 0.4051 (0.2919) | 0.5818 ** (0.2642) |
| *gov* | 0.0056 * (0.0032) | 0.0055 * (0.0032) | 0.0057 * (0.0031) |
| *export* | 0.0022 * (0.0012) | 0.0022 * (0.0012) | 0.0022 * (0.0012) |
| 常数项 | 6.9271 *** (0.6893) | 7.0001 *** (0.6869) | 6.9407 *** (0.6821) |
| 城市固定效应 | 控制 | 控制 | 控制 |
| 年份固定效应 | 控制 | 控制 | 控制 |
| 样本量 | 1087 | 1103 | 1087 |
| $R^2$ | 0.9610 | 0.9609 | 0.9611 |

　　注：括号内是城市层面聚类稳健标准误，***、**、* 分别表示在 1%、5%、10% 的统计水平上是显著的。
　　资料来源：笔者自制。

## 五、异质性分析

### （一）规划面积异质性

表9-4报告了不同规划面积区间内国家级新区对所在城市居民收入的影响。可以发现，除了在小于1000平方千米这一区间范围内变量 *did* 的系数不显著以外，在其他区间范围内都显著为正。同时，变量 *did* 系数的大小随着国家级新区面积的扩大总体上经历了一个先变大、后变小的倒 "U" 型变化趋势。在1500~2000平方千米这一区间范围内，国家级新区对居民收入增长的促进作用最强。

表9-4　　　　　　　　　　　　　规划面积异质性检验结果

| 变量名 | 小于1000平方千米 | 1000~1500平方千米 | 1500~2000平方千米 | 大于2000平方千米 |
|---|---|---|---|---|
| *did* | 0.0302<br>(0.0259) | 0.0389*<br>(0.0218) | 0.0889*<br>(0.0453) | 0.0400**<br>(0.0185) |
| *second* | 0.0042***<br>(0.0013) | 0.0042***<br>(0.0013) | 0.0034**<br>(0.0013) | 0.0043***<br>(0.0012) |
| *invest* | 0.0007**<br>(0.0003) | 0.0006*<br>(0.0003) | 0.0008**<br>(0.0003) | 0.0006*<br>(0.0003) |
| ln*gdp* | 0.1404***<br>(0.0477) | 0.1414***<br>(0.0495) | 0.1483***<br>(0.0486) | 0.1395***<br>(0.0477) |
| *road* | 0.6523**<br>(0.2646) | 0.3888<br>(0.2957) | 0.3958<br>(0.2856) | 0.3455<br>(0.3053) |
| *gov* | 0.0059*<br>(0.0034) | 0.0031<br>(0.0034) | 0.0034<br>(0.0034) | 0.0037<br>(0.0034) |
| *export* | 0.0020<br>(0.0012) | 0.0021<br>(0.0013) | 0.0022*<br>(0.0013) | 0.0020<br>(0.0013) |
| 常数项 | 7.1136***<br>(0.7338) | 7.1288***<br>(0.7588) | 7.0483***<br>(0.7454) | 7.1598***<br>(0.7346) |

续表

| 变量名 | 小于1000平方千米 | 1000~1500平方千米 | 1500~2000平方千米 | 大于2000平方千米 |
|---|---|---|---|---|
| 城市固定效应 | 控制 | 控制 | 控制 | 控制 |
| 年份固定效应 | 控制 | 控制 | 控制 | 控制 |
| 样本量 | 943 | 831 | 879 | 879 |
| $R^2$ | 0.9575 | 0.9617 | 0.9623 | 0.9630 |

注：括号内是城市层面聚类稳健标准误，\*\*\*、\*\*、\*分别表示在1%、5%、10%的统计水平上是显著的。

资料来源：笔者自制。

### （二）空间布局异质性

表9-5分别报告了单城与双城布局国家级新区对居民收入增长影响的检验结果。可以发现，单城布局国家级新区设立后可以导致居民收入增长3.22%，而双城布局国家级新区设立后可以导致居民收入提高约8.81%。因此，双城布局国家级新区对居民收入增长的促进作用要更强。这与本书第四章双城布局国家级新区对区域经济增长促进作用更强的结论是一致的。

表9-5　　　　　　　　　　空间布局异质性检验结果

| 变量名 | 单城布局国家级新区 | 双城布局国家级新区 |
|---|---|---|
| *did* | 0.0322 *<br>(0.0185) | 0.0881 **<br>(0.0422) |
| *second* | 0.0040 ***<br>(0.0012) | 0.0036 ***<br>(0.0013) |
| *invest* | 0.0008 **<br>(0.0003) | 0.0007 *<br>(0.0003) |
| ln*gdp* | 0.1314 ***<br>(0.0445) | 0.1547 ***<br>(0.0486) |
| *road* | 0.4638 *<br>(0.2634) | 0.5293 *<br>(0.2719) |

续表

| 变量名 | 单城布局国家级新区 | 双城布局国家级新区 |
|---|---|---|
| *gov* | 0.0047<br>(0.0032) | 0.0044<br>(0.0033) |
| *export* | 0.0018<br>(0.0012) | 0.0024 *<br>(0.0013) |
| 常数项 | 7.2836 ***<br>(0.6895) | 6.9265 ***<br>(0.7464) |
| 城市固定效应 | 控制 | 控制 |
| 年份固定效应 | 控制 | 控制 |
| 样本量 | 1007 | 895 |
| $R^2$ | 0.9642 | 0.9578 |

注：括号内是城市层面聚类稳健标准误，***、**、*分别表示在1%、5%、10%的统计水平上是显著的。
资料来源：笔者自制。

## （三）区域异质性

表9-6分别报告了东部、中部与西部地区样本的回归结果。可以发现，双重差分估计量 *did* 在东部与中部地区样本中不显著，只有在西部地区样本中才显著。结合本书第四章国家级新区对弱势区域经济起飞的分析，这可能是由于西部地区初始较低的居民收入水平导致的。

表9-6　　　　　　　　　区域异质性检验结果

| 变量名 | 东部地区 | 中部地区 | 西部地区 |
|---|---|---|---|
| *did* | 0.0118<br>(0.0276) | 0.0195<br>(0.0201) | 0.1021 ***<br>(0.0344) |
| *second* | 0.0060 **<br>(0.0025) | 0.0014<br>(0.0025) | 0.0003<br>(0.0020) |
| *invest* | 0.0002<br>(0.0006) | 0.0007<br>(0.0005) | 0.0015 **<br>(0.0007) |

续表

| 变量名 | 东部地区 | 中部地区 | 西部地区 |
|---|---|---|---|
| ln*gdp* | 0. 1126<br>（0. 0759） | 0. 1552 **<br>（0. 0563） | 0. 2579 *<br>（0. 1352） |
| *road* | 0. 6183 **<br>（0. 2515） | 0. 7750<br>（0. 9005） | 0. 0352<br>（0. 7740） |
| *gov* | 0. 0050<br>（0. 0043） | 0. 0162 ***<br>（0. 0032） | − 0. 0017<br>（0. 0069） |
| *export* | − 0. 0011<br>（0. 0014） | − 0. 0020<br>（0. 0047） | 0. 0055 ***<br>（0. 0014） |
| 常数项 | 7. 5868 ***<br>（1. 2214） | 6. 8120 ***<br>（0. 8671） | 5. 5211 **<br>（2. 0807） |
| 城市固定效应 | 控制 | 控制 | 控制 |
| 年份固定效应 | 控制 | 控制 | 控制 |
| 样本量 | 496 | 320 | 271 |
| $R^2$ | 0. 9676 | 0. 9718 | 0. 9515 |

注：括号内是城市层面聚类稳健标准误，***、**、*分别表示在1%、5%、10%的统计水平上是显著的。

资料来源：笔者自制。

## 第三节

# 本 章 小 结

本章主要探讨了国家级新区对居民收入增长的影响。本章第一节构建了一个两区域、三部门（包括工业部门、住房部门与农业部门）的新经济地理模型。理论分析表明，当国家级新区设立导致住房总供给增加后，房价的下降会吸引更多产业转移到国家级新区所在区域，从而引起居民收入增长。

本节第二节利用中国 70 个大中城市的面板数据对第一节的理论分析结论进行了实证检验。研究发现，国家级新区的设立使得所在城市居民收入增加了约 4. 8% 。但需要注意的是，国家级新区对居民收入增长的促进作用具有较长的政策时滞，在国家级新区设立 5 年后才开始发挥显著作用。同时，规划面积在 1500~2000 平方千米这一区间范围内的国家级新区对居民收入增长的促进作用最强；双城布局比单城布局的国家级新区对居民收入增长的促进作用要更强；国家级新区对居民收入增长的促进作用在东部与中部地区不显著，只在西部地区显著。

因此，总体上国家级新区的设立是有利于居民收入增长的。但是，鉴于其政策的时滞效应相对较长，在区域经济增长动能转换过程中，国家级新区更适合作为一项刺激居民收入增长的长期政策来实施。

# 第十章

# 国家级新区与区域高水平开放

在开放经济条件下，进一步扩大对外开放，通过积极嵌入全球经济网络是提升区域可持续竞争力的重要途径（曹清峰等，2019），也是区域经济增长动能转换的重要内容。本章利用出口国内附加值率来衡量区域在国际分工中的地位，研究了国家级新区对区域高水平开放的影响。本章第一节构建了一个包括中间产品与最终产品的新经济地理模型，发现国家级新区设立后引起的中间产品与最终产品运输成本的下降会导致中间产品部门逐渐转移到国家级新区所在区域，使得区域出口国内附加值率提高，从而促进区域高水平开放。第二节利用中国海关贸易数据库测算 70 个大中城市的出口国内附加值率，构建双重差分模型对第一节的结论进行了实证检验。研究发现，国家级新区对所在区域出口国内附加值率有显著提升效应，且其提升效应在长期中也是显著的。

## 第一节
## 理 论 分 析

本节引入产业间的垂直联系，构建一个同时存在中间产品与最终产品部门的新经济地理模型，探讨了国家级新区设立后最终产品与中间产品运输成本下降对区域间产业分工模式的影响。

## 一、模型基本假设

假定经济体中存在两个区域（$r=1$，2），两个区域在劳动力禀赋分布上存在异质性，区域 2 劳动力的数量要多于区域 1，即 $L_1 = \dfrac{L_2}{a} = \dfrac{1}{2}$（$a>1$），但区域 2 劳动力的生产率要低于区域 1，$a$ 越大，表明区域 2 的劳动力比较优势更明显（区域 2 劳动力的均衡工资越低）。经济体中存在制造业与农业两个部门，引入企业在产业链纵向分工上的异质性，具体将制造业企业分为位于产业链上游的中间产品部门与位于产业链下游的最终产品部门，最终产品部门使用中间产品部门的产品来生产最终产品。最终产品和中间产品在区域间的运输成本分别为 $\tau_M$ 与 $\tau_I$（$\tau_M>1$，$\tau_I>1$），农产品在区域间运输无成本。假定经济体中的资本存量 $K^w=1$，且资本要素可以在区域间流动，但资本的收益会返回到资本所有者所属的区域消费；劳动力在区域间不能流动。消费者的效用函数如下：

$$U_r = M_r^\mu A_r^{1-\mu}$$
$$\text{s. t. } p_r^M Q_r + p_r^A A_r = Y_r \tag{10-1}$$

式（10-1）中，$M_r$ 为区域 $r$ 居民消费的最终产品的数量，$A_r$ 则为区域 $r$ 居民消费的农产品的数量。$p_r^M$ 为最终产品的价格，$p_r^A$ 为农产品的价格，$Y_r$ 为区域 $r$ 居民的收入。由此可得最终产品与农产品的需求函数分别为：

$$M_r = \frac{\mu Y_r}{p_r^M}, \quad A_r = \frac{(1-\mu)Y_r}{p_r^A} \tag{10-2}$$

最终产品部门是完全竞争的，在规模报酬不变的生产技术下，使用劳动力 $L_r$ 与差异化中间产品 $I_r$ 作为投入要素，其生产函数为 $X_r^M = I_r^\alpha L_r^{1-\alpha}$（$r=1$，2）。最终产品生产所使用的差异化中间产品数量为：

$$I_r = \left(\int_0^M q_i^\rho di\right)^{\frac{1}{\rho}} \quad 0 < \rho < 1 \ , \ \rho = 1 - \frac{1}{\sigma}, \ \sigma > 1 \tag{10-3}$$

式（10-3）中，$M$ 为差异化中间产品数量。进一步可得中间产品部门的总价格指数为：

$$P = \left(\int_0^M p_i^{1-\sigma} di\right)^{\frac{1}{1-\sigma}} \tag{10-4}$$

因此，最终产品部门的边际成本为：

$$c_r^M = \frac{w_r^{1-\alpha} P_r^\alpha}{\alpha^\alpha (1-\alpha)^{1-\alpha}} \qquad (10-5)$$

当最终产品部门的产出为 $X_r^M$ 时，可以得到其对劳动力与单个中间产品生产企业的需求分别为：

$$L_r^M = \frac{(1-\alpha) c_r^M X_r^M}{w_r}$$

$$q_{r,i} = \frac{\alpha c_r^M X_r^M p_{r,i}^{-\sigma}}{P_r^{1-\sigma}} \qquad (10-6)$$

农产品部门的技术是规模报酬不变的，具有完全竞争的市场结构。区域 1 单位农产品生产所需要的劳动力数量为 1，区域 2 单位农产品生产所需要的劳动力数量为 $a(a>1)$。不同区域农产品的价格相同，$p_r^A = 1$。由此可得到区域 1 劳动力的工资 $w_1 = 1$，区域 2 劳动力的工资 $w_2 = \frac{1}{a}(a>1)$。

中间产品部门的生产技术为规模报酬递增，市场结构为垄断竞争，其生产函数为：

$$c_i = w a_m q_i + f \qquad (10-7)$$

中间产品生产企业使用 $a_m$ 单位的劳动力作为边际成本，使用 1 单位的资本作为固定投入。因此，模型中资本的数量与中间产品企业的数量是相等的。由于资本存量 $K^w = 1$，这意味着 $n_1 + n_2 = 1$，$n_r$ 为区域 $r$ 中间产品企业的数量。单个中间产品的定价为：

$$p_i = \frac{\sigma}{\sigma - 1} a_m w \qquad (10-8)$$

令 $a_m = \frac{\sigma - 1}{\sigma}$，根据 $w_1 = 1$ 以及 $w_2 = \frac{1}{a}$，可得差异化中间产品在不同区域定价为：

$$p_{11} = 1, \ p_{12} = \tau_I, \ p_{22} = \frac{1}{a}, \ p_{21} = \frac{\tau_I}{a} \qquad (10-9)$$

式（10-9）中，$p_{ij}$ 为 $i$ 区域生产的中间产品在 $j$ 区域的定价。进一步的，区域 1 与区域 2 中间产品的价格指数分别为：

$$P_1 = (n_1 + n_2 \phi_I a^{\sigma-1})^{\frac{1}{1-\sigma}}$$

$$P_2 = (\phi_I n_1 + n_2 a^{\sigma-1})^{\frac{1}{1-\sigma}} \tag{10-10}$$

区域 $r$ 单个中间产品企业面临的总市场需求为：

$$q_1 = \alpha \left( \frac{c_1^M X_1^M}{P_1^{1-\sigma}} + \frac{c_2^M X_2^M \phi_I}{P_2^{1-\sigma}} \right)$$

$$q_2 = \alpha a^{\sigma} \left( \frac{\phi_I c_1^M X_1^M}{P_1^{1-\sigma}} + \frac{c_2^M X_2^M}{P_2^{1-\sigma}} \right) \tag{10-11}$$

式中，区域 $r$ 最终产品企业的单位生产成本为：

$$c_1^M = \frac{P_1^{\alpha}}{\alpha^{\alpha}(1-\alpha)^{1-\alpha}}$$

$$c_2^M = \frac{a^{\alpha-1} P_2^{\alpha}}{\alpha^{\alpha}(1-\alpha)^{1-\alpha}} \tag{10-12}$$

由此可得最终产品的定价为 $p_{11}^M = c_1^M$，$p_{22}^M = c_2^M$。

区域 1 单位资本的收益为：

$$\pi_1 = \frac{\alpha}{\sigma} \left( \frac{c_1^M X_1^M}{P_1^{1-\sigma}} + \frac{c_2^M X_2^M \phi_I}{P_2^{1-\sigma}} \right)$$

$$\pi_2 = \frac{\alpha}{\sigma} a^{\sigma-1} \left( \frac{\phi_I c_1^M X_1^M}{P_1^{1-\sigma}} + \frac{c_2^M X_2^M}{P_2^{1-\sigma}} \right) \tag{10-13}$$

区域 $r$ 的总收入为：

$$Y_1 = \pi_1 n_1 + \frac{1}{2}, \quad Y_2 = \pi_2 n_2 + \frac{1}{2} \tag{10-14}$$

## 二、主要结论

假定国家级新区设立在劳动力具有比较优势的区域 2，下面探讨区域间中间产品与最终产品运输成本变化对区域 2 产业分工地位的影响。由于最终产品在区域间的运输成本 $\tau_M > 1$，因此最终产品部门不可能同时分布在两个区域，下面分三种情况来探讨区域间产业分工模式的演变。

### （一）中间产品部门与最终产品部门完全集聚在区域 1

当中间产品都位于区域 1 时，$n_1 = 1$，$n_2 = 0$，由此可得两个区域中间产品

的价格指数分别为 $P_1 = 1$，$P_2 = \tau_I$。进一步可得不同区域最终产品的边际成本分别为：

$$c_1^M = \frac{P_1^\alpha}{\alpha^\alpha(1-\alpha)^{1-\alpha}} = \frac{1}{\alpha^\alpha(1-\alpha)^{1-\alpha}}$$

$$c_2^M = \frac{a^{\alpha-1}P_2^\alpha}{\alpha^\alpha(1-\alpha)^{1-\alpha}} = \frac{a^{\alpha-1}\tau_I^\alpha}{\alpha^\alpha(1-\alpha)^{1-\alpha}} \tag{10-15}$$

当最终产品只在区域 1 生产时 $\tau_M p_{11}^M < c_2^M$，由此可得：

$$\frac{\tau_M}{\alpha^\alpha(1-\alpha)^{1-\alpha}} < \frac{a^{\alpha-1}\tau_I^\alpha}{\alpha^\alpha(1-\alpha)^{1-\alpha}} \tag{10-16}$$

进一步可得最终产品只在区域 1 生产的约束条件为：

$$\frac{\tau_I}{\tau_M^{\frac{1}{\alpha}}} > a^{\frac{1-\alpha}{\alpha}} \tag{10-17}$$

当最终产品都位于区域 1 时，$X_2^M = 0$，因此

$$\pi_1 = \frac{\alpha}{\sigma}\left(\frac{c_1^M X_1^M}{P_1^{1-\sigma}}\right), \quad \pi_2 = \frac{\alpha}{\sigma}a^{\sigma-1}\left(\frac{\phi_I c_1^M X_1^M}{P_1^{1-\sigma}}\right) = \phi_I a^{\sigma-1}\pi_1 \tag{10-18}$$

如果中间产品仅在区域 1 生产，意味着：

$$\pi_1 > \pi_2 \tag{10-19}$$

由式（10-19）可得中间产品仅在区域 1 生产的约束条件为：

$$\tau_I > a \tag{10-20}$$

因此，当且仅当以下条件得到满足时，中间产品与最终产品部门都位于区域 1。

$$\tau_I > \tau_M^{\frac{1}{\alpha}}a^{\frac{1-\alpha}{\alpha}} \tag{10-21}$$
$$\tau_I > a$$

**（二）中间产品部门完全集聚在区域 1，区域 1 与区域 2 同时拥有最终产品部门**

当中间产品部门都位于区域 1 时，$n_1 = 1$，$n_2 = 0$，不同区域最终产品的边际成本分别为：

$$c_1^M = \frac{P_1^\alpha}{\alpha^\alpha(1-\alpha)^{1-\alpha}} = \frac{1}{\alpha^\alpha(1-\alpha)^{1-\alpha}}$$

$$c_2^M = \frac{a^{\alpha-1}P_2^\alpha}{\alpha^\alpha(1-\alpha)^{1-\alpha}} = \frac{a^{\alpha-1}\tau_I^\alpha}{\alpha^\alpha(1-\alpha)^{1-\alpha}} \tag{10-22}$$

当区域 1 与区域 2 都生产最终产品，分别为进口区域与出口区域时：

$$\tau_M p_{22}^M = c_1^M, \quad \tau_M p_{11}^M > c_2^M \qquad (10-23)$$

由此可得：

$$\frac{a^{\alpha-1}\tau_I^\alpha \tau_M}{\alpha^\alpha(1-\alpha)^{1-\alpha}} = \frac{1}{\alpha^\alpha(1-\alpha)^{1-\alpha}}$$

$$\frac{\tau_M}{\alpha^\alpha(1-\alpha)^{1-\alpha}} > \frac{a^{\alpha-1}\tau_I^\alpha}{\alpha^\alpha(1-\alpha)^{1-\alpha}} \qquad (10-24)$$

进一步可得：

$$\tau_M > 1, \quad \tau_I < a^{\frac{1-\alpha}{\alpha}} \qquad (10-25)$$

当区域 1 与区域 2 都生产最终产品、且区域 1 从区域 2 进口中间产品时，区域 1 与区域 2 最终产品的总支出为：

$$E = X_1^M c_1^M + X_2^M c_2^M = \mu(Y_1 + Y_2) = \mu Y \qquad (10-26)$$

式（10-26）中，$Y_1 = n_1\pi_1 + \frac{1}{2}$，$Y_2 = n_2\pi_2 + \frac{1}{2}$。

假定区域 1 支出占总支出的比重为 $s_E$，区域 2 为 $1-s_E$，可得每个区域资本的收益率为：

$$\pi_1 = \frac{\alpha}{\sigma}E\left(\frac{s_E}{P_1^{1-\sigma}} + \frac{(1-s_E)\phi_I}{P_2^{1-\sigma}}\right)$$

$$\pi_2 = \frac{\alpha}{\sigma}Ea^{\sigma-1}\left[\frac{\phi_I s_E}{P_1^{1-\sigma}} + \frac{(1-s_E)}{P_2^{1-\sigma}}\right] \qquad (10-27)$$

经济体的总支出为 $E = n_1\pi_1 + n_2\pi_2 + 1 = \frac{\alpha}{\sigma}E + 1$。进一步可得：

$$E = \frac{\sigma}{\sigma-\alpha} \qquad (10-28)$$

进一步可得：

$$n_1\pi_1 + n_2\pi_2 = \frac{\alpha}{\sigma-\alpha}$$

$$\pi_1 = \frac{\alpha}{(\sigma-\alpha)n_1} + \left(1 - \frac{1}{n_1}\right)\pi_2 \qquad (10-29)$$

$$E_1 = K_1(n_1\pi_1 + n_2\pi_2) + \frac{1}{2}$$

如果中间产品仅在区域 1 生产，需要满足以下条件：

$$\pi_1 > \pi_2 \qquad (10-30)$$

这意味着：

$$\pi_1 - \pi_2 = \frac{\alpha}{(\sigma - \alpha)n_1} + \frac{\pi_2}{n_1} > 0 \qquad (10-31)$$

因此，$\pi_2 < \frac{\alpha}{\sigma - \alpha}$。

下面假定每个区域的资本要素禀赋数量是相同的，这意味着 $s_E = 0.5$。可以证明，当 $\tau_I > a$，$0 < n_1 \leqslant 1$ 时，$\max\{\pi_2\} < \frac{\alpha}{\sigma - \alpha}$。

因此，当且仅当如下条件得到满足时，中间产品只在区域 1 生产，但区域 1 与区域 2 都生产最终产品，区域 1 从区域 2 进口最终产品：

$$\tau_M > 1，\quad a < \tau_I < a^{\frac{1-\alpha}{\alpha}}，\quad \alpha < \frac{1}{2} \qquad (10-32)$$

**（三）区域 1 与区域 2 同时拥有最终产品部门与中间产品部门**

当中间产品同时位于区域 1 与区域 2 时，不同区域最终产品的边际成本分别为：

$$c_1^M = \frac{P_1^\alpha}{\alpha^\alpha (1-\alpha)^{1-\alpha}}$$
$$c_2^M = \frac{a^{\alpha-1} P_2^\alpha}{\alpha^\alpha (1-\alpha)^{1-\alpha}} \qquad (10-33)$$

当区域 1 与区域 2 都生产最终产品，分别为进口区域与出口区域时：

$$\tau_M p_{22}^M = c_1^M，\quad \tau_M p_{11}^M > c_2^M \qquad (10-34)$$

由此可得：

$$a^{\alpha-1} P_2^\alpha \tau_M = P_1^\alpha$$
$$\tau_M P_1^\alpha > a^{\alpha-1} P_2^\alpha \qquad (10-35)$$

进一步可得：

$$\tau_M > 1 \qquad (10-36)$$

上述条件可自动得到满足。

当区域 1 与区域 2 都生产最终产品、且区域 1 从区域 2 进口中间产品时，可以得到中间产品同时在两个区域分布的必要条件为 $\tau_I < a$。

通过对上述三种情况的理论分析可以发现，当国家级新区设立后经济开放度的提高使得最终产品运输成本保持在较低水平（$\tau_M$ 较小）时，随着中间产品运输成本（$\tau_I$）的逐渐下降，中间产品部门会逐渐由区域 1 转移到国家级新区所在的区域 2，从而导致区域 2 出口产品中使用自身生产的中间产品的比重提高。如果将模型中的区域 1 与区域 2 分别视为国内与国外两个区域，可以得到以下命题：

命题 10 – 1　国家级新区设立后导致的区域间最终产品与中间产品运输成本的下降会使得出口产品的国内附加值率提高。

## 第二节

# 实 证 研 究

根据命题 10 – 1，国家级新区的设立可以提高所在区域出口国内附加值率，本节在利用中国海关贸易数据库测算中国 70 个大中城市出口国内附加值率的基础上，构建双重差分模型对上述理论命题进行实证检验。

## 一、回归模型设定

本节将国家级新区的设立视为一项拟自然实验，具体设定如下双重差分模型：

$$\ln(dvar_{it}) = \alpha_0 + \alpha_1 did_{it} + \lambda Z_{it} + \nu_i + \mu_t + \varepsilon_{it} \qquad (10-37)$$

式（10 – 37）中被解释变量 $dvar_{it}$ 为城市 $i$ 在 $t$ 年的出口国内附加值率，用来衡量城市在对外开放过程中参与全球产业分工的地位，该变量的具体计算公式如下：

$$dvar = 1 - \frac{M^p + M^o\left[\dfrac{X^o}{(Y-X^p)}\right]}{X} \qquad (10-38)$$

式（10 – 38）中 $M^p$ 为加工贸易项下的实际中间产品进口额，$M^o$ 为一般贸易项下的实际中间产品进口额，$X^o$ 为一般贸易项下的实际出口额，$X$ 为各城市的实际总出口额，$Y$ 为各城市的实际 GDP。上式实际上用出口产品中国内中间产品所占的比重来衡量出口国内附加值率。在具体计算过程中，参考曹清峰（2020），进行了如下处理：

（1）识别进口贸易中的中间产品。将中国海关贸易数据库中每笔进口贸易的 HS 编码转换为 BEC 编码，然后将 BEC 编码中为"111""121""21""22""31""322""42""53"的行业视为中间产品进口，最后剔除非中间产品进口的贸易记录。

（2）识别中间产品的实际进口城市。依次按照中国海关贸易数据库中每笔中间产品进口的消费地、企业地址、邮编三个字段来识别中间产品的实际进口城市，对于未成功识别出的记录，根据企业名称采用百度地图定位方式进行再次识别，最后将仍未识别出的样本剔除。

（3）处理贸易中间代理商问题。贸易中间代理商会导致直接加总到城市层面的出口国内附加值率出现失真。参考现有研究的处理方法（Ahn et al.，2011），将中国海关贸易数据库企业名字中包含"进出口""外经""贸易""经贸""科贸"等字段的企业归为贸易中间代理商。在此基础上，参考张杰等（2013）计算了各城市的实际中间产品进口额、总出口额等。

此外，变量 $did$ 为双重差分估计量，其具体定义与本书第八章式（8 – 15）相同。向量 $Z$ 中包括了其他可能影响城市出口附加值率的控制变量，本节具体选取了城市人均 GDP（取对数，$\ln pgdp$）、第二产业占比（$second$）、外资企业工业产值占全部工业总产值比重（$FDI$）、人均专利授权量（$patent$）和职工工资水平（$\ln wage$）。模型中还进一步控制了城市固定效应 $\nu_i$ 和年份固定效应 $\mu_t$。

在回归分析中，本节用 2003～2013 年中国海关贸易数据库测算了 70 个大中城市层面的出口国内附加值率，由于部分数据缺失，因此实际使用的是 2003～2013 年 70 个大中城市的非平衡面板数据。

## 二、基础回归结果

表 10 – 1 报告了对式（10 – 38）的估计结果。可以发现，双重差分估计量 $did$ 的系数在 5% 的统计水平上显著为正，国家级新区的设立可以导致所在城市出口国内附加值率提高约 14.31%，是一个非常大的增幅。因此，国家级

新区设立会导致所在城市出口部门使用更多国内生产的中间产品,这对于提高区域开放水平是有利的。

表 10 – 1 　　　　　　　　　 基础模型回归结果

| 变量名 | 系数估计结果 |
|---|---|
| $did$ | 0. 1431** <br>(0. 0705) |
| $\ln pgdp$ | – 0. 3333*** <br>(0. 1061) |
| $second$ | 0. 0095* <br>(0. 0051) |
| $FDI$ | – 0. 2157 <br>(0. 2469) |
| $patent$ | 0. 0025 <br>(0. 0020) |
| $\ln wage$ | – 0. 1513 <br>(0. 1325) |
| 常数项 | 3. 8676** <br>(1. 6209) |
| 城市固定效应 | 控制 |
| 年份固定效应 | 控制 |
| 样本量 | 723 |
| $R^2$ | 0. 0805 |

注:括号内是城市层面聚类稳健标准误,***、**、*分别表示在1%、5%、10%的统计水平上是显著的。

资料来源:笔者自制。

## 三、平行趋势检验

参考本书第九章的做法,本节设定如下回归模型来检验平行趋势假设:

$$\ln(dvar_{it}) = \alpha_0 + \sum_{k \geq -8, k \neq -1}^{8} \alpha_k D_{it}^k + \lambda Z_{it} + \nu_i + \mu_t + \varepsilon_{it} \qquad (10 - 39)$$

式(10 – 39)中虚拟变量 $D_{it}^k$ 为表示国家级新区成立这一事件的虚拟变量,与本书第九章中式(9 – 13)的定义相同,这里考察了国家级新区成立前后8年内对所在城市出口国内附加值率的影响,其他控制变量定义与式

（10 – 37）相同。

从表 10 – 2 的估计结果来看，变量 $D^{-8} \sim D^{-2}$ 在统计上都是不显著的，这表明在国家级新区设立之前，处理组与对照组的出口国内附加值率不存在显著差异，因此平行趋势假设是成立的。同时，变量 $D^0 \sim D^2$ 的系数也是不显著的，这表明国家级新区设立后前 2 年内对所在城市出口国内增加值率不存在显著促进作用。由于变量 $D^3 \sim D^8$ 的系数都是统计显著的，这表明国家级新区设立后第 3 年开始才对所在城市出口国内附加值率产生显著提升作用，并且这种提升效应直到成立后第 8 年仍然保持显著。总体而言，国家级新区对区域出口附加值率的提升效应存在短期的时滞，但在长期中是显著的。

表 10 – 2　　　　　　　　　　平行趋势检验结果

| 变量名 | 估计系数 | 变量名 | 估计系数 | 变量名 | 估计系数 |
|---|---|---|---|---|---|
| $D^{-8}$ | – 0.1463 (0.0894) | $D^1$ | 0.0039 (0.0643) | $D^8$ | 0.1942 * (0.0975) |
| $D^{-7}$ | – 0.0840 (0.0639) | $D^2$ | 0.0851 (0.0746) | lnpgdp | – 0.3358 *** (0.1116) |
| $D^{-6}$ | – 0.0888 (0.0753) | $D^3$ | 0.2961 ** (0.1339) | second | 0.0104 * (0.0052) |
| $D^{-4}$ | – 0.0035 (0.0612) | $D^4$ | 0.3526 ** (0.1472) | FDI | – 0.2357 (0.2527) |
| $D^{-3}$ | – 0.0020 (0.0624) | $D^5$ | 0.2853 * (0.1622) | patent | 0.0027 (0.0020) |
| $D^{-2}$ | – 0.0621 (0.0679) | $D^6$ | 0.5242 *** (0.0914) | lnwage | – 0.1584 (0.1341) |
| $D^0$ | – 0.0105 (0.0427) | $D^7$ | 0.2931 *** (0.1006) | — | — |
| 城市固定效应 | 控制 | | 年份固定效应 | 控制 | |
| 样本量 | 723 | | $R^2$ | 0.0992 | |

注：括号内是城市层面聚类稳健标准误，*** 、** 、* 分别表示在 1% 、5% 、10% 的统计水平上是显著的。

资料来源：笔者自制。

## 四、稳健性检验

表 10 - 3 从将国务院批复当年作为国家级新区设立时间、包括上海浦东新区样本以及按最大与最小 1% 样本对被解释变量缩尾处理三方面进行了稳健性检验。可以发现，双重差分估计量 $did$ 的系数都显著为正，这表明国家级新区对区域出口国内附加值率的提升效应是稳健的。

表 10 - 3　　　　　　　　　　　　稳健性检验结果

| 变量名 | 批复当年作为国家级新区设立时间 | 包括上海浦东新区样本 | 被解释变量缩尾处理 |
| --- | --- | --- | --- |
| $did$ | 0. 1919 *** <br> (0. 0705) | 0. 1310 ** <br> (0. 0647) | 0. 1430 ** <br> (0. 0705) |
| $\ln pgdp$ | - 0. 3299 *** <br> (0. 1065) | - 0. 4240 *** <br> (0. 1329) | - 0. 3333 *** <br> (0. 1060) |
| $second$ | 0. 0095 * <br> (0. 0051) | 0. 0075 <br> (0. 0054) | 0. 0095 * <br> (0. 0051) |
| $FDI$ | - 0. 2124 <br> (0. 2462) | - 0. 2412 <br> (0. 2425) | - 0. 2152 <br> (0. 2469) |
| $patent$ | 0. 0025 <br> (0. 0020) | 0. 0029 <br> (0. 0020) | 0. 0025 <br> (0. 0020) |
| $\ln wage$ | - 0. 1374 <br> (0. 1335) | - 0. 0518 <br> (0. 1636) | - 0. 1511 <br> (0. 1325) |
| 常数项 | 3. 7039 ** <br> (1. 6277) | 3. 8477 ** <br> (1. 6406) | 3. 8650 ** <br> (1. 6207) |
| 城市固定效应 | 控制 | 控制 | 控制 |
| 年份固定效应 | 控制 | 控制 | 控制 |
| 样本量 | 723 | 734 | 723 |
| $R^2$ | 0. 0830 | 0. 0848 | 0. 0805 |

注：括号内是城市层面聚类稳健标准误，*** 、** 、* 分别表示在 1%、5%、10% 的统计水平上是显著的。

资料来源：笔者自制。

## 五、异质性分析

### (一) 规划面积异质性

表 10 - 4 对位于不同规划面积区间国家级新区的估计结果显示，当国家级新区的规划面积小于 1500 平方千米时，双重差分估计量 $did$ 的系数在统计上都是不显著的。而当国家级新区的规划面积超过 1500 平方千米后，双重差分估计量 $did$ 的系数才开始变得显著。同时，在规划面积超过 2000 平方千米的国家级新区样本中，双重差分估计量 $did$ 的系数最大。因此，过小的规划面积（小于 1500 平方千米）不利于发挥国家级新区对区域出口国内附加值率的提升效应，从而不利于提高区域对外开放水平。

表 10 - 4　　　　　　　　　　规划面积异质性检验结果

| 变量名 | 小于 1000 平方千米 | 1000 ~ 1500 平方千米 | 1500 ~ 2000 平方千米 | 大于 2000 平方千米 |
|---|---|---|---|---|
| $did$ | 0.1414<br>(0.1094) | 0.0105<br>(0.0500) | 0.2022 *<br>(0.1185) | 0.3656 ***<br>(0.0434) |
| ln$pgdp$ | − 0.3456 ***<br>(0.1158) | − 0.3364 ***<br>(0.1220) | − 0.3339 ***<br>(0.1159) | − 0.3432 ***<br>(0.1158) |
| $second$ | 0.0137 **<br>(0.0053) | 0.0135 **<br>(0.0055) | 0.0116 **<br>(0.0054) | 0.0118 **<br>(0.0055) |
| $FDI$ | − 0.1685<br>(0.2719) | − 0.1512<br>(0.2840) | − 0.1918<br>(0.2667) | − 0.1726<br>(0.2808) |
| $patent$ | 0.0029<br>(0.0019) | 0.0028<br>(0.0019) | 0.0026<br>(0.0019) | 0.0028<br>(0.0019) |
| ln$wage$ | − 0.1826<br>(0.1357) | − 0.2265<br>(0.1821) | − 0.1619<br>(0.1755) | − 0.2526<br>(0.1875) |
| 常数项 | 4.0961 **<br>(1.6926) | 4.4123 **<br>(2.0688) | 3.8686 *<br>(1.9718) | 4.7916 **<br>(2.1271) |

续表

| 变量名 | 小于1000平方千米 | 1000~1500平方千米 | 1500~2000平方千米 | 大于2000平方千米 |
|---|---|---|---|---|
| 城市固定效应 | 控制 | 控制 | 控制 | 控制 |
| 年份固定效应 | 控制 | 控制 | 控制 | 控制 |
| 样本量 | 624 | 554 | 587 | 587 |
| $R^2$ | 0.0905 | 0.0853 | 0.0787 | 0.0883 |

注：括号内是城市层面聚类稳健标准误，*** 、** 、* 分别表示在1%、5%、10%的统计水平上是显著的。
资料来源：笔者自制。

## （二）空间布局异质性

从表10-5国家级新区空间布局异质性的检验结果来看，单城布局的国家级新区对所在区域出口国内附加值率的影响显著为正，而双城布局的国家级新区对所在区域出口国内附加值率的影响不显著，这意味着单城布局的国家级新区在促进区域高水平开放上要更有利。

表10-5　　　　　　　　空间布局异质性检验结果

| 变量名 | 单城布局国家级新区 | 双城布局国家级新区 |
|---|---|---|
| $did$ | 0.1516 ** (0.0741) | 0.1684 (0.1769) |
| $\ln pgdp$ | -0.3293 *** (0.1089) | -0.3492 *** (0.1178) |
| $second$ | 0.0104 * (0.0052) | 0.0127 ** (0.0054) |
| $FDI$ | -0.2586 (0.2656) | -0.1174 (0.2620) |
| $patent$ | 0.0027 (0.0020) | 0.0027 (0.0019) |
| $\ln wage$ | -0.2532 (0.1671) | -0.1122 (0.1420) |

续表

| 变量名 | 单城布局国家级新区 | 双城布局国家级新区 |
|---|---|---|
| 常数项 | 4.7736 **<br>(1.9587) | 3.4757 **<br>(1.6987) |
| 城市固定效应 | 控制 | 控制 |
| 年份固定效应 | 控制 | 控制 |
| 样本量 | 669 | 597 |
| $R^2$ | 0.0858 | 0.0813 |

注：括号内是城市层面聚类稳健标准误，\*\*\*、\*\*、\* 分别表示在 1%、5%、10% 的统计水平上是显著的。

资料来源：笔者自制。

### （三）区域异质性

表 10 – 6 分别报告了东部与中西部地区样本的回归结果（样本期内中部地区国家级新区数量太少，所以与西部地区合并在一起）。可以发现，国家级新区对区域出口国内增加值率的影响在东部地区显著为正，但在中西部地区不显著。因此，国家级新区对东部地区高水平开放的促进作用更强。

表 10 – 6 区域异质性检验结果

| 变量名 | 东部地区 | 中西部地区 |
|---|---|---|
| *did* | 0.2715 ***<br>(0.0707) | 0.0366<br>(0.0468) |
| ln*pgdp* | – 0.4483 ***<br>(0.1488) | – 0.0339<br>(0.0968) |
| *second* | 0.0135<br>(0.0096) | 0.0087<br>(0.0053) |
| *FDI* | – 0.1994<br>(0.6197) | – 0.0546<br>(0.1462) |
| *patent* | 0.0032<br>(0.0022) | – 0.0048<br>(0.0056) |

| 变量名 | 东部地区 | 中西部地区 |
|---|---|---|
| ln*wage* | − 0. 3629<br>(0. 4100) | 0. 0486<br>(0. 0923) |
| 常数项 | 6. 7899<br>(4. 3334) | − 0. 7142<br>(1. 2802) |
| 城市固定效应 | 控制 | 控制 |
| 年份固定效应 | 控制 | 控制 |
| 样本量 | 327 | 396 |
| $R^2$ | 0. 1226 | 0. 1385 |

注：括号内是城市层面聚类稳健标准误，\*\*\* 、\*\* 、\* 分别表示在1% 、5% 、10% 的统计水平上是显著的。

资料来源：笔者自制。

## 第三节
# 本 章 小 结

本章主要探讨了国家级新区对区域高水平开放的影响。本章第一节通过构建一个包括中间产品与最终产品的新经济地理模型来引入产业间的垂直联系，发现国家级新区设立后引起的中间产品与最终产品运输成本的下降会导致中间产品部门逐渐转移到国家级新区所在区域。因此，设立国家级新区的区域会使用更多自身生产的中间产品来生产最终产品。这意味着国家级新区所在区域的出口国内附加值率会提高，从而将更多的价值增值环节留在了国内，这对于提高对外开放水平是有利的。

第二节利用中国海关贸易数据库测算 70 个大中城市的出口国内附加值率，构建双重差分模型进行了实证检验。研究发现，国家级新区显著提高了所在区域出口的国内附加值率，但其提升效应在国家级新区设立后第 3 年开始才显著，并一直到国家级新区设立后 8 年都保持显著。同时，规划面积小于 1500 平方千米的国家级新区对区域出口国内附加值率的提升效应不显著，单城比双城布局国家级新区、东部比中西部地区国家级新区对所在区域出口国内增加值率的提升作用要更强。

　　本章的研究表明，在中国加快构建以国内大循环为主体、国内国际双循环相互促进的新发展格局这一大背景下，国家级新区这一具有中国特色的大规模区位导向性政策对于重塑国内产业链、提高国内区域在全球产业分工中的地位、形成更高水平的对外开放新格局具有重要促进作用。

# 第十一章

## 国家级新区与区域协同创新：
## 天津市与雄安新区的案例分析

雄安新区是继深圳经济特区和上海浦东新区之后又一具有全国意义的新区，在中国特殊经济区以及国家级新区发展历程中具有特殊地位。但由于雄安新区设立时间较短、开发建设尚处于起步阶段，尚无法进行精确的定量研究。因此，本章以天津市这一正处于经济增长动能转换期的区域与雄安新区的协同创新为例进行典型案例分析，探讨国家级新区与周边区域的协同创新问题。本章第一节利用 SWOT 分析方法对天津市与雄安新区协同创新的优势、劣势、机遇和挑战进行了分析。第二节总结了雄安新区与天津市产业发展规划特征与协同创新的产业领域。研究发现，雄安新区未来发展的产业具有明显"跨越性"特征，而天津市则以产业链上的渐进"攀升"为主。因此，前沿信息技术研发，智能制造、服务型制造与绿色制造领域，金融领域、海洋生物医药业是天津市与雄安新区协同创新的重点可行产业领域。第三节对天津市与雄安新区协同创新的战略路径进行了分析。

## 第一节
## 天津市与雄安新区协同创新的 SWOT 分析

创新驱动发展是新时代推动中国经济转型与高质量发展的重要路径。作为"千年大计"，雄安新区的定位之一便是培育创新驱动发展新引擎。天津市作为京津冀协同发展的重要主体，近年来正处于区域经济增长动能转换的阵痛期，进一步强化协同创新也是天津市落实京津冀协同发展中自身定位与推动自身转型升级的重要战略选择。因此，在对接、支持和服务雄安新区过程中，天津市有必要进一步深化与雄安新区的协同创新，这对于京津冀内部形成协调发展的区域格局也具有重要现实意义。

## 一、区域协同创新的文献综述

区域协同创新的内涵可追溯到创新网络以及区域创新系统的概念（Freeman，1991；Cooke，1992）。区域协同创新可以使区域内部多项功能重新整合，特别是能够有效集聚创新资源和要素，打破创新主体之间壁垒，提高区域创新效率（张协奎，2015）。根据经典的三螺旋理论，创新活动涉及企业、高校、科研机构与政府等多个主体（Etzkowitz and Leydesdorff，1995）。因此，现有研究对不同主体间的区域协同创新进行了研究。段云龙等（2019）将超效率数据包络模型与网络数据包络模型结合起对中国各省产学研协同创新效率进行了研究。薛景梅和王杰（2018）以京津冀产学研联合申请专利数据为基础，运用社会网络分析法对京津冀区域产学研协同创新的网络结构特征及其变化趋势进行了研究。张鹏（2019）通过对上海市、杭州市和天津市的研究发现，中国区域协同创新出现了政府与市场协同优化资源配置，通过因势利导规划引领来打造分工明确、关系密切的区域创新生态系统，以及以承接区域产业转移为契机打造高端化转型的制造业等新特征。还有学者利用主成分分析法将中国区域协同创新的模式分为企业引领型、政府引领型、研发引领型以及市场主导型四种类型（Wei and Zhao，2012）。

协同创新成功的关键在于形成多创新主体交互网络，由此产生单个主体创新时所不具备的非线性效应（陈劲，2012）。曹清峰（2019）认为协同创新中的网络外部性可以缩小区域差距，从而有利于区域协调发展。现有研究也对区域协同创新的影响因素进行了研究。王海花等（2019）基于多维邻近的视角，对中国区域产学协同创新的研究发现，技术邻近与地理邻近的静态和动态影响分别呈倒"U"型和正向关系；社会邻近能促进协同创新关系形成与维持，网络邻近对协同创新绩效及其关系形成与维持的影响呈正向关系。崔志新和陈耀（2019）基于京津冀和长三角的研究发现，跨区域技术创新协同主要受到知识型人力资本、资本开放水平、技术市场发展等因素影响。此外，现有研究也发现文化多样性、自由的社会关系形成的组织多样性以及地理与非空间邻近因素在区域协同创新中具有重要作用（Crescenzi et al.，2016；Hansen，2015）。

由于雄安新区成立较短，相关建设尚处于起步阶段，因此现有研究主要从定性角度对天津市与雄安新区协同发展的路径进行了研究（胡伟和石碧华，2019；徐行和张鹏洲，2017）。李佳钰和张贵（2019）认为天津市应从创新协同、开放共享、多式联运、人才引进、产业互补、金融协作六个方面对接雄安新区高质量发展的需求。薄文广（2018）认为，天津市应把支持雄安新区发展与完善自身陆海空通道建设、优化区域布局、深化先进制造研发基地定位、强化先行先试政策创新等紧密结合起来，助推自身经济可持续发展。此外，职业教育（岳金凤，2017）、现代产业体系（于蕾和陈根来，2019）也是天津市与雄安新区协同发展的重要着力点。

## 二、天津市的优势

### （一）经济发展基础好、产业配套能力强

创新与经济发展水平是相互促进的关系，良好的经济发展基础可以为天津市与雄安新区协同创新提供更好的条件。天津市作为直辖市，其经济发展水平长期处于全国前列。尽管天津市近年来面临的区域经济增长动能转换压力较大，从人均GDP来看，2020年天津市在31个省份中（不包括我国香港、澳门特别行政区和台湾省）排名第七。从产业结构来看，2020年天津市三次产业结构为1.5∶34.1∶64.4，服务业已经占据主导地位。同时，天津市在制造业、重化工业等产业方面优势突出。

### （二）滨海新区开发开放的红利

天津滨海新区是继上海浦东新区后中国成立的第二个国家级新区，相对

于现有的国家级新区，滨海新区的优势主要体现在两个方面。（1）产业发展基础好，为创新驱动发展提供了良好的产业依托。良好的产业体系有助于研发成果的转化，2016年滨海新区的人均GDP（缩水后的）在当年全部国家级新区中排名第1，地均GDP仅次于浦东新区，战略性新兴产业占GDP的比重也仅次于浦东新区。因此，无论从体量还是经济发展质量上看，滨海新区具有很好的发展基础。（2）土地资源丰富，发展空间大。滨海新区土地资源丰富，这为进一步布局各类产业提供了很大的发展空间。滨海新区的总面积为2270平方千米，是目前所有国家级新区中面积最大的一个新区。土地资源对一个区域发展的影响是根本性的，例如上海市、深圳市等原有产业优势退化的重要原因之一便是可供开发的土地面积现在已经比较有限，地价的上升导致了一部分产业的外移。同时，滨海新区很多开发用地原来属于盐碱地，开发建设的成本低。因此，滨海新区较低的地价有助于降低企业的生产成本。

**（三）临海、港口等区位优势**

临海以及港口等区位优势是天津市自身独特的区位优势，这为天津市与雄安新区协同创新提供了两方面的优势条件：首先，港口的区位优势可以充分利用海运这一当前最具规模经济的运输方式，可以提高企业与海外市场的联系度，有助于在全球范围内配置创新资源，吸引更多先进企业与高端人才的流入。其次，在中国建设海洋强国的大背景下，临海的区位优势为天津市通过发展海洋经济、实现陆海统筹发展创造了得天独厚的优势。依托海洋经济，天津市与雄安新区协同创新方面会有更多的产业选择。例如，以"深之蓝"为代表的新兴海洋装备制造业企业是天津市本土企业创新驱动发展的一个典型案例。

**（四）高素质人力资本丰富**

高素质的人力资本是天津市与雄安新区协同创新的重要保障，天津市目前已经形成了多层次的人力资本供给格局。首先，从高等教育来看，天津市高等教育资源丰富，每万人高等学校在校生人数与高考录取率在全国排名前列，这也提高了天津市对全国其他地区人才的吸引力。其次，天津市职业教育方面在全国具备显著比较优势，拥有目前全国唯一一个"国家现代职业教育改革创新示范区"以及全国第一所本科层次的应用技术大学——天津中德应用技术大学，在职业教育改革方面一直走在全国的前列。天津市职业教育的优势与自身制造业的优势结合起来，为天津市制造业通过与雄安新区协同创新来实现转型升级提供了强大的人力资本支撑。

## 三、天津市的劣势

### （一）自身创新动力不足

天津市创新发展的内生动力不足，主要体现在：（1）创新生态链尚不完善。天津市尚未形成类似北京市中关村、上海市张江科技园等具备相对完善创新生态系统的园区，在创新创业融资、产学研合作、创新平台建设等方面仍然有很大改进空间。由于受北京市"虹吸效应"的影响，天津市往往存在人才外流的问题，这也使得从北京市转移过来的企业大都面临着招聘人才难的问题。在创新创业的活跃度上，近年来与同属二线城市的杭州市、武汉市等存在一定差距。（2）自主创新能力不强。目前天津市制造业中的大飞机、大制造项目基本属于价值链中的组装环节，附加值低，在创新产出、科研成果转化等方面存在明显的短板。根据《中国城市科技创新发展报告2020》的数据显示，天津市科技创新发展指数在全国排名第10位，与天津市直辖市的地位也是不匹配的。（3）民营经济发展薄弱，企业创新活力不足。2020年中国民营企业500强中，天津市仅有13家，大幅落后于北京市、上海市等，仅比同是直辖市的重庆市多1家。天津市的主导产业仍然是以国有经济主导下的大型制造业为主，这种经济结构虽然可以在短期内带动大量的投资，促进经济增长，但在长期往往会导致市场机制运行不顺畅，经济发展活力不足，政府财政包袱也比较重。上述因素都不利于天津市与雄安新区协同创新的开展和深化。

### （二）对高端人才的吸引力不足

高端人才集聚对提高天津市与雄安新区协同创新的水平与质量具有关键作用，但高端人才的流动性强，对城市环境的要求更高，天津市的短板主要体现在：（1）在硬环境方面，天津市属于传统上的工业城市，这使得天津市在空气质量、环境安全等环保问题上劣势比较突出。同时，天津市城市发展中长期面临着产城融合不足的问题，在天津市目前整体的双核发展空间布局下，作为产业主要集聚区的滨海新区与主城区间的通勤成本较高，而主城区往往集聚了天津市最好的教育、医疗等资源，这使得滨海新区在吸引对生活质量要求较高的高端人才上存在明显劣势。（2）在软环境方面，天津市的营商环境在全国排名较低。根据粤港澳大湾区研究院发布的《2020年中国大中城市营商环境评价报告》，天津市营商环境在全国排名第16位，不仅落后于东部发达地区城市，也明显落后于重庆市、武汉市、西安市等中西部地区城市，这也降低了天津市对高端人才的集聚能力。

**（三）经济尚处于新旧动能转换期，下行压力大**

尽管天津市整体经济发展水平仍然较高，但近年来经济增速出现了明显的下滑现象，经济尚处于新旧动能转换的关键时期。天津市2020年地区GDP增速只有1.5%，创1989年以来的最低水平，地区GDP总量在全国排第22名，已经落后于西部地区的重庆市、广西壮族自治区和贵州省。而创新作为一项具有高风险和高投入的活动，在经济下行压力下不利于创新投入的提高。GDP增速的下滑也使得天津市政府财政收入降低，地方政府债务风险提高，不利于对天津市与雄安新区协同创新的资金支撑。

## 四、天津市的机遇

### （一）京津冀协同发展的政策红利

京津冀协同发展作为党的十八大以后中国实施的重大区域发展战略，对天津市与雄安新区协同创新而言是一个重大的历史机遇。首先，京津冀协同发展过程中北京市非首都功能疏解引起的京津之间的产业转移对天津市发展而言仍然是一个重要的机遇，随着北京市部分产业向天津市转移，天津市可以借此发展自身的创新型产业。2020年北京市在天津市投资1262.27亿元，占天津市利用内资比重达到43.1%。因此，京津冀协同发展为天津市创新驱动发展提供了更多的机遇。

### （二）新一轮科技革命为天津市与雄安新区协同创新提供了新机遇

以信息技术为代表的全球科技创新正在推动新一轮科技革命，与之前历次科技革命不同，本次科技革命通过互联网、大数据、人工智能等技术的发展，导致了传统制造形态、贸易形态、服务形态的深刻变革，新产业、新业态与新模式在不断出现。对天津市与雄安新区协同创新而言，新一轮科技创新和科技革命一方面有助于发挥天津市临海的开放区位优势，瞄准全球生产体系的高端，大力发展具有较高附加值和技术含量的优势产业和战略性新兴产业，超前布局人工智能、虚拟现实等未来产业，建立起在新经济领域的优势；另一方面有助于天津市积极利用互联网、大数据、人工智能等先进技术改造传统产业，推动传统制造业由加工制造向智能制造等产业链高端环节延伸。

**（三）国家对海洋经济的重视为天津市与雄安新区协同创新提供了新的着力点**

党的十八大以来，党和国家从政策上着力推动海洋传统产业升级，积极推动海洋新兴产业发展。《全国海洋经济发展"十三五"规划》提出"改造提升海洋传统产业，培育壮大海洋新兴产业"。由陆地到海洋，是中国崛起过程中的重要发展趋势。未来海洋经济的发展将进一步放大天津市的临海与港口优势，形成新的经济增长点。天津市可利用自身在重化工业方面的深厚基础，进一步发展海洋化工业；结合自身在制造业方面的传统优势，大力发展海洋工程装备制造业；发挥港口优势，发展海洋旅游业等新兴产业，从而形成与雄安新区更多的协同创新产业领域。

## 五、天津市的挑战

### （一）雄安新区与天津市形成了一定竞争关系

雄安新区的重要目标之一便是培育创新驱动发展新引擎，雄安新区在未来发展中与天津市的竞争关系主要体现在三个方面。（1）在疏解非首都功能上的竞争。雄安新区的定位之一便是疏解非首都功能，这与天津市在承接北京市产业转移方面是存在竞争关系的。（2）产业发展上的竞争。天津滨海新区的优势是产业基础雄厚，但在高端产业发展上，天津滨海新区与雄安新区处于同一起跑线上，而且由于雄安新区的发展没有历史包袱，在发展高端产业上的空间更大一些。(3) 要素上的争夺，从地理位置看，雄安新区距北京市 120 公里左右、距天津市 110 公里左右，天津市距北京市 120 多公里，三者在京津冀协同发展战略中呈三足鼎立之势。天津市与雄安新区在人口、资本等方面将不可避免地存在竞争，这也使得天津市与雄安新区开展协同创新的难度增大。

**（二）国家中心城市间的竞争将日趋激烈**

国内不同城市都高度重视创新驱动发展，这也意味着不同城市在创新资源上的竞争与争夺都将更加激烈，2017 年以来我国不同城市出台了大量的人才引进政策反映了这一点。从目前国家中心城市的竞争态势来看，天津市的竞争优势并不稳固。2020 年中国社科院城市与竞争力研究中心发布的《2020年国家中心城市指数》显示，天津市在国家中心城市中的排名由 2018 年的第6 位下降到第 11 位，跌出全国前 10。由于雄安新区未来协同创新的对象是面向全国的，在这一大背景下天津市能否在与全国其他城市的竞争中脱颖而出面临着巨大挑战。

**（三）全球价值链调整恶化了天津市与雄安新区协同创新的外部环境**

近年来，全球范围内国家保护主义、封闭主义、孤立主义开始抬头，特别是 2018 年中美贸易摩擦对中国经济发展造成了重要影响，这对天津市发挥自身的开放优势也是一个不利因素。全球贸易格局的重塑也导致了全球价值链与全球生产网络的调整，跨国公司的全球生产布局也会发生变化。例如，2018年韩国三星电子撤离天津市，便属于全球价值链调整对天津市创新驱动发展带来不利影响的例子。在全球价值链调整这一大背景下，未来天津市与雄安新区协同创新的不确定性将增大，这对天津市而言也是一个不可忽视的挑战。

## 第二节
## 雄安新区与天津市产业发展规划的特征分析

由于雄安新区建设尚处于起步阶段，本节主要将《天津市"十四五"规划纲要》与 2018 年颁布的《河北雄安新区规划纲要》进行对标分析，对未来天津市与雄安新区协同创新的重点领域进行研判。表 11-1 和表 11-2 列出了雄安新区与天津市重点发展的产业。

表 11 –1　　　　　　　　　雄安新区未来发展的重点产业

| 重点产业 | 具体领域（部分） |
|---|---|
| 新一代信息技术产业 | 下一代通信网络、物联网、大数据、云计算、人工智能、工业互联网、网络安全等信息技术产业 |
| 现代生命科学和生物技术产业 | 脑科学、细胞治疗、基因工程、分子育种、组织工程等前沿技术，培育生物医药和高性能医疗器械产业 |
| 高端现代服务业 | 金融服务、科技创新服务、商务服务、智慧物流、现代供应链、数字规划、数字创意、智慧教育、智慧医疗等现代服务业 |
| 绿色生态农业 | 以生物育种为主体的现代生物科技农业、创意农业、认养农业、观光农业、都市农业等新业态 |

资料来源：依《河北雄安新区规划纲要》整理。

表 11 –2　　　　　　　　天津市"十四五"期间重点发展的产业

| 重点产业 | 具体领域 |
|---|---|
| 先进制造业 | 装备制造、新一代信息技术、航空航天、生物医药、新能源、新材料、节能环保等高端产业，加快发展机器人、3D 打印设备、智能终端、新能源汽车等新兴产业，服务型制造业 |
| 现代服务业 | 融资租赁、商业保理、现代物流、电子商务、科技服务等重点产业 |
| 现代都市型农业 | 生态农业、休闲观光农业、现代种业和生物农业 |
| 海洋经济 | 海洋装备制造、海水利用等先进制造产业集群、海洋现代服务业、海洋渔业 |

资料来源：笔者整理。

## 一、雄安新区的产业规划特征分析

**（一）雄安新区重点发展产业为处于技术前沿的高附加值、高研发投入产业**

根据《河北雄安新区规划纲要》，雄安新区未来重点发展的产业为高端高新产业。从高端高新产业的定义来看：首先，所谓"高新产业"，是高新技术产业的简称，其特征为高研发投入、高知识密集与技术前沿等特征。狭义的高新技术产业主要指制造业，根据国家统计局《高技术产业（制造业）分类（2017）》，中国高新技术产业包括医药制造，航空、航天器及设备制造，电子及通信设备制造，计算机及办公设备制造，医疗仪器设备及仪器仪表制造，信息化学品制造6大类，这与经济合作与发展组织关于高新技术产业的分类是一致的。但广义的高新技术产业将研发投入强度高的产业都视为高新技术产业，2016年中国《高新技术企业认定管理办法》便采用了这一标准。其次，所谓"高端"，主要是从产业链或者价值链的角度来看，在产业链中属于高附加值的环节。从表11-1列出的雄安新区未来重点发展的产业来看，其不仅仅局限于制造业的范畴，强调的是处于技术前沿、具有高研发投入强度、位于产业链高附加值环节的产业。国家对雄安新区产业的定位是非常高的，并非一般意义上的高新技术产业。

**（二）雄安新区的产业选择在发展阶段上具有明显的"跨越性"特征**

根据区域经济学的理论，一个区域产业结构与其要素禀赋优势密切相关，并在此基础上会逐渐由劳动密集型向资本密集型以及技术、知识密集型产业不断演化。从雄安新区目前的产业结构来看，第二产业仍然占据主导地位，按照库兹涅茨经济发展阶段的划分标准，尚处于工业化中期阶段。但从雄安新区规划的产业来看，属于后工业化阶段的产业，跨越了工业化后期这一阶段，具有明显的"跨越性"特征。雄安新区产业选择上"跨越性"特征的优势在于可以避免工业化后期阶段带来的环境污染等不协调的问题，更好地实现国家对雄安新区的战略定位。但产业布局上仅占据产业链的高端环节意味着自身的产业链必然是不完整的，这就需要与其他区域的协同发展。

具体来看，由于雄安新区自身的发展基础薄弱，仅依靠自身的人力资本、产业发展基础不能支撑其规划中的高端高新产业。因此，在发展启动期内其高端高新产业发展所需的资源仍然主要依靠从其他区域流入。从规划来看，未来雄安新区高端高新产业的来源主要有两方面。（1）从北京市疏导过来的产业。按照规划，未来雄安新区将承接来自北京市疏解的事业单位、总部企业、金融机构、高等院校、科研院所等功能。（2）从全国或者全球其他区域吸引产业或者要素流入，这为天津市与雄安新区的协同创新提供了契机。

## 二、天津市的产业规划特征分析

天津市产业的发展特点主要以产业链上的渐进"攀升"为主。2015 年的《京津冀协同发展规划纲要》将天津市定位为"全国先进制造研发基地、北方国际航运核心区、金融创新运营示范区、改革开放先行区"，表 11 – 2 中天津市"十四五"期间重点发展的产业与此是一致的。首先，从先进制造业来看，由于天津市本身便具有良好的制造业基础，在装备制造、航天航空等方面已经积累了较好的发展基础，天津市在先进制造业发展上重点借助新一轮技术革命对原有产业进行转型升级。同时，天津市选取现代服务业作为发展重点也是依托现有的融资租赁、现代物流等方面的发展优势。其次，天津市还结合自身临海的区位优势，将海洋经济作为重点发展产业，这与自身的要素禀赋结构也是契合的。整体而言，由于天津市在发展阶段上已经处于工业化后期，其产业体系完善、产业链条长，通过对已有产业转型升级来实现向产业链高端环节的"攀升"是其重要发展目标。

从天津市与雄安新区重点发展的产业来看，相同点是都涉及新一轮科技革命的前沿技术领域，从产业分布来看，高技术产业、现代服务业、现代农业都是双方要重点发展的领域。但也存在一定差异。首先，从价值链的位置来看，雄安新区规划的产业在价值链上的位置要更高。雄安新区规划的产业聚焦于价值链高附加值环节，目的在于实现自身产业由价值链低端向高端环节的"跨越"；天津市产业发展的重点在于基于现有产业基础，向价值链高端环节逐渐"攀升"。这是由双方的发展阶段和发展基础决定的：雄安新区原有发展基础薄弱，未来规划的产业与现有产业基础不存在明显的联系，重新规划的成本低；而天津市由于原有产业基础雄厚，产业发展方向必须与现有产业体系相契合，产业定位的"跨越性"不宜太大。其次，由于天津市具有临海的优势，因此海洋经济是其相对于雄安新区的特色产业。

## 三、雄安新区与天津市产业协同创新的产业领域选择

根据雄安新区与天津市产业发展的特点，在选取双方协同创新的具体产

业领域时，本书主要遵循两个原则。（1）利用规模经济、实现合作共赢。天津市与雄安新区产业发展中都涉及新一轮科技革命的前沿技术，这里面的很多技术都属于基础研究，研发的难度大、风险高，双方在前沿基础技术领域研发的合作可以获取规模经济优势，降低单位研发成本，分散研发风险，对双方而言都是有利的。（2）比较优势原则。结合天津市在某些产业领域的比较优势，对接雄安新区未来要发展的产业，在与雄安新区协同创新过程中进一步塑造天津市自身的优势。按照上述原则，天津市与雄安新区未来应在以下产业领域加强协同创新。

**（一）前沿信息技术的合作研发**

雄安新区产业发展重点中的"新一代信息技术产业"与天津市产业发展重点中的"先进制造业"涉及的很多前沿技术都是共通的，诸如物联网、大数据、云计算、人工智能、工业互联网等都属于新一轮科技革命的核心前沿技术领域。根据规划，未来雄安新区将布局一系列研究机构、科研院所，天津市可积极与雄安新区开展合作研发，攻克一批对产业竞争力整体提升具有全局性影响、带动性强的关键共性技术，强化自身制造业核心基础零部件（元器件）、先进基础工艺、关键基础材料和产业技术基础，提升自身在前沿技术的优势地位。

**（二）智能制造、服务型制造与绿色制造领域的协同创新**

智能制造、服务型制造与绿色制造都是天津市未来制造业转型升级的重要方向。（1）智能制造的核心是新一代信息技术与制造业技术的融合，天津市在加工制造、装备制造等领域的基础雄厚，结合雄安新区在新一代信息技术产业上的发展方向，在智能装备制造和产品研发、制造业生产流程重塑、基于互联网的个性化定制、众包设计、云制造等新型制造模式探索等方面与雄安新区开展协同创新。（2）服务型制造也是天津市制造业转型升级的重要方向，其核心以加工组装为主向"制造 + 服务"转型，从单纯出售产品向出售"产品 + 服务"转变。天津市可充分利用雄安新区在高端现代服务业上的定位，在工业创新设计、定制化服务、现代供应链管理、服务外包、供应链金融、融资租赁等方面展开合作。（3）绿色发展是天津市经济发展中面临的重要挑战。天津市可与雄安新区在传统制造业能效提升、清洁生产、节水治污、循环利用等方面的技术研发方面展开合作。

**（三）金融领域协同创新**

"金融创新运营示范区"是天津市在京津冀协同发展中的定位之一，而金融服务业也是雄安新区规划发展的重点产业之一。一方面，天津市可发挥自身在国际航运金融服务、融资租赁、商业保理等领域的优势地位，加强与雄安新区的协同创新；另一方面，也可积极与雄安新区在科技金融、消费金融、绿色金融等方面合作，特别是通过与雄安新区的合作，积极利用其政策优势，在金融新业态方面展开积极的探索与"先行先试"。

**（四）海洋生物医药业协同创新**

相对于雄安新区，海洋经济是天津市的特色产业，而海洋生物医药是近年来海洋经济中最具发展潜力的领域之一。天津市应充分利用雄安新区规划中的现代生命科学和生物技术产业，在海洋特色酶制剂、绿色农用制品、海洋生物基因工程制品以及海洋功能食品等新型海洋生物功能制品，新型功能纺织材料、药用辅料、生物纤维材料、生物分离材料、生物环境材料、生物防腐材料等海洋生物材料领域展开深入协同创新。

## 第三节
# 天津市与雄安新区协同创新的战略路径选择

在本章第一节 SWOT 分析的基础上，本节从利用机遇发挥优势、发挥优势应对挑战、利用机遇弥补劣势与避开劣势避开挑战四方面总结了天津市与雄安新区开展协同创新的战略路径。

## 一、利用机遇发挥优势

**（一）利用新一轮科技革命机遇放大人力资本优势，提高自主创新能力**

尽管天津市的人力资本丰富，但制约天津市自主创新能力提高的一个重要因素在于现有的产业结构与人才结构不匹配。长期以来，天津市的产业结构主要以制造业的低端环节为主，制造业的研发以及高端服务业发展与北京市相比差距明显，对高素质劳动力的需求少，这也使得天津市本地的高端人才大量外流，北京市的"虹吸效应"更加剧了这一问题。新一轮科技革命的重要特征是以知识密集型为主的，如果天津市能充分利用新一轮科技革命的机遇，实现传统产业的转型升级，那么可以充分利用本地丰富的人力资本优势，将自身在高校、科研机构以及产业人才的优势转化到实践中，切实提高自身自主创新能力。

**（二）利用京津冀协调发展战略延伸产业链，进一步夯实自身产业发展基础**

在京津冀协同发展的过程中，北京市非首都功能的疏解对天津市发展是一个重要机遇，但产业转移目标区域还必须具备承接能力，而天津市良好的产业发展基础使其在京津冀内部承接非首都功能落地上具备明显优势。首先，天津市的滨海新区的房价、地价、基础设施成本等相对于北京市都具备明显的优势，因此有利于吸引北京市一些对成本比较敏感的创新型企业进入，进一步延伸自身的产业链。其次，天津市具备良好的产业基础，制造业、服务业已经具备了较好的发展基础，产业配套能力强，也可以降低企业创新成本。此外，在北京市非首都功能疏解的带动下，北京市全市常住人口连续三年保持增量、增速"双下降"态势，2016 年为 2172.9 万人，城六区常住人口实现由增到减的拐点，较 2015 年下降 3%。天津市相对较低的生活成本与较好的教育等公共资源有助于吸引一部分北京市人才流入天津市，增强自身创新能力。

**（三）利用海洋经济发展机遇强化临海的区位优势，塑造自身核心竞争力**

临海的区位优势是天津市在京津冀范围内与雄安新区开展协同创新时难以被赶超和取代的独特优势。天津滨海新区在 2016 年已获批成为首批"十三五"海洋经济创新发展示范城市。因此，利用自身临海的区位优势，坚持陆海统筹协调发展是推动天津市在新时代经济增长动能转换以及创新驱动发展的重要路径，具体而言，天津市要积极构建沿海蓝色产业发展带和海洋综合配套服务产业带，重点打造五大海洋产业集聚区域，推进形成"一核两带五区"的海洋经济总体发展格局，重塑在京津冀区域内的核心竞争力。

## 二、发挥优势应对挑战

### （一）发挥开放优势在全球范围内配置资源，规避外部冲击风险

全球贸易摩擦风险导致了全球价值链断裂的挑战。2018 年以来，全球"单边主义"、"贸易保护主义"抬头，这一方面给中国宏观经济带来了负面影响；另一方面，这会导致跨国公司生产在全球范围内的重新布局，近年来出现的外资撤离中国便反映了这一问题。规避当前外部冲击的最好应对措施是提升天津市全球资源的配置能力，天津市所具有的开放优势是提升其全球资源配置能力的重要推动力。特别是天津滨海新区、自由贸易区等在对外开放方面的制度优势，有助于天津市以全球的视野审视城市的未来，进一步提升对外开放水平，在全球经济、特别是东北亚区域发挥应有的作用，成为世界城市网络体系的重要节点。

### （二）发挥经济基础与产业配套优势，形成与雄安新区以及其他区域高效共赢的区域合作格局

首先，天津市要应对京津冀范围内与雄安新区之间的竞争，必须摆脱传统"政策洼地"式的经济发展模式，加强与北京市、河北省发展上的协同，重塑与周边区域的竞合关系，形成多层次区域合作格局。具体而言，天津市要充分发挥自身在京津冀范围内相对于雄安新区的产业基础与产业配套优势，与雄安新区在劳动力流动、产业转移、基础设施共享、制度创新辐射带动等方面进行对接，鼓励双方间要素的双向流动与优势互补。在产业布局与选择上，要避免与雄安新区在低端产业上的同质竞争，而是通过价值链的空间分解与重组，实现产业间在价值链不同环节上的协同发展。

其次，天津市要积极应对国家中心城市间的竞争。随着中国城市发展进入城市群的时代，一个城市在全国以及全球城市体系中的地位与其所处的城市群密切相关。因此，天津市要摆脱传统上各自为战的思维，积极融入京津冀世界级城市群的建设中，全面拓展和提升与京津冀内部其他城市间的合作，依托京津冀城市群来提升自身在国家中心城市中的竞争力。

### 三、利用机遇弥补劣势

**（一）利用新一轮科技革命与海洋经济发展机遇促进产业新业态发展与产业转型升级，促进经济增长动能转换**

在经济发展阶段上，天津市尚处于工业化后期阶段，这也使得长期以来天津市经济增长的动力主要依靠投资和出口拉动。而在进入新常态之后，随着中国经济进入调速换挡期，近年来天津市经济下行压力较大，经济处于从投资驱动向创新驱动转换的关键时期，知识、技术和人力资本等高级生产要素成为产业增长和保持竞争力的关键因素。因此，天津市首先应抓住新一轮科技革命成果的应用，大力发展产业新业态，引导市场需求和投资决策，以搭建创新平台和营造创业环境来塑造全新的高端产业链，帮助新兴产业尽快渡过初创瓶颈期，进入规模收益递增的高速成长阶段，从而实现自身产业结构的优化与升级。天津市还要抓住海洋经济这一重要的发展趋势，为经济发展寻找新的增长点，打造新的主导产业，尽快实现经济增长动能的转换。

**（二）利用京津冀协同发展这一重要的战略机遇，改善自身创新环境，提高对高端人才的吸引力，塑造创新的核心竞争力**

创新活动的开展是一个系统性过程，创新环境起到了非常关键的作用。一个区域的基础设施等"硬环境"可以通过短时间内的大量投入得到明显改善，但诸如营商环境、非正式制度、社会文化等"软环境"则具有较强的稳定性。深圳特区、浦东新区创新驱动发展的经验表明，区域"软环境"的建设往往具有关键作用，影响了一个区域创新的核心竞争力。要营造优质的"软环境"，如果仅靠政府外部的政策供给，没有形成内生的制度创新机制，在长期内是难以取得成效的。京津冀协同发展战略一方面赋予了天津市改革开放先行区的定位，使得天津市可以利用制度优势积极进行"先行先试"，开展改革与制度创新，打破阻碍创新驱动发展的体制机制障碍，探索新的发展模式与思路。另一方面，京津冀协同发展战略带来的京津冀内部要素、产业流动的便利化，加剧了天津市发展面临的竞争压力，从而可以形成改革与发展上的"倒逼"机制，增强天津市进一步深化改革的动力。特别是为创新创业提供良好的营商环境，打造环境优美、基础设施完备、社会保障有力、市场秩序良好的产业发展环境，吸引高端企业与人才进入，提升天津市在京津冀、全国以及全球对高端创新要素的吸引力。

## 四、避开劣势避开挑战

### （一）立足国内与国外两个市场，有序推进转型与开放

当前全球价值链调整与国内不同城市间的竞争加剧都是天津市发展中面临的外部挑战。天津市当前在经济增长动能转换上仍然存在劣势，存在着转型升级的迫切需要。从避开劣势与挑战的角度来看，天津市的可行应对策略是保持政策的稳定性、做好长期规划，有序推进转型与开放。首先，天津市发展中需要处理好国内与国外两个市场之间的关系，协调好国内开放与对外开放。在国内市场上，天津市发展的关键是提升自身的辐射带动力，避免与京津冀内部城市以及其他国家中心城市间的同质竞争，形成多层次区域合作格局，在立足于本地市场的同时拓展全国市场。在国际市场上，天津市要加强与东北亚以及其他"一带一路"国家的交流与合作，避免对美国的过度依赖，通过国际市场的多样化配置将全球价值链调整的负面风险降到最低，这是天津市规避外部环境带来挑战的重要应对策略。其次，天津市在转型动力上要协调好引进与自主创新之间的关系。近年来天津市叠加的多重政策红利，使得天津市能在短时间内吸引国外与国内其他区域产业与人才的进入，这对推动天津市的转型发展是非常有利的。但是，随着政策红利的消失，长期中能否留住、用好吸引过来的企业与人才是一个挑战。因此，基于天津市自身丰富的人力资本，在吸引产业与人才流入的同时提升自身的自主创新能力，在盘活存量人力资源的同时，做强增量，才能为天津市的转型发展提供长期动力。

### （二）统筹推进传统产业升级和新产业培育，稳步优化自身经济结构

为了规避天津市在产业转型升级上面临的劣势，天津市的可行应对策略是统筹推进科技创新、传统产业升级和新产业培育，稳步优化自身经济结构。首先，在新产业培育上，天津市应在研究国际产业发展和技术创新趋势基础上，确定创新重点，加强科研投入和技术引进，实现战略新兴产业的新突破，

推动服务业和制造业向高技术含量、高增值环节提升，促进传统产业与新兴产业融合、协调发展，创造和巩固创新驱动型的经济竞争优势。其次，在传统产业升级上，天津市应建立起与自身禀赋条件相应的产业体系，同时积极利用互联网、大数据、人工智能等先进技术改造传统产业，在实现价值链攀升的同时，提高产品附加值。

## 第四节

# 本 章 小 结

本章以天津市与雄安新区的协同创新为案例，探讨了国家级新区与区域协同创新的问题。本章第一节利用 SWOT 分析方法对天津市与雄安新区协同创新的优势、劣势、机遇和挑战进行了分析。其中，天津市的优势在于经济发展基础好、产业配套能力强，滨海新区开发开放的红利，临海、港口等区位优势，高素质人力资本丰富；天津市的劣势在于自身创新动力不足，对高端人才的吸引力不足，经济尚处于新旧动能转换期、下行压力大；天津市的机遇包括京津冀协同发展的政策红利，新一轮科技革命为天津市与雄安新区协同创新提供了新机遇，国家对海洋经济的重视为天津市与雄安新区协同创新提供了新着力点；天津市的挑战包括雄安新区与天津市形成了一定竞争关系，国家中心城市间的竞争将日趋激烈，全球价值链调整恶化了天津市与雄安新区协同创新的外部环境。

在此基础上，第二节总结了雄安新区与天津市产业发展规划特征与协同创新的产业领域。研究发现，雄安新区未来发展的产业具有明显"跨越性"特征，重点发展产业为处于技术前沿的高附加值、高研发投入产业。而天津市重点发展的产业则以产业链上的渐进"攀升"为主。因此，前沿信息技术研发，智能制造、服务型制造与绿色制造领域，金融领域、海洋生物医药业是天津市与雄安新区协同创新的重点可行产业领域。第三节则从利用机遇发挥优势、发挥优势应对挑战、利用机遇弥补劣势和避开劣势避开挑战四方面总结了天津市与雄安新区协同创新的战略路径。

# 第十二章

# 结论与启示

　　在新发展格局下，国家级新区发展面临的内外环境已经发生了显著变化。本章第一节总结了本书的研究结论。总体而言，国家级新区是促进区域经济动能转换的有效政策工具，但其作用的发挥仍面临着诸多约束条件。第二节从支持重要经济带的中心城市申请设立新的国家级新区、推动国家级新区的高质量发展以及从供给与需求双侧发力重塑中国区域经济增长新动能三方面总结了研究启示。

## 第一节
## 研 究 结 论

　　本书立足于集聚经济这一国家级新区的本质属性，对国家级新区这一区位导向性政策对区域经济增长动能转换的效应与机理进行了理论与实证研究，主要得到了以下结论。

### （一）国家级新区是促进区域经济动能转换的有效政策工具

　　国家级新区有利于在区域经济增长动能转换过程中保持经济增长速度稳定。本书第四章的研究表明，国家级新区的设立可以通过促进劳动力要素集聚来促进区域经济增长，且这种带动效应可以持续 7 年。因此，对于经济增长动能转换过程中经济下行压力较大的区域，通过设立国家级新区来对冲经济下行风险是可行的政策选项。

国家级新区有利于区域经济增长动能转换过程中实现共享发展。本书第五章的研究表明，当国家级新区设立导致区域运输成本下降到一定临界值后，会产生逆向的本地市场效应，此时即使要素禀赋数量较少的弱势区域也可以占据更大的产业份额，从而促进弱势区域经济起飞，缩小区域发展差距。同时，第九章的研究表明，当国家级新区设立导致住房总供给增加后，房价的下降会吸引更多产业转移到国家级新区所在区域，从而引起所在地居民收入增长，这意味着国家级新区设立的政策红利可以惠及广大人民群众。

国家级新区有利于区域经济增长动能转换过程中实现高质量增长。本书第七章的研究表明，国家级新区会通过设施数量优势导致所在区域高技能劳动力占比提高，提升区域人力资本质量。第八章的研究表明，国家级新区带来的在基础设施建设上的政策优势会提高所在区域人口密度，实现空间集约式增长。同时，第十章的研究表明，国家级新区设立后引起的中间产品与最终产品运输成本的下降会导致中间产品部门逐渐转移到国家级新区所在区域，从而导致区域出口国内附加值率上升，促进高水平对外开放。

**（二）国家级新区在促进区域经济增长动能转换时也面临着诸多约束条件**

国家级新区的政策效应存在一定时滞性与有效期。国家级新区对区域经济增长的带动效应只有 7 年；对居民收入、区域集约式增长以及出口国内附加值率的促进作用具有较长的政策时滞，分别在国家级新区设立后 4 年、3 年以及 2 年才开始发挥显著作用。同时，国家级新区设立后的筛选效应并不必然提高所在区域的产业集聚度，只有国家级新区设立之前是高生产率的区域，在设立国家级新区后才能最终形成以高生产率企业为主体的产业集聚。

国家级新区的政策效应存在一定异质性。国家级新区的规划面积、布局模式等都会影响其对区域经济增长动能转换的政策效应。从对区域经济增长、人力资本质量、集约式增长的促进效应来看，国家级新区规划面积的合理区间为 500~2000 平方千米范围内。同时，规划面积在 1500~2000 平方千米这一区间范围内的国家级新区对居民收入增长的促进作用最强，规划面积小于1500 平方千米的国家级新区对区域出口国内附加值率的提升效应不显著。此外，单城与双城布局国家级新区带动区域经济增长动能转换的效应也存在较大差异。双城布局国家级新区对经济增长速度、集约式增长、居民收入增长的促进效应更强，单城布局国家级新区对区域人力资本质量、出口国内增加值率的提升作用更大。

## 第二节

# 研 究 启 示

在中国加快形成以国内大循环为主体、国内国际双循环相互促进的新发展格局下，本书研究对于进一步发挥国家级新区在区域经济增长动能转换中的积极作用具有以下启示。

### （一）支持重要经济带的中心城市申请设立新的国家级新区

目前中国已有的 19 个国家级新区在空间分布上仍然不均衡，特别是对"胡焕庸线"以东的安徽省、河南省和湖北省等中部地区这一人口密集带的重要经济区覆盖不足。鉴于国家级新区的设立能够对区域经济增长产生持续性带动效应，并能够辐射带动周边区域经济增长，因此，建议国家可优先支持武汉城市圈的中心城市武汉市、中原经济带的中心城市郑州市以及合肥都市圈的中心城市合肥市申报设立国家级新区。此外，由于国家级新区可以改变区域经济增长的不利初始条件，国家也应积极支持中西部地区的区域性中心城市在现有发展比较成熟的城市新区基础上申请设立国家级新区，充分利用设立国家级新区对经济增长的带动效应，优化中国整体经济空间格局。当然，在国家级新区"扩容"的同时，要高度重视国家级新区的空间选址问题，规范国家级新区的设立门槛与条件，慎重审批设立在生产率水平较低区域以及过大或者过小规划面积的国家级新区。

### （二）进一步推动国家级新区的高质量发展

目前国家级新区仍然主要依赖要素驱动，已经不能满足新时代区域经济高质量发展的要求。建议将经济增长质量作为国家级新区发展规划中明确的约束性指标，作为国家批复设立以及后期政策支持的硬性参考指标。同时，健全以经济增长质量为核心的国家级新区常态化管理考核体系，目前国家级新区建设在中央层面主要是由国家发展和改革委员会牵头，但对国家级新区的管理仍然过于粗放、过于宏观，难以有效地引导其发展战略方向，存在较为明显的"重建设、轻管理"现象。建议国家应进一步健全国家级新区的高质量发展评价体系；借鉴国外区位导向性政策的经验，通过对国家级新区后期资助政策建立起动态的进入与退出机制，形成对国家级新区发展方向的有效约束，积极引导国家级新区向高质量发展方向转型。避免国家级新区开发建设中"跑马圈地"的粗放式增长等问题。同时，国家级新区开发建设过程中要加强对房地产市场的调控，通过增加土地与住房的供给使房价保持在合理区间，促进居民收入增长。

**（三）从供给与需求双侧发力重塑中国区域经济增长新动能**

在双循环新发展格局下，发挥国家级新区对区域经济增长动能转换的积极作用要立足于国内循环中形成的市场规模与技术创新优势，从供给侧和需求侧为区域经济增长提供新的动能支撑，从而形成国内国际双循环相互促进的高水平动态均衡（曹清峰，2021）。由于国家级新区的空间面积与经济体量相对于经济技术开发区等其他类型特殊经济区都较大，因此，首先要充分利用由此形成的市场规模优势重构区域产业链与价值链，深化区域分工体系，通过区域产业链、价值链的空间重组提升所在区域产业链的稳定性与竞争力。同时，发挥国家级新区市场规模优势对创新投入、成果转化与应用的规模报酬递增效应，激励前沿引领技术的原创性创新，促进区域经济创新驱动发展。其次，利用消费新业态、新模式推动国家级新区产品与技术供给的快速迭代，为区域经济增长形成更多突破点。再次，作为重要的产业集聚区，国家级新区要充分利用大数据、云计算、人工智能、物联网等新一轮科技革命带来的技术变革机遇，率先实现技术创新，发挥对区域经济增长的引领作用。最后，作为一项具有中国特色的大规模区位导向性政策，国家级新区要充分利用自身制度创新上的优势，畅通双循环中的堵点和梗阻，推动区域经济增长动能的顺利转换。

# 参 考 文 献

[1] 薄文广. 京津资源向雄安新区疏解的比较分析与天津应对 [J]. 天津师范大学学报（社会科学版），2018（3）.

[2] 曹清峰. 特殊经济区与中国市场化改革四十年 [J]. 企业经济，2018（9）.

[3] 曹清峰. 国外区位导向性政策研究最新进展及对雄安新区建设的启示 [J]. 科技进步与对策，2019（2）.

[4] 曹清峰，倪鹏飞，马洪福. 全球城市体系的网络结构与可持续竞争力研究 [J]. 经济体制改革，2019（6）.

[5] 曹清峰，董朋飞，李宏. 关税壁垒的"筛选效应"与企业海外并购成功率 [J]. 国际贸易问题，2019（10）.

[6] 曹清峰. 全球价值链参与、生产率提升与城乡收入差距 [J]. 财经论丛，2020（3）.

[7] 曹清峰. 国家级新区对区域经济增长的带动效应——基于 70 大中城市的经验证据 [J]. 中国工业经济，2020（7）.

[8] 曹清峰. 协同创新推动区域协调发展的新机制研究——网络外部性视角 [J]. 学习与实践，2019（10）.

[9] 曹清峰. 形成区域经济增长新动能 [N]. 中国社会科学报，2021 - 3 - 3.

[10] 曹云. 国家级新区与其他城市功能区的比较及发展趋势展望 [J]. 商业经济研究，2016（23）.

［11］晁恒，满燕云，王砾，等．国家级新区设立对城市经济增长的影响分析［J］．经济地理，2018（6）．

［12］陈昊，刘骞文．中国出口贸易的女性就业效应：基于筛选—匹配模型的再检验［J］．经济评论，2014（1）．

［13］陈劲．协同创新［M］．杭州：浙江大学出版社，2012．

［14］陈强远，钱学锋，李敬子．中国大城市的企业生产率溢价之谜［J］．经济研究，2016（3）．

［15］崔志新，陈耀．区域技术创新协同的影响因素研究——基于京津冀和长三角区域面板数据的实证分析［J］．经济与管理，2019（3）．

［16］邓慧慧．贸易自由化、要素分布和制造业集聚［J］．经济研究，2009（11）．

［17］段云龙，乐念，王墨林．产学研区域共生系统协同创新效率研究［J］．中国科技论坛，2019（7）．

［18］范巧，郭爱君．国家级新区辐射带动力及其实现机制研究［J］．经济体制改革，2018（5）．

［19］范巧，吴丽娜．国家级新区对属地省份经济增长影响效应评估［J］．城市问题，2018（4）．

［20］范巧．国家级新区劳动力转移效应与劳动力吸纳能力［J］．人口与经济，2018（2）．

［21］高进田．区位的经济学分析［M］．上海：上海人民出版社，2007．

［22］郝寿义，安虎森．区域经济学（第二版）［M］．北京：经济科学出版社，2004．

［23］郝寿义．区域经济学原理［M］．上海：上海人民出版社，2007．

［24］郝寿义，曹清峰．论国家级新区［J］．贵州社会科学，2016（2）．

［25］郝寿义，曹清峰．国家级新区在区域协同发展中的作用——再论国家级新区［J］．南开学报（哲学社会科学版），2018（2）．

［26］郝寿义，曹清峰．后工业化初级阶段与新时代中国经济转型［J］．经济学动态，2019（9）．

［27］胡伟，石碧华．天津—雄安新区联动发展的现实基础与路径选择

［J］. 天津师范大学学报（社会科学版），2019（4）.

［28］黄少安. 制度变迁主体角色转换假说及其对中国制度变革的解释——兼评杨瑞龙的"中间扩散型假说"和"三阶段论"［J］. 经济研究，1999（1）.

［29］李贲，吴利华. 开发区设立与企业成长：异质性与机制研究［J］. 中国工业经济，2018（4）.

［30］李佳钰，张贵. 天津滨海新区对接河北雄安新区高质量发展的对策研究［J］. 理论与现代化，2019（1）.

［31］李力行，申广军. 经济开发区、地区比较优势与产业结构调整［J］. 经济学（季刊），2015（3）.

［32］李扬，殷剑峰. 劳动力转移过程中的高储蓄、高投资和中国经济增长［J］. 经济研究，2005（2）.

［33］林毅夫，蔡昉，李周. 论中国经济改革的渐进式道路［J］. 经济研究，1993（9）.

［34］刘淑琳，王贤彬，黄亮雄. 经济增长目标驱动投资吗？——基于2001～2016年地级市样本的理论分析与实证检验［J］. 金融研究，2019（8）.

［35］柳天恩，田学斌，曹洋. 国家级新区影响地区经济发展的政策效果评估——基于双重差分法的实证研究［J］. 财贸研究，2019（6）.

［36］马恩，王有强. 区位导向性政策是否促进了企业创新？——以我国开发区政策为例［J］. 科技管理研究，2019（11）.

［37］苗壮. 制度变迁中的改革战略选择问题［J］. 经济研究，1992（10）.

［38］彭建，魏海，李贵才，等. 基于城市群的国家级新区区位选择［J］. 地理研究，2015（1）.

［39］钱学锋，熊平. 李嘉图比较优势、特惠贸易安排与产业集聚［J］. 经济学（季刊），2009（3）.

［40］盛丹，张国峰. 开发区与企业成本加成率分布［J］. 经济学（季刊），2018（1）.

［41］盛洪. 寻求改革的稳定形式［J］. 经济研究，1991（1）.

［42］盛洪．关于中国市场化改革的过渡过程的研究［J］．经济研究，1996（1）．

［43］孙伟增，吴建峰，郑思齐．区位导向性产业政策的消费带动效应——以开发区政策为例的实证研究［J］．中国社会科学，2018（12）．

［44］汪东，王陈伟，侯敏．国家级新区主要指标比较及其发展对策［J］．开发研究，2017（1）．

［45］王海花，王蒙怡，孙银建．多维邻近性对我国跨区域产学协同创新的影响：静态与动态双重作用［J］．科技进步与对策，2019（2）．

［46］王佳宁，罗重谱．国家级新区管理体制与功能区实态及其战略取向［J］．改革，2012（3）．

［47］王胜光，程郁．国家高新区创新发展报告：二十年的评价与展望［M］．北京：中国经济出版社，2013．

［48］王永进，张国峰．开发区生产率优势的来源：集聚效应还是选择效应？［J］．经济研究，2016（7）．

［49］王志锋，谭昕，郑亮，等．国家级新区对经济发展的影响及作用机制——基于区县数据的证据［J］．城市发展研究，2019（6）．

［50］吴晓林．模糊行政：国家级新区管理体制的一种解释［J］．公共管理学报，2017（4）．

［51］徐行，张鹏洲．协同创新，共图千年大计——推进天津与雄安新区合作发展的路径探讨［J］．理论与现代化，2017（3）．

［52］薛景梅，王杰．京津冀区域产学研协同创新网络结构特征及演化趋势［J］．河北科技大学学报（社会科学版），2018（2）．

［53］薛艳．政府公共投资与区域经济增长的关系研究——基于半参数混合模型的分析［J］．宏观经济研究，2016（2）．

［54］杨本建，黄海珊．城区人口密度、厚劳动力市场与开发区企业生产率［J］．中国工业经济，2018（8）．

［55］杨瑞龙．我国制度变迁方式转换的三阶段论——兼论地方政府的制度创新行为［J］．经济研究，1998（1）．

［56］杨小凯，黄有光．专业化与经济组织［M］．北京：经济科学出版

社，1999．

［57］姚鹏．贸易开放如何影响经济活动的空间布局？——理论及中国的实证［J］．世界经济文汇，2016（6）．

［58］叶姮，李贵才，李莉，等．国家级新区功能定位及发展建议——基于 GRNN 潜力评价方法［J］．经济地理，2015（2）．

［59］于蕾，陈根来．天津对接雄安新区建设现代产业体系的战略思考［J］．天津经济，2019（4）．

［60］余泳泽，李启航．城市房价与全要素生产率："挤出效应"与"筛选效应"［J］．财贸经济，2019（1）．

［61］岳金凤．天津职业大学与雄安新区开展区校合作［J］．职业技术教育，2017（23）．

［62］张杰，陈志远，刘元春．中国出口国内附加值的测算与变化机制［J］．经济研究，2013（10）．

［63］张鹏．区域协同创新发展的新特征——基于上海、杭州和天津三地的调查［J］．信息系统工程，2019（2）．

［64］张平淡，袁浩铭．国家级新区设立的效用分析［J］．经济地理，2018（12）．

［65］张小宇，刘永富，周锦岚．70 年中国对外贸易与经济增长的动态关系研究［J］．世界经济研究，2019（10）．

［66］张协奎，林冠群，陈伟清．促进区域协同创新的模式与策略思考——以广西北部湾经济区为例［J］．管理世界，2015（10）．

［67］赵曜，柯善咨．筛选效应、异质企业内生集聚与城市生产率［J］．财贸经济，2017（3）．

［68］周茂，陆毅，杜艳，等．开发区设立与地区制造业升级［J］．中国工业经济，2018（3）．

［69］Acemoglu D，Akcigit U，Alp H，et al. Innovation，reallocation，and growth［J］．American Economic Review，2018（11）：3450 – 3491．

［70］Ades A F，Glaeser E L. Trade and circuses：explaining urban giants［J］．Quarterly Journal of Economics，1995（1）：195 – 227．

［71］Ahn J, Khandelwal A K, Wei S J. The role of intermediaries in facilitating trade ［J］. Journal of International Economics, 2011 (1): 73 – 85.

［72］Alder S, Shao L, Zilibotti F. Economic reforms and industrial policy in a panel of Chinese cities ［J］. Journal of Economic growth, 2016 (4): 305 – 349.

［73］Andersson M, Klaesson J, Larsson J P. The sources of the urban wage premium by worker skills: spatial sorting or agglomeration economies? ［J］. Papers in Regional Science, 2014 (4): 727 – 747.

［74］Arthur W B. Increasing returns and path dependence in the economy ［M］. Michigan: University of Michigan Press, 1994.

［75］Atkeson A, Burstein A. Pricing-to-market in a Ricardian model of international trade ［J］. American Economic Review, 2007 (2): 362 – 367.

［76］Baldwin R E, Okubo T. Heterogeneous firms, agglomeration and economic geography: spatial selection and sorting ［J］. Journal of Economic Geography, 2006 (3): 323 – 346.

［77］Baldwin R E, Okubo T. International trade, offshoring and heterogeneous firms ［J］. Review of International Economics, 2014 (1): 59 – 72.

［78］Baldwin R E. Agglomeration and endogenous capital ［J］. European Economic Review, 1999 (2): 253 – 280.

［79］Baldwin R E. Core-periphery model with forward-looking expectations ［J］. Regional Science and Urban Economics, 2001 (1): 21 – 49.

［80］Barnes T J, Sheppard E. "Nothing includes everything": towards engaged pluralism in anglophone economic geography ［J］. Progress in Human Geography, 2010 (2): 193 – 214.

［81］Beck T, Levine R, Levkov A. Big bad banks? the winners and losers from bank deregulation in the united states ［J］. Journal of Finance, 2010 (5): 1637 – 1667.

［82］Behrens K, Duranton G, Robert – Nicoud F. Productive cities: sorting, selection, and agglomeration ［J］. Journal of Political Economy, 2014 (3): 507 – 553.

［83］ Behrens K, Gaigné C, Ottaviano G I, et al. Countries, regions and trade: on the welfare impacts of economic integration ［J］. European Economic Review, 2007 (5): 1277 – 1301.

［84］ Behrens K, Murata Y. General equilibrium models of monopolistic competition: a new approach ［J］. Journal of Economic Theory, 2007 (1): 776 – 787.

［85］ Bernard A B, Eaton J, Jensen J B, et al. Plants and productivity in international trade ［J］. American Economic Review, 2003 (4): 1268 – 1290.

［86］ Besag J, Diggle P J. Simple monte carlo tests for spatial pattern ［J］. Journal of the Royal Statistical Society: Series C (Applied Statistics), 1977 (3): 327 – 333.

［87］ Bombardini M, Gallipoli G, Pupato G. Skill dispersion and trade flows ［J］. American Economic Review, 2012 (5): 2327 – 2348.

［88］ Boschma R A, Lambooy J G. Evolutionary economics and economic geography ［J］. Journal of Evolutionary Economics, 1999 (4): 411 – 429.

［89］ Boschma R, Martin R. Constructing an evolutionary economic geography ［M］. London: Oxford University Press, 2007.

［90］ Briant A, Lafourcade M, Schmutz B. Can tax breaks beat geography? lessons from the French enterprise zone experience ［J］. American Economic Journal: Economic Policy, 2015 (2): 88 – 124.

［91］ Brülhart M, Crozet M, Koenig P. Enlargement and the EU periphery: the impact of changing market potential ［J］. World Economy, 2004 (6): 853 – 875.

［92］ Brülhart M, Carrère C, Trionfetti F. How wages and employment adjust to trade liberalization: quasi-experimental evidence from Austria ［J］. Journal of International Economics, 2012 (1): 68 – 81.

［93］ Brülhart M, Carrère C, Robert-Nicoud F. Trade and towns: heterogeneous adjustment to a border shock ［J］. Journal of Urban Economics, 2018 (5): 162 – 175.

［94］ Busso M, Gregory J, Kline P. Assessing the incidence and efficiency of a prominent place based policy ［J］. American Economic Review, 2013 (2): 897 – 947.

［95］ Candau F, Dienesch E. Spatial distribution of skills and regional trade integration ［J］. Annals of Regional Science, 2015 (2): 451 – 488.

［96］ Catin M, Luo X, Van Huffel C. Openness, industrialization and geographic concentration of activities in China ［R］. World Bank Policy Research Working Paper, No. 3706, 2005.

［97］ Chiquiar D. Why Mexico's regional income convergence broke down ［J］. Journal of Development Economics, 2005 (1): 257 – 275.

［98］ Coe N M. Geographies of production: an evolutionary revolution? ［J］. Progress in Human Geography, 2011 (1): 81 – 91.

［99］ Combes P P, Mayer T, Thisse J F. Economic geography: the integration of regions and nations ［M］. NJ: Princeton University Press, 2008.

［100］ Combes P P, Duranton G, Gobillon L, et al. Sorting and local wage and skill distributions in France ［J］. Regional Science and Urban Economics, 2012 (6): 913 – 930.

［101］ Commendatore P, Kubin I, Petraglia C, et al. Regional integration, international liberalisation and the dynamics of industrial agglomeration ［J］. Journal of Economic Dynamics and Control, 2014 (48): 265 – 287.

［102］ Cooke P. Regional innovation systems: competitive regulation in the new Europe ［J］. Geoforum, 1992 (3): 365 – 382.

［103］ Crescenzi R, Nathan M, Rodríguez-Pose A. Do inventors talk to strangers? on proximity and collaborative knowledge creation ［J］. Research Policy, 2016 (1): 177 – 194.

［104］ D'aspremont C, Ferreira S, Gérard-Varet A. On the Dixit-Stiglitz model of monopolistic competition ［J］. American Economic Review, 1996 (3): 623 – 629.

［105］ Davis D R, Dingel J I. A spatial knowledge economy ［J］. American

Economic Review, 2019 (1): 153 – 170.

[106] De Blas B, Russ K N. Understanding markups in the open economy [J]. American Economic Journal: Macroeconomics, 2015 (2): 157 – 180.

[107] Diggle P J, Chetwynd A G. Second-order analysis of spatial clustering for inhomogeneous populations [J]. Biometrics, 1991 (3): 1155 – 1163.

[108] Dixit A K, Stiglitz J E. Monopolistic competition and optimum product diversity [J]. American Economic Review, 1977 (3): 297 – 308.

[109] Duranton G, Storper M. Agglomeration and growth: a dialogue between economists and geographers [J]. Journal of Economic Geography, 2006 (1): 1 – 7.

[110] Duranton G, Storper M. Rising trade costs? agglomeration and trade with endogenous transaction costs [J]. Canadian Journal of Economics, 2008 (1): 292 – 319.

[111] Eeckhout J, Pinheiro R, Schmidheiny K. Spatial sorting [J]. Journal of Political Economy, 2014 (3): 554 – 620.

[112] Ehrlich M V, Seidel T. The persistent effects of place-based policy: evidence from the west-German Zonenrandgebiet [J]. American Economic Journal: Economic Policy, 2018 (4): 344 – 374.

[113] Ellison G, Glaeser E L. Geographic concentration in US manufacturing industries: a dartboard approach [J]. Journal of Political Economy, 1997 (5): 889 – 927.

[114] Essletzbichler J, Rigby D L. Exploring evolutionary economic geographies [J]. Journal of Economic Geography, 2007 (5): 549 – 571.

[115] Etzkowitz H, Leydesdorff L. The triple helix-university-industry-government relations: a laboratory for knowledge based economic development [J]. EASST Review, 1995 (1): 14 – 19.

[116] Fernandes A M, Sharma G. Together we stand? agglomeration in Indian manufacturing [R]. World Bank Policy Research Working Paper, No. 6062, 2012.

[117] Forslid R, Haaland J I, Knarvik K H M. A U – shaped Europe? a sim-

ulation study of industrial location [J]. Journal of International Economics, 2002 (2): 273 – 297.

[118] Forslid R, Ottaviano G I. An analytically solvable core-periphery model [J]. Journal of Economic Geography, 2003 (3): 229 – 240.

[119] Forslid R, Okubo T. Spatial sorting with heterogeneous firms and heterogeneous sectors [J]. Regional Science and Urban Economics, 2014 (1): 42 – 56.

[120] Forslid R, Okubo T. Which firms are left in the periphery? spatial sorting of heterogeneous firms with scale economies in transportation [J]. Journal of Regional Science, 2015 (1): 51 – 65.

[121] Freeman C. Networks of innovators: a synthesis of research issues [J]. Research Policy, 1991 (5): 499 – 514.

[122] Ganong P N, Shoag D W. Why has regional convergence in the US stopped? [R]. HKS Faculty Research Working Paper Series, No. 12 – 028, 2012.

[123] Gaubert C. Firm sorting and agglomeration [J]. American Economic Review, 2018 (11): 3117 – 3153.

[124] Givord P, Rathelot R, Sillard P. Place-based tax exemptions and displacement effects: an evaluation of the zones Franches urbaines program [J]. Regional Science and Urban Economics, 2013 (1): 151 – 163.

[125] Glaeser E L, Gottlieb J D. The economics of place-making policies [J]. Brookings Papers on Economic Activity, 2008 (1): 155 – 239.

[126] Grossman G M. Heterogeneous workers and international trade [J]. Review of World Economics, 2013 (2): 211 – 245.

[127] Guevara – Rosero G C. The effect of trade on agglomeration within regions [J]. Journal for Economic Forecasting, 2017 (1): 75 – 97.

[128] Ham J C, Swenson C, İmrohoroğlu A, et al. Government programs can improve local labor markets: evidence from state enterprise zones, federal empowerment zones and federal enterprise community [J]. Journal of Public Economics, 2011 (7): 779 – 797.

[129] Hanson G H. Regional adjustment to trade liberalization [J]. Regional

Science and Urban Economics, 1998 (4): 419 – 444.

[130] Hanson G H. Market potential, increasing returns and geographic concentration [J]. Journal of International Economics, 2005 (1): 1 – 24.

[131] Hansen T. Substitution or overlap? the relations between geographical and non-spatial proximity dimensions in collaborative innovation projects [J]. Regional Studies, 2015 (10): 1672 – 1684.

[132] Head K, Mayer T. Non-Europe: the magnitude and causes of market fragmentation in the EU [J]. Review of World Economics, 2000 (2): 284 – 314.

[133] Henderson J V, Kuncoro A. Industrial centralization in Indonesia [J]. World Bank Economic Review, 1996 (3): 513 – 540.

[134] Henderson V. The urbanization process and economic growth: the so-what question [J]. Journal of Economic growth, 2003 (1): 47 – 71.

[135] Ishikawa J, Tarui N. Backfiring with backhaul problems: trade and industrial policies with endogenous transport costs [J]. Journal of International Economics, 2018 (1): 81 – 98.

[136] Kline P. Place based policies, heterogeneity, and agglomeration [J]. American Economic Review, 2010 (2): 383 – 387.

[137] Kline P, Moretti E. Local economic development, agglomeration economies, and the big push: 100 years of evidence from the Tennessee Valley Authority [J]. Quarterly Journal of Economics, 2013 (1): 275 – 331.

[138] Koster H R, Cheng F F, Gerritse M, et al. Place-based policies, firm productivity, and displacement effects: evidence from Shenzhen, China [J]. Journal of Regional Science, 2019 (2): 187 – 213.

[139] Krugman P. Increasing returns and economic geography [J]. Journal of Political Economy, 1991 (3): 483 – 499.

[140] Krugman P, Venables A J. Globalization and the inequality of nations [J]. Quarterly Journal of Economics, 1995 (4): 857 – 880.

[141] Krugman P, Elizondo R L. Trade policy and the third world metropolis [J]. Journal of Development Economics, 1996 (1): 137 – 150.

［142］Mackinnon D, Cumbers A, Pike A, et al. Evolution in economic geography: institutions, political economy, and adaptation ［J］. Economic Geography, 2009 (2): 129 – 150.

［143］Marcon E, Puech F. Evaluating the geographic concentration of industries using distance-based methods ［J］. Journal of Economic Geography, 2003 (4): 409 – 428.

［144］Martin P, Ottaviano G I. Growing locations: industry location in a model of endogenous growth ［J］. European Economic Review, 1999 (2): 281 – 302.

［145］Martin P, Rogers C A. Industrial location and public infrastructure ［J］. Journal of International Economics, 1995 (3 – 4): 335 – 351.

［146］Martin R, Sunley P. Path dependence and regional economic evolution ［J］. Journal of Economic Geography, 2006 (4): 395 – 437.

［147］Matsuyama K. Complementarities and cumulative processes in models of monopolistic competition ［J］. Journal of Economic Literature, 1995 (2): 701 – 729.

［148］Maurel F, Sédillot B. A measure of the geographic concentration in French manufacturing industries ［J］. Regional Science and Urban Economics, 1999 (5): 575 – 604.

［149］Melitz M J. The impact of trade on intra-industry reallocations and aggregate industry productivity ［J］. Econometrica, 2003 (6): 1695 – 1725.

［150］Melitz M J, Ottaviano G I. Market size, trade, and productivity ［J］. Review of Economic Studies, 2008 (1): 295 – 316.

［151］Mion G, Naticchioni P. The spatial sorting and matching of skills and firms ［J］. Canadian Journal of Economic, 2009 (1): 28 – 55.

［152］Monfort P, Nicolini R. Regional convergence and international integration ［J］. Journal of Urban Economics, 2000 (2): 286 – 306.

［153］Monfort P, Van Ypersele T. Integration, regional agglomeration and international trade ［R］. CEPR Discussion Papers, No. 3752, 2003.

[154] Moomaw R L, Alwosabi M A. An empirical analysis of competing explanations of urban primacy evidence from Asia and the Americas [J]. Annals of Regional Science, 2004 (1): 149 – 171.

[155] Moomaw R L, Shatter A M. Urbanization and economic development: a bias toward large cities? [J]. Journal of Urban Economics, 1996 (1): 13 – 37.

[156] Nelson R R. An evolutionary theory of economic change [M]. Cambridge, MA: Harvard University Press, 2009.

[157] Nitsch V. National borders and international trade: evidence from the European Union [J]. Canadian Journal of Economics, 2000 (4): 1091 – 1105.

[158] O'keefe S. Job creation in California's enterprise zones: a comparison using a propensity score matching model [J]. Journal of Urban Economics, 2004 (1): 131 – 150.

[159] Okubo T, Picard P M, Thisse J F. The spatial selection of heterogeneous firms [J]. Journal of International Economics, 2010 (2): 230 – 237.

[160] Ottaviano G, Tabuchi T, Thisse J F. Agglomeration and trade revisited [J]. International Economic Review, 2002 (2): 409 – 435.

[161] Ottaviano G. Models of "New Economic Geography": factor mobility vs. vertical linkages [M]. MA: Edward Elgar Publishing, 2007.

[162] Ottaviano G I. "New" New Economic Geography: firm heterogeneity and agglomeration economies [J]. Journal of Economic Geography, 2011 (2): 231 – 240.

[163] Pernia E M, Quising P F. Trade openness and regional development in a developing country [J]. Annals of Regional Science, 2003 (37): 391 – 406.

[164] Pflüger M. A simple, analytically solvable, Chamberlinian agglomeration model [J]. Regional Science and Urban Economics, 2004 (5): 565 – 573.

[165] Puente – Ajovín M, Sanz – Gracia F. Transport costs in new economic geography models: a more realistic approach [J]. International Journal of Economic Theory, 2019 (7): 10 – 23.

[166] Ramcharan R. Why an economic core: domestic transport costs [J].

Journal of Economic Geography, 2009 (4): 559 – 581.

[167] Ramondo N, Rodríguez – Clare A. Trade, multinational production, and the gains from openness [J]. Journal of Political Economy, 2013 (2): 273 – 322.

[168] Roback J. Wages, rents, and the quality of life [J]. Journal of Political Economy, 1982 (6): 1257 – 1278.

[169] Robert – Nicoud F. Agglomeration and trade with input-output linkages and capital mobility [J]. Spatial Economic Analysis, 2006 (1): 101 – 126.

[170] Saito H, Gopinath M, Wu J J. Heterogeneous firms, trade liberalization and agglomeration [J]. Canadian Journal of Economics, 2011 (2): 541 – 560.

[171] Saito H. Firm heterogeneity, multiplant choice, and agglomeration [J]. Journal of Regional Science, 2015 (4): 540 – 559.

[172] Samuelson P A. The transfer problem and transport costs: analysis of effects of trade impediments [J]. Economic Journal, 1954 (254): 264 – 289.

[173] Sanguinetti P, Martincus C V. Tariffs and manufacturing location in Argentina [J]. Regional Science and Urban Economics, 2009 (2): 155 – 167.

[174] Shenoy A. Regional development through place-based policies: evidence from a spatial discontinuity [J]. Journal of Development Economics, 2018 (1): 173 – 189.

[175] Sjöberg Ö, Sjöholm F. Trade liberalization and the geography of production: agglomeration, concentration, and dispersal in Indonesia's manufacturing industry [J]. Economic Geography, 2004 (3): 287 – 310.

[176] Tabuchi T. Agglomeration in world cities [J]. Procedia – Social and Behavioral Sciences, 2013 (1): 299 – 307.

[177] Tabuchi T, Thisse J F, Zhu X. Does technological progress affect the location of economic activity? [R]. Université catholique de Louvain, CORE Working Paper, No. 2015011, 2015.

[178] Wang J, Zheng X P. Industrial agglomeration: asymmetry of regions

and trade costs ［J］. Review of Urban and Regional Development Studies, 2013 (2): 61 - 78.

［179］ Wei S, Zhao S. The research of regional collaborative innovation mode in China: based on principal component analysis ［J］. Canadian Social Science, 2012 (3): 38 - 46.

［180］ Yang X, Heijdra B J. Monopolistic competition and optimum product diversity: comment ［J］. American Economic Review, 1993 (1): 295 - 301.

［181］ Zhou Y. Heterogeneous firms, urban costs and agglomeration ［J］. International Journal of Economic Theory, 2020 (3): 329 - 348.